Expertise zur Wirksamkeit von Maßnahmen des Spieler- und Jugendschutzes: Ein systematischer Review

Schriftenreihe zur Glücksspielforschung

Herausgegeben von Tilman Becker

Band 21

PETER LANG

Jens Kalke / Tobias Hayer

Expertise zur Wirksamkeit von Maßnahmen des Spieler- und Jugendschutzes: Ein systematischer Review

PETER LANG

Bibliografische Information der Deutschen Nationalbibliothek
Die Deutsche Nationalbibliothek verzeichnet diese Publikation in der Deutschen Nationalbibliografie; detaillierte bibliografische Daten sind im Internet über http://dnb.d-nb.de abrufbar.

ISSN 1861-759X
ISBN 978-3-631-79782-2 (Print)
E-ISBN 978-3-631-79924-6 (E-PDF)
E-ISBN 978-3-631-79925-3 (EPUB)
E-ISBN 978-3-631-79926-0 (MOBI)
DOI 10.3726/b16029

Peter Lang – Berlin · Bern · Bruxelles · New York · Oxford · Warszawa · Wien

Diese Publikation wurde begutachtet.

www.peterlang.com

Vorwort der Autoren

Vor dem Hintergrund einer kontroversen, zum Teil auch sehr emotional geführten Debatte um den Nutzen des Ersten Glücksspieländerungsstaatsvertrages (im Folgenden kurz: Staatsvertrag) in Sachen Prävention bzw. Abwehr von Glücksspielsuchtgefahren zielt die vorliegende systematische Überblicksarbeit darauf ab, den Forschungsstand zur Wirksamkeit der einzelnen Spielerschutzmaßnahmen lege artis aufzubereiten und zusammenzufassen. Einerseits soll die öffentliche Diskussion damit um eine sachgerechte Einordnung der aktuellen wissenschaftlichen Erkenntnisse erweitert werden. Anderseits lassen sich die Befunde ebenso für eine evidenzgestützte Fortschreibung des Staatsvertrages heranziehen.

Es ist sicherlich ungewöhnlich, für ein derartiges Forschungsprojekt, bei dem eben nicht die Erhebung neuer empirischer Daten im Fokus stand, angemessene Forschungsmittel zu erhalten. Entsprechend gebührt unser Dank in erster Linie der Behörde für Gesundheit und Verbraucherschutz (BGV) in Hamburg, die die Forschungsarbeit als Gemeinschaftsanliegen zusammen mit sieben anderen Bundesländern gefördert hat. Hierzu zählen neben Hamburg auch Baden-Württemberg, Brandenburg, Mecklenburg-Vorpommern, Nordrhein-Westfalen, Sachsen, Sachsen-Anhalt und Schleswig-Holstein. Auch diesen Bundesländern sei gedankt. Ihnen ist gemein, den integrativen Mehrwert einer systematischen Literaturrecherche bzw. -analyse erkannt und entsprechende Forschungsaktivitäten im Rahmen von § 11 (Suchtforschung) des Staatsvertrages finanziell unterstützt zu haben. Dieser Paragraf gibt den Bundesländern vor, die wissenschaftliche Forschung zur Vermeidung und Abwehr von Suchtgefahren sicherzustellen. Die Autoren der vorliegenden Expertise hoffen daher, diesem Anspruch zumindest ein Stück weit gerecht geworden zu sein.

Unser Dank richtet sich ebenso an Dr. Philipp Hiller, Clara Pfändner und das weitere Team, die das Manuskript Korrektur gelesen und in eine angemessene Fassung vor den letzten Formatierungsarbeiten durch den Peter Lang Verlag gebracht haben. Zudem ist explizit das unterstützende Engagement von Frau Dr. Silke Kuhn im Zuge der Literaturrecherche hervorzuheben. Nicht zuletzt möchten wir uns namentlich bei Herrn Dietrich Hellge-Antoni (BGV Hamburg) bedanken, der uns während des gesamten Forschungsprozesses als Ansprechpartner zur Verfügung stand und dieses Forschungsprojekt in persona aktiv vorangetrieben hat. Abschließend möchten wir dem Peter Lang Verlag und Herrn Prof. Tilmann Becker als Herausgeber der Glücksspiel-Reihe dafür danken, dass wir bei ihnen die Expertise als Buch veröffentlichen konnten. Der umfassendere Forschungsbericht, der diesem Buch zugrunde liegt, ist seit Ende Dezember 2018 unter der folgenden Adresse im Transparenzportal der Freien und Hansestadt Hamburg abrufbar: http://suche.transparenz.hamburg.de/dataset/gutachten-ueber-spieler-und-jugendschutzmassnahmen-nach-dem-gluecksspielaenderungsstaatsvertrag-?forceWeb=true.

Dr. Jens Kalke & Dr. Tobias Hayer

Vorwort von Dietrich Hellge-Antoni

Glücksspiele sind ein altes, aber zugleich auch ein umstrittenes Freizeitvergnügen. Erste Funde, die auf Glücksspiel verweisen, datieren auf das Jahr 3000 v. Chr. In China wurden Würfel gefunden, aus Ägypten stammen Funde, die ebenfalls auf Würfelspiele hindeuten. Zudem stützen Texte aus dem Altertum, in denen die negativen Auswirkungen des Glücksspiels beschrieben wurden, die Beobachtung, dass exzessives Spielverhalten kein Phänomen der Neuzeit ist. Aber auch Versuche, diesem Leid entgegenzuwirken, sind belegt. In der Arthashastra, einem indischen Staatsrechtslehrbuch erschienen 400 v. Chr., wurden Empfehlungen ausgesprochen, wie das Glücksspiel eingeschränkt und den negativen Begleiterscheinungen entgegengewirkt werden könnte. Allerdings werden zugleich bereits fiskalische Interessen thematisiert, denn der Text enthält auch Passagen, die Empfehlungen zur Besteuerung geben.

Publius Cornelius Tacitus (* um 58 n. Chr.), ein bedeutender römischer Historiker und Senator, schreibt in seiner Abhandlung „Germania“ über die Germanen und deren Hang zum Glücksspielen. Unsere Vorfahren schreckten danach nicht davor zurück, auch Heim und Hof als Spieleinsatz zu riskieren. Aus dem Mittelalter existieren ebenfalls Aufzeichnungen, die von der Problematik des Glücksspielens zeugen. Illustrationen aus dieser Zeit zeigen Glücksspielende häufig in Gesellschaft des Teufels. Auch Gewalt, Mord und Todschlag werden in diesem Zusammenhang dargestellt. Aus dieser Zeit sind erste weiterführende Regelungsversuche bekannt. So gehen die Konzessionierungen von sogenannten Spielhäusern auf diese Zeit zurück. Durch die damit verbundene Einschränkung der Spielstätten und der Einführung von Mindesteinsätzen wurde versucht zu erreichen, dass am Glücksspiel nur teilnahm, wer über entsprechende Barmittel verfügte. Andere Spiele wurden bei Strafe verboten. Es drohten Prügelstrafe, Gefängnis und Verbannung. Ebenso bekannt wie die Versuche der Regulierung sind die Umgehungsstrategien von Verboten. Die Strategie, Spielregeln zu verändern, um Verbote zu umgehen, gab es in der Frühzeit ebenso wie die Diskussion um die Abgrenzung von Glücksspiel zu Geschicklichkeitsspiel.

Wie die Vergangenheit zeigt, zieht sich die Wahrnehmung der Probleme, die mit Glücksspielen einhergehen, wie ein roter Faden durch die Historie. Gleiches gilt für Ansätze, den mit Glücksspielen verbundenen Risiken entgegenzuwirken (einschließlich der Entwicklung von Umgehungsstrategien). Folgerichtig geht es auch heutzutage darum, Glücksspielerinnen und Glücksspieler vor Schaden zu bewahren. Die Komplexität der Glücksspielregelungen in Deutschland dürfte weitgehend bekannt sein. Umso wichtiger war es, dass sich die Länder auf einen Glücksspielstaatsvertrag geeinigt haben, um zumindest in Deutschland das Glücksspielwesen einheitlich zu regeln. Die Entwicklung im internationalen und deutschen Glücksspielmarkt verläuft aber mit einer sehr hohen Dynamik. Waren bei der Verabschiedung des Ersten Glücksspieländerungsstaatsvertrages 2012 vor allem Automatenspiele und Pokern weit verbreitet, gibt es seitdem auch im Bereich der Sportwetten und des Onlineglücksspiels eine hohe Verfügbarkeit von Angeboten.

Der Glücksspielstaatsvertrag tritt mit Ablauf des 30. Juni 2021 außer Kraft, sofern nicht die Ministerpräsidentenkonferenz mit mindestens 13 Stimmen das Fortgelten des Staatsvertrages beschließt. Die sogenannte Experimentierklausel zu Regelungen des Angebotes von Sportwetten gilt nur bis 30.06.2019. Zu klären ist nun, in welche Richtung sich der Glücksspielstaatsvertrag weiterentwickeln soll. Streitige Themen hierbei sind unter anderem ob Glücksspiele generell auch online zugänglich sein sollen, ob ein glücksspielübergreifendes Sperrsystem umzusetzen ist oder ob auch für das Angebot der terrestrischen Sportwettangebote Mindestabstände, zum Beispiel analog der Regelungen für die Spielhallen, gelten sollen. Auch die Regelungen zu den Werberichtlinien sind nicht mehr zeitgemäß und müssen eine Überarbeitung erfahren. Das auch im Folgevertrag Spielerschutzmaßnahmen konkret beschrieben werden, ist anzunehmen. Allerdings stellt sich die Frage, welche Maßnahmen das sein werden. Wie früher so bemängeln auch heute kritische Stimmen, dass keine Nachweise erbracht seien, ob denn die Bestimmungen überhaupt die gewünschten Wirkungen entfachen. Es fehle, so die Argumentation, schlichtweg an wissenschaftlichen Belegen.

Mit der vorliegenden Studie dürfte diese Lücke nun weitestgehend geschlossen sein. Die vorliegende Expertise stellt den internationalen wissenschaftlichen Kenntnisstand zur Effektivität verschiedener Maßnahmen des Spieler- und Jugendschutzes in Form eines systematischen Reviews zusammen und bezieht die Regelungen des Glücksspielstaatsvertrages mit ein. Darüber hinaus fanden flankierend weitere Maßnahmen Berücksichtigung. In die Studie wurden ausschließlich Evaluationsstudien aufgenommen. Weiter wurde ein hoher Standard an die Methodik angelegt. Bei der Bewertung waren die komplexen Informationen zu sortieren, was anhand einer Matrix in transparenter Weise erfolgte. Damit ist für jede Leserin und jeden Leser die Beurteilung des Nutzens der einzelnen Spieler- und Jugendschutzmaßnahmen nachvollziehbar dargestellt. Die Studie liefert damit zusammengenommen einen wichtigen Beitrag zur Bewertung des Standes des Spielerschutzes als auch zur Weiterentwicklung des Glücksspielrechts.

Zum Schluss soll noch allen Beteiligten für das Zustandekommen der Expertise gedankt werden. Großen Dank gebührt den Kolleginnen und Kollegen aus den Ministerien der finanzierenden Länder als auch allen an der Studie beteiligten Forschenden. Die Zusammenarbeit war ausnahmslos konstruktiv und lehrreich.

Dietrich Hellge-Antoni

Inhalt

Zusammenfassung 13

Abkürzungsverzeichnis 19

1. Hintergrund und Zielsetzung 21

2. Methodik 27
2.1 Zeitplan 27
2.2 Literaturrecherche und -auswahl 28
2.3 Ausschlusskriterien im Überblick 29
2.4 Kodierungsmatrix 30
2.5 Eingeschlossene Primärstudien im Überblick 31
2.6 Qualitätsbewertung: Bestimmung der Evidenzgüte 34

3. Ergebnisse 37
3.1 Verfügbarkeitsreduktion 37
3.2 Alterskontrollen 42
3.3 Personalschulungen 46
3.4 Spielersperre 52
3.5 Technischer Spielerschutz 62
3.6 Pre-Commitment 78
3.7 Responsible Gambling Tools 84
3.8 Aufklärung 88
3.8.1 Öffentliche Kampagnen und Informationsmaterialien 88
3.8.2 Videos 93
3.8.3 Programme und Projekte für Erwachsene 98

3.8.4 Informationen an Spielgeräten 102
3.9 Schulbasierte Prävention 122
3.10 Personalisiertes Feedback 136
3.11 Telefonberatung 145
3.12 Erkennen von und Intervenieren bei Problemspieler*innen 147

4. Diskussion 151
4.1 Allgemeine Befundeinordnung 151
4.2 Bereichsspezifische Befundeinordnung 154
4.3 Limitationen 161

5. Handlungsempfehlungen für Politik und Praxis 165

Literatur 169

Anlage 1: Ausschlusskriterien im Überblick 187

Anlage 2: Kurz-Manual Kodierungsschema 191

Zusammenfassung

Hintergrund und Zielsetzung. In der vorliegenden Expertise wird der internationale wissenschaftliche Kenntnisstand zur Effektivität verschiedener Maßnahmen des Spieler- und Jugendschutzes in Form eines systematischen Reviews zusammengestellt. Im Fokus stehen dabei die seit 2012 geltenden Maßnahmen des Ersten Glücksspieländerungsstaatsvertrages. Zudem werden Interventionen berücksichtigt, die zwar im internationalen oder nationalen Kontext Wirksamkeitsnachweise erbracht haben, bislang jedoch noch nicht in die deutsche Gesetzgebung eingeflossen sind. Die Grundlage des Reviews bilden demzufolge ausschließlich Evaluationsstudien, andere wissenschaftliche Evidenz- oder Erkenntnisstränge (z. B. theoretische Abhandlungen, bestimmte Arten von Grundlagenforschungen) bleiben bei der Maßnahmenbewertung außen vor. Aus dieser systematischen Übersichtsarbeit lassen sich weiterführende evidenzgestützte Handlungsempfehlungen für die gesetzliche Fortschreibung der Spieler- und Jugendschutzmaßnahmen ableiten sowie wichtige Handlungsbedarfe für die Politik, Forschung und Praxis beschreiben.

Methodik. In den systematischen Review fließen quantitative Primärstudien ein, die im Kern folgende Merkmale aufweisen: (1) mindestens Evidenzgrad III in Anlehnung an die Einteilung von Shekelle et al. (1999), d. h. die Evidenz basiert zumindest auf nicht-experimentellen, deskriptiven Primärstudien, (2) Verwendung von standardisierten Messinstrumenten und (3) Veröffentlichung der Befunde in einer peer-reviewten Fachzeitschrift. Es werden empirische Befunde zur Wirksamkeit der oben genannten Maßnahmen des Spieler- und Jugendschutzes berichtet. Dabei handelt es sich um verhaltens- und verhältnispräventive Maßnahmen aus den Bereichen universeller, selektiver und indizierter Prävention. Als Outcome-Variablen dienen Nutzungsraten (Reichweite), die Akzeptanz sowie Wissens-, Einstellungs- und Verhaltensänderungen. Weitere Einschlusskriterien umfassen das Publikationsjahr (Zeitraum der letzten 15 Jahre bis Ende 2016) und die Publikationssprache (englisch- oder deutschsprachig). Dabei erfolgte die Recherche über folgende Literaturdatenbanken: Medline, Web of Science, Psyinfo, Psyindex, CINAHL und Cochrane.

Insgesamt konnten 115 Primärstudien identifiziert und in standardisierter Weise kodiert werden. Davon betreffen 78 Maßnahmen, die nach dem Staatsvertrag umzusetzen sind. An erster Stelle stehen hier die Aufklärungsmaßnahmen mit insgesamt 34 Studien. Diese werden aufgrund ihrer Vielfalt kategorial in vier Unterbereiche aufgeteilt (u. a. öffentliche Kampagnen und

Informationsmaterialien oder Informationen an Spielgeräten). Es folgen die Bereiche Spielersperre und Pre-Commitment (Limitierungen) mit neun bzw. acht Nennungen. Zur Verfügungsreduktion und zu den Personalschulungen konnten jeweils sieben Publikationen gefunden werden. Alle anderen Interventionsarten kommen auf eine Anzahl von unter fünf Originalarbeiten. Das gilt für das Erkennen von und Intervenieren bei Problemspieler*innen (4), die Alterskontrollen (4), Responsible Gambling Tools (3) und die Telefonberatung (2). Für den wichtigen Bereich der Werberestriktion konnte keine einzige Untersuchung ermittelt werden, die den Einschlusskriterien entsprach. Gleichzeitig ließen sich auch Studien kodieren, die Interventionen behandeln, die bisher nicht Gegenstand des Staatsvertrages sind, aber in der internationalen Glücksspielforschung und -politik eine bedeutsame Rolle spielen. Im Ganzen betrifft das 37 Originalarbeiten. Eingeschlossen worden sind hier 16 Studien zur schulbasierten Prävention, 14 zu Maßnahmen des technischen Spielerschutzes und sieben zum personalisierten Feedback. Auch nach Untersuchungen über Rauchverbote in Spielstätten als Mittel der indizierten Prävention wurde systematisch recherchiert, aber letztendlich keine Originalarbeit gefunden.

Ein weiterer Schritt bezieht sich auf die Qualitätsbewertung der evaluierten Interventionen. Damit die Bestimmung der jeweiligen Evidenzgüte transparent und nachvollziehbar bleibt, ist eine Reduktion der komplexen Informationen von Originalarbeiten (Ergebnisse und Studienanlage) entlang von ausgesuchten Gütekriterien erforderlich. Es wurde deshalb eine Matrix entwickelt, die die Effekte einer Intervention unter Berücksichtigung der Qualität des Forschungsdesigns sowie der Interventionsart einordnet und diese nach den Evidenzstufen „keine", „niedrig", „mittel" und „hoch" zusammenfassend beurteilt. Bei der Interpretation ist grundsätzlich zu beachten, dass schon bei der Einstufung in „niedrig" positive Outcome-Kriterien vorliegen, d. h. es müssen zumindest eine Akzeptanz und Nutzung der entsprechenden Intervention gegeben sein. Bei der Einstufung in „hoch" handelt es sich gemäß exzellenter wissenschaftlicher Praxis um Studien mit Verhaltenseffekten, die in einem hochwertigen Forschungsdesign mit randomisierter Kontrollgruppe ermittelt worden sind. In die Kategorien „mittel" fallen Originalarbeiten, die sich zwischen diesen beiden Polen bewegen. Hierzu zählen beispielsweise Studien, bei denen Wissens- und/oder Einstellungseffekte in einem Forschungsdesign mit methodischen Schwächen nachgewiesen worden sind.

Ergebnisse und Handlungsempfehlungen. Drei Originalarbeiten (von 115) bringen unter Beachtung des Forschungsdesigns und der Interventionsart eine Evidenzgüte mit sich, die nach den angewandten Bewertungskriterien als hoch einzustufen ist. Bei 29 Studien wird diese mit „mittel“ bewertet. In der Zusammenschau lassen sich die Effekte bei zwei Maßnahmen – Verfügbarkeitsreduktion und Spielersperre – aufgrund der Befunde in den Einzelstudien mit „mittel“ beurteilen. Bei fünf Maßnahmen sind diese zusammenfassend mit „niedrig/mittel“ einzustufen: Personalschulungen, Aufklärungsvideos, Aufklärungsprogramme für Erwachsene, schulbasierte Prävention und personalisiertes Feedback. Bei allen anderen Interventionen liegt die Güte der bisher nachgewiesenen Effekte niedriger. Auch wenn in der jüngsten Vergangenheit eine steigendende Anzahl von qualitativ höherwertigen Evaluationen zu verzeichnen ist, bleibt für viele Spieler- und Jugendschutzmaßnahmen ein deutlicher Forschungsbedarf zu konstatieren.

Insgesamt weist der Review eine Vielzahl an Stärken auf, wie etwa die inhaltliche Breite, die regelgeleitete und damit transparente Auswahl der Primärstudien inklusive der Bewertung ihrer Güte sowie seine Aktualität. Demgegenüber wird die Aussagekraft durch einzelne Limitationen ein Stück weit eingeschränkt. Unter anderem liefert diese Arbeit ausschließlich Angaben zur (generellen) Wirksamkeit einer Maßnahme, differenziertere Hinweise auf die optimierte Ausgestaltung einzelner Interventionen bleiben somit empirischen Arbeiten überlassen, die sich vor dem Hintergrund spezifischerer Fragestellungen tiefergehender mit dem jeweiligen Forschungsgegenstand auseinandersetzen. Daneben hängt die Güte der ermittelten Befunde naturgemäß immer von der Datenqualität der Primärstudien ab. Unter technischen Gesichtspunkten lässt sich in erster Linie kritisch anmerken, dass in der Regel eine Kodierung von signifikanten Primärbefunden stattfand. Signifikante Ergebnisse dürfen aber nicht vereinfachend mit praktischer Bedeutsamkeit gleichgesetzt werden. Andersherum bedeutet das Fehlen von einschlägiger Evidenz nicht unbedingt, dass die im Fokus stehende Maßnahme ineffektiv ist

Aus der systematischen Zusammenstellung der empirischen Befundlage für jede einzelne Spieler- bzw. Jugendschutzmaßnahme ergeben sich insgesamt 16 Handlungsempfehlungen, die bei einer Fortschreibung des Staatsvertrages auf jeden Fall berücksichtigt werden sollten. Dabei ist zu beachten, dass ihre Ausformulierung nicht auf allen inkludierten Primärstudien pro Bereich basiert. Vielmehr wurde bewusst eine weiterführende Befundspezifizierung und -verdichtung unter Hinzuziehung der jeweils besten Interventionsbewertung angestrebt; d. h. hier finden vor allem die höherwertigen Originalstudien Berücksichtigung. Zudem flossen bei den folgenden Empfehlungen punktuell auch weiterführende Erkenntnisse aus der Einordnung der Befunde des Reviews (Diskussionsteil) mit ein.

1. Eine der wichtigsten Empfehlungen betrifft die Einrichtung eines zentralisierten Sperrsystems als eine Erfolg versprechende Maßnahme der Schadensminimierung. Ein solches Sperrsystem sollte alle Spielformen mit mittlerem und hohem Suchtpotential umfassen.
2. Auch eine verpflichtende schulbasierte Glücksspielsuchtprävention ist im Staatsvertrag fest zu verankern. Das Mittel der Wahl stellen dabei umfassende interaktive Präventionsprogramme mit glücksspielspezifischen Inhalten und Elementen der Lebenskompetenzförderung dar.
3. Ebenso ist der Staatsvertrag um die Maßnahme des personalisierten Feedbacks zu ergänzen: So sollten alle Spielteilnehmer*innen in regelmäßigen Abständen eine Rückmeldung über ihre Spielaktivitäten erhalten.
4. Personalschulungen müssen einen obligatorischen Baustein von umfassenden Präventionskonzepten bilden. Welche Schulungskonzepte sich dabei als überlegen erweisen und wie die erworbenen Kompetenzen im Sinne der Frühintervention (nachhaltig) nutzbar zu machen sind, ist mit Hilfe weiterer Evaluationsstudien zu klären.
5. In diesem Zusammenhang wäre konzeptionell auch zu prüfen, wie die Umsetzung von Alterskontrollen und ihre Akzeptanz beim Verkaufspersonal langfristig verbessert werden können.
6. Darüber hinaus erweist sich die Umsetzung von spürbaren Verfügbarkeitsbegrenzungen und -einschränkungen bei Glücksspielen mit einem erhöhten Suchtpotential als zielführend. Wie diese in der Praxis genau auszugestalten sind, ist unter Beteiligung von Expert*innen zu diskutieren.
7. Ferner müssen Glücksspiele um Geld für Minderjährige weiterhin verboten sein. Mit einer konsistenten Altersgrenze von 18 Jahren lassen sich die im Sinne des Jugendschutzes gewünschten Wirkungen erreichen.
8. Auch wäre die Fortentwicklung von Pre-Commitment-Systemen unter präventiven Gesichtspunkten wünschenswert. Zum jetzigen Zeitpunkt sind als Minimalstandards verbindliche, im Vorfeld der Spielteilnahme festzulegende Begrenzungen der Maximalspielzeit, des Maximaleinsatzes und der Maximalverluste in einem wohldefinierten Zeitfenster zu empfehlen.
9. Öffentliche Kampagnen und Informationsmaterialien zählen ebenfalls zu den obligatorischen Bestandteilen eines umfassenden Präventionskonzeptes. Zukünftig wäre zu überlegen, spezifische, auf Hochrisikogruppen zugeschnittene Materialien zu entwickeln und ihre Akzeptanz in differenzierter Weise zu ermitteln.
10. Informationen an Spielgeräten bringen einen präventiven Nutzen mit sich. In erster Linie lassen sich hier dynamische Warnhinweise anführen, die an

prominenter Stelle platziert und mit regelmäßig wechselnden Botschaften Themen wie „Glücksspiel-Risiken“ oder „kognitive Verzerrungen“ aufgreifen.

11. Die Telefonberatung sollte in Zukunft ebenfalls integraler Bestandteil eines breiten Präventionsansatzes sein.

Bei anderen Maßnahmen ist hingegen noch ein erheblicher Forschungs- und Entwicklungsbedarf zu konstatieren. Besondere Aufmerksamkeit wäre dabei folgenden Bereichen zu schenken.

12. Beim technischen Spielerschutz sollte die Grundlagenforschung über die suchtpräventiven Effekte einer Veränderung struktureller Veranstaltungsmerkmale (z. B. Verlangsamung der Spielgeschwindigkeit, Spielpausen, Verzicht auf Soundeffekte) forciert werden. In erster Linie bedarf es hier Studien, die die Auswirkungen von substanziellen Eingriffen sowohl im Längsschnitt als auch im Echtbetrieb überprüfen.
13. Responsible Gambling Tools (RGTs) beim Online-Glücksspiel sind weiterhin zu erproben und zu evaluieren. Es wäre dabei anzustreben, dass die RGTs als Minimalstandard Limitierungs- und Sperroptionen, Selbsttests sowie Verhaltenstipps beinhalten.
14. Ebenfalls sollten Aufklärungsprojekte für (glücksspielende) Erwachsene (z. B. Informationsstellen in Spielstätten) sowie auf Hochrisikogruppen zugeschnittene Materialien (z. B. Videos) modellhaft im Felde erprobt werden.
15. Prozesse der Früherkennung und Frühintervention gelten als wichtige Säule des Spielerschutzes. Allerdings mangelt es an Evidenz insbesondere zu effektiven Interventionsoptionen. Ein zukünftiges Ziel muss daher sein, wissenschaftlich validierte Screening-Instrumente (im Offline-Bereich) bzw. Früherkennungs-Algorithmen (im Online-Bereich) systematisch zu überprüfen, passgenaue Interventionen zu entwickeln und im Hinblick auf ihren Nutzen in der Praxis kontinuierlich zu bewerten.
16. Es ist davon auszugehen, dass sowohl von Werberestriktionen als auch von einem Rauchverbot – aufgrund von Erkenntnissen aus anderen Bereichen der internationalen Präventionsforschung – Positiveffekte im Sinne des Spieler- und Jugendschutzes zu erwarten sind. Die Durchführung entsprechender Begleitforschungen wäre daher wünschenswert.

Vor dem Hintergrund der aufgeworfenen Fragestellung und der Fokussierung auf Evaluationsstudien müssen diese Forderungen zwar zwangsläufig relativ oberflächlich und Ausdifferenzierungen bzw. Konkretisierungen weitgehend außen vor bleiben. Dennoch finden sich nicht nur wichtige Impulse für die Weiterentwicklung der gesetzlichen Rahmenbedingungen unter der handlungsleitenden Vorgabe, den mit Glücksspielen verbundenen Suchtgefahren möglichst effektiv entgegenzutreten. Gerade unter Hinzuziehung weiterer Evidenz liefert dieser systematische Review einen zentralen Beitrag zu der oftmals sehr kontrovers diskutierten Frage, welche Maßnahmen des Spieler- und Jugendschutzes als (besonders) Erfolg versprechend anzusehen sind.

Abkürzungsverzeichnis

CPGI	=	Canadian Problem Gambling Index
DSM	=	Diagnostic and Statistical Manual of Mental Disorders
EG	=	Experimentalgruppe
EGM	=	Electronic Gam(bl)ing Machine
FUQIC	=	Follow Up Questionnaire Interpersonal Counselling
GBQ	=	Gamblers' Beliefs Questionnaire
GSEQ	=	Gambling Self-Efficacy Questionnaire
IBS	=	Informational Biases Scale
KG	=	Kontrollgruppe
LCA	=	Latente Klassenanalyse
NODS	=	National Opinion Research Center DSM Screen for Gambling Problems
PGSI	=	Problem Gambling Severity Index
OR	=	Odds Ratio
RGTs	=	Responsible Gambling Tools
SOGS	=	South Oaks Gambling Screen
SOGS-RA	=	South Oaks Gambling Screen-Revised for Adolescents
VLT	=	Video Lottery Terminal
WS	=	Workshop

1. Hintergrund und Zielsetzung

In der vorliegenden Expertise wird der internationale wissenschaftliche Erkenntnisstand zur Effektivität verschiedener Maßnahmen des Spieler- und Jugendschutzes in Form eines systematischen Reviews zusammengestellt. Im Allgemeinen bildet eine derartige Übersicht das Resultat einer Sekundärforschung, bei der Primärstudien anhand strenger methodischer Kriterien gesichtet, bewertet und die Erkenntnisse in komprimierter Weise vorgestellt werden (vgl. ausführlich zur Forschungsmethodologie mit Petticrew & Roberts 2006). Definitorisch eingeschlossen sind hier alle glücksspielbezogenen Interventionen, die von ihrem Anspruch her auf die Verhinderung eines problematischen und pathologischen Glücksspielverhaltens bzw. auf die Förderung eines kontrollierten Glücksspielverhaltens abzielen. Darunter fallen auch implizite Zielsetzungen wie Wissenssteigerung oder die Korrektur kognitiver Verzerrungen.

Im Fokus stehen dabei die im seit 2012 geltenden Staatsvertrag verankerten Maßnahmen des Spieler- und Jugendschutzes. Zudem werden Interventionen berücksichtigt, die zwar im internationalen oder nationalen Kontext Wirksamkeitsnachweise erbracht haben, bislang jedoch noch nicht in die deutsche Gesetzgebung eingeflossen sind. Aus dieser systematischen Übersichtsarbeit lassen sich zusammengenommen evidenzgestützte Handlungsempfehlungen für die gesetzliche Fortschreibung der Spieler- und Jugendschutzmaßnahmen ableiten sowie wichtige Handlungsbedarfe für die Politik, Forschung und Praxis beschreiben.

Die Notwendigkeit eines derartigen Forschungsvorhabens lässt sich im Wesentlichen wie folgt begründen: Zum einen soll mit der Expertise ein wichtiger und konstruktiver Beitrag für die Diskussion um eine möglichst wissenschaftlich abgesicherte Ausgestaltung des zukünftigen Staatsvertrages geleistet werden. Zum anderen mangelt es im deutschsprachigen Raum bislang mit wenigen Ausnahmen (u. a. Buth & Kalke 2012; Hayer & Meyer 2004; Kalke et al. 2012a) an wissenschaftlichen Abhandlungen, die den internationalen und nationalen Forschungsstand zur Effektivität einzelner Spielerschutzmaßnahmen in stringenter wie umfassender Weise aufbereitet haben. Ferner wurden in Deutschland bisher erst wenige Maßnahmen des Spieler- und Jugendschutzes selbst einer Evaluierung unterzogen (vgl. Hayer 2017; Kalke & Buth 2018).

Interessanterweise bestätigt sich dieser Eindruck bei einem Blick auf englischsprachige Übersichtsarbeiten. Zwar liegen aktuelle, überwiegend hochwertige Reviews zu einzelnen Interventionsformen vor, wie etwa zu Verfügbarkeitsreduzierungen (in Teilen: Vasiliadis et al. 2013), zu schulbasierten Präventionsansätzen

(Keen et al. 2017; Kourgiantakis et al. 2016; Ladouceur et al. 2013; Oh et al. 2017), zu Warnhinweisen bzw. Pop-up-Fenstern mit präventiven Botschaften beim Automatenspiel (Ginley et al. 2017; Monaghan 2008), zum personalisierten Feedback (Marchica & Derevensky 2016), zu Pre-Commitment-Systemen (Ladouceur et al. 2012), zur Früherkennung problematischen Glücksspielverhaltens (Delfabbro et al. 2012) und zur Selbstsperre (Gainsbury 2014; Kotter et al. 2018a). Daneben existieren vereinzelnd Forschungssynthesen mit dem Fokus auf Schadensminimierung, vornehmlich in Bezug auf das Automatenspiel oder internetbasierte Glücksspielangebote (z. B. Blaszczynski et al. 2014; Edgerton et al. 2016; Harris & Griffiths 2017; Livingstone et al. 2014) und industriegestützte Interventionen (z. B. Tanner et al. 2017). Allerdings bewerten diese Reviews immer nur den Nutzen einzelner Maßnahmen oder relativ eng umschriebener Maßnahmenbündel. Demgegenüber bieten die integrativen Forschungsansätze beispielsweise von Dickson-Gillespie et al. (2008) oder Gray et al. (2007) inhaltlich einen deutlich weiteren Fokus an. Aufgrund des jeweiligen Publikationsdatums gelten sie aber mittlerweile als veraltet. Von den neueren systematischen Übersichtsarbeiten lassen sich die folgenden drei Werke hervorheben: Den wohl umfassendsten Überblick bieten in diesem Zusammenhang Williams et al. (2012), die unter Hinzuziehung der Präventionserfahrungen aus den Bereichen Alkohol, Tabak und illegale Drogen evidenzgestützte Empfehlungen ableiten, die sowohl Aspekte der Verhaltensprävention als auch Komponenten der Verhältnisprävention umfassen. Die in Teilen intransparente Literaturauswahl und -analyse erschwert jedoch die Befundeinordnung ein Stück weit. Ein alternatives Vorgehen wählte Ariyabuddhiphongs (2013), der eine breite Palette an Präventionsmaßnahmen im Hinblick auf die zeitliche Perspektive (vor, während oder nach den Spielaktivitäten) einordnete und bewertete. Hier erfüllt die Publikation allein die Kriterien eines narrativen, nicht aber systematischen Reviews (vgl. Ressing et al. 2009). Schließlich kann der Methodik von Ladouceur et al. (2017) ein Alleinstellungsmerkmal attestiert werden. So gelang es der Autorengruppe im Zuge eines regelgeleiteten Prozesses unter Berücksichtigung von strengen Einschlusskriterien insgesamt 29 Fachartikel mit empirischen Daten zum Nutzen von fünf sogenannten Responsible-Gambling-Strategien (d. h. Selbstsperre, Früherkennung, Pre-Commitment, Warnhinweise/technischer Spielerschutz, Personalschulung) ausfindig zu machen. Wenngleich offenbar von allen Maßnahmen gewisse Positiveffekte ausgehen, kritisieren Ladouceur et al. (2017) vor allem die sehr beschränkte Anzahl an Effektivitätsstudien, die eine hohe wissenschaftliche Stringenz aufweisen und damit eine entsprechende Aussagekraft mit sich bringen (vgl. auch mit Drawson et al. 2017 für nahezu identische Schlussfolgerungen). Der Mehrwert des hier vorgelegten systematischen Reviews besteht demgegenüber darin, dass ein aktueller Überblick gegeben wird (Literatur bis einschließlich 2016), sehr breit gefächerte Maßnahmen ins Blickfeld genommen sowie ausschließlich peer-reviewte Originalarbeiten einbezogen werden.

Der Bedarf an evidenzgestützten Spieler- und Jugendschutzmaßnahmen wird spätestens bei Betrachtung des Ausmaßes glücksspielbezogener Probleme auf Bevölkerungsebene deutlich. Für Deutschland beläuft sich die Schätzung auf eine Anzahl von etwa 500.000 problematisch und pathologisch Glücksspielende im Erwachsenenalter. Das zeigen – zusammenfassend betrachtet – die insgesamt 11 Repräsentativerhebungen, die hierzulande seit dem Jahr 2006 durchgeführt worden sind (s. Übersicht bei Meyer 2018). Nach den aktuellsten Zahlen (BZgA 2017) ergeben sich hochgerechnet 323.000 problematische und 180.000 pathologische Glücksspieler*innen (veröffentlicht in Meyer 2018; eine Übersicht zu Prävalenzraten im Jugendalter ist zudem bei Hayer 2017 ersichtlich). Welchen Einfluss dabei die verschiedenen Maßnahmen der Glücksspielsuchtprävention auf die Prävalenzentwicklung bei einem wachsenden Glücksspielmarkt haben, stellt eine offene Frage dar. In jedem Fall zeigen die relativ stabilen Zahlen, dass weitere Anstrengungen im Spieler- und Jugendschutzes nötig sind, um die Zahl der Betroffenen möglichst zu senken bzw. einen Anstieg zu verhindern.

Im Kontrast zu dieser Herausforderung wird die aktuelle Diskussion um die Fortschreibung des Staatsvertrages teilweise ohne empirische Grundlagen oder häufig mit selektiven wissenschaftlichen Befunden geführt. Das betrifft beispielsweise die Kontroversen um die Anzahl der Sportwettlizenzen und die Zulassung von Online-Kasinos. Ebenso steht der fachöffentliche Diskurs um den Sinn oder Unsinn von Verfügbarkeitsbeschränkungen beim gewerblichen Automatenspiel für einen häufig interessengeleiteten Umgang mit der vorliegenden wissenschaftlichen Evidenz. So finden sich in der Literatur einzelne, einseitig formulierte Stellungnahmen, die den Zusammenhang zwischen Verfügbarkeit eines Glücksspiels und dem Problemausmaß generell anzweifeln (bzw. die Wirksamkeit eines mengenorientierten Präventionskonzeptes wie beispielsweise die im Staatsvertrag vorgesehenen Mindestabstände zwischen Spielhallen) oder aber bei einschneidenden Markteingriffen vor der Abwanderung in andere (illegale) Spielsegmente warnen (z. B. Haucap et al. 2017, Walter 2018). Inwiefern diese Sichtweisen tatsächlich der vorliegenden Evidenz entsprechen, soll somit (auch) Gegenstand dieses systematischen Reviews sein.

Vor diesem Hintergrund wird in der vorliegenden Expertise der aktuelle wissenschaftliche Erkenntnisstand zu verschiedenen Maßnahmen des Spieler- und Jugendschutzes im Glücksspielbereich zusammengetragen. Hierbei handelt es sich sowohl um verhaltens- als auch verhältnisbezogene Maßnahmen, die sich in einem unterschiedlichen Ausmaß auf einzelne Glücksspiele beziehen.

Maßnahmen, die auf eine direkte Veränderung im Verhalten von Individuen oder Gruppen abzielen, fallen unter den Begriff Verhaltensprävention (für konzeptuelle Überlegungen in diesem Zusammenhang s. Dadaczynski & Paulus 2018). Unter Verhältnisprävention ist hingegen die Veränderung sozial-ökologischer Einflussfaktoren zu verstehen, die zumeist außerhalb der individuellen Handlungsmöglichkeiten liegen. Sie steht also für eine Strategie, die auf die Kontrolle, Reduzierung und Beseitigung von Gesundheitsrisiken in den Umwelt- und Lebensbedingungen setzt. Darüber hinaus lassen sich Präventionsansätze hinsichtlich ihrer Zielgruppe klassifizieren (vgl. ursprünglich mit Gordon 1983): Von universeller Prävention wird gesprochen, wenn sich die entsprechenden Aktivitäten und Programme an die gesamte Bevölkerung oder bestimmte Personengruppen richten, ohne dass dabei besondere Risikogruppen Berücksichtigung finden. Die selektive Prävention zielt auf bestimmte Einzelpersonen oder Gruppen ab, die einem erhöhten Risiko ausgesetzt sind und dadurch Gefahr laufen, problematische Verhaltensweisen zu entwickeln. Die indizierte Prävention wendet sich an Einzelpersonen, die bereits problematische Verhaltensweisen zeigen, die aber noch nicht erkrankt sind bzw. bei denen noch keine Störung diagnostiziert werden kann.

Zu folgenden Maßnahmen des Staatsvertrages liefert die vorliegende Expertise eine international ausgerichtete Literaturrecherche, die hier gegliedert nach Verhältnis- und Verhaltensprävention dargestellt sind:

Verhältnisprävention

- Teilnahmeverbot Minderjähriger (§ 4)
- Testkäufe, Testspiele (§ 4)
- Limitierung monatlicher Einsatz, Online-Glücksspiel (§ 4)
- Aufforderung zur Selbstlimitierung, Online-Glücksspiel (§ 4)
- Verbot von schnellen Spielen, Online-Glücksspiel (§ 4)
- zurückhaltende Werbung (§ 5)
- Personalschulungen (§ 6, Richtlinien/Anhang)
- Selbstsperre (§ 8)
- Fremdsperre (§ 8)
- Begrenzung der Anzahl von Annahmestellen (§ 10)
- Begrenzung der Anzahl von Wettbüros (§ 10a)
- Begrenzung der Anzahl von Spielbanken (§ 20)
- Verbot von Live-Ereigniswetten (§ 21)
- übergreifende Sperrdatei (§ 23)
- Mindestabstand Spielhallen (§ 25)
- Sperrzeiten Spielhallen (§ 26)

Verhaltensprävention

- Information/Aufklärung über Suchtrisiken (§ 7)
- Aufklärung über Gewinnwahrscheinlichkeit (§ 7, Richtlinien/Anhang)
- Telefonberatung (Richtlinien/Anhang)
- Selbsttest (Richtlinien/Anhang)

Ergänzt wird dieses Vorgehen um Maßnahmen, die bisher nicht Bestandteil des Staatsvertrages sind, aber möglicherweise von hoher Praxisrelevanz sein könnten. Hierzu zählen Interventionen im Bereich des personalisierten Feedbacks und schulbasierte Programme (beides Verhaltensprävention) sowie der technische Spielerschutz, also Eingriffe in das Game Design wie beispielsweise langsamere Spielgeschwindigkeiten bei Geldspielautomaten (Verhältnisprävention). Dieser Aspekt dient perspektivisch der Weiterentwicklung der Gesetzgebung auf der Grundlage aktueller wissenschaftlicher Erkenntnisse. Dabei wird auch bedacht, inwieweit die evaluierten Interventionen sowie die ermittelten Befunde sich überhaupt auf die bundesdeutsche Situation übertragbar erweisen. Darüber hinaus soll eine Identifikation offener Forschungsfragen erfolgen sowie Vorschläge für mögliche zukünftige Evaluationsprojekte unterbreitet werden.

Die vorliegende Expertise ist derart aufgebaut, dass im nächsten Kapitel die Methodik des systematischen Reviews vorgestellt wird. Danach folgt eine ausführliche Beschreibung und integrative Bewertung der Literatur für jede einzelne Maßnahme des Spieler- und Jugendschutzes. Ein weiteres Kapitel diskutiert in der gebotenen Kürze die Gesamtergebnisse des Reviews unter Einbezug weiterer Erkenntnisse aus der internationalen (Glücksspiel-)Sucht-Forschung. Daraus werden dann in einem abschließenden Schritt empirisch gestützte Handlungsempfehlungen für Politik und Praxis abgeleitet.

2. Methodik

Systematische Reviews haben gerade im Zeitalter der Informationsüberflutung ihre Berechtigung, da in methodisch kontrollierter Weise empirisches Wissen verdichtet werden kann. Sie stellen folglich ein wichtiges Instrument zur transparenten Beantwortung gesundheitspolitisch relevanter Fragestellungen bzw. zum Transfer wissenschaftlicher Erkenntnisse in die Praxis dar (z. B. Gartlehner et al. 2008; Mulrow 1994). In diesem Kontext verwiesen Shaffer et al. (2006) bereits vor mehr als einer Dekade auch für die Glücksspielforschung im Allgemeinen auf die kaum noch zu bewältigende Publikationsmenge und damit einhergehend auf die Notwendigkeit einer integrativen Bündelung existierender Befunde. Die vorliegende Expertise lehnt sich dabei in ihrem methodischen Vorgehen im Wesentlichen an die mittlerweile in der gesundheitswissenschaftlichen Fachliteratur etablierten PRISMA-Richtlinien an („Preferred Reporting Items for Systematic Reviews and Meta-Analyses"; vgl. Liberati et al. 2009; Moher et al. 2011). Im Folgenden werden die einzelnen Versatzstücke der Methodik ausführlich vorgestellt.

2.1 Zeitplan

Die Projektlaufzeit war von Dezember 2016 bis Mai 2018 terminiert und umfasste damit insgesamt 18 Monate. Tabelle 2.1 bildet die Zeitplanung mit den einzelnen Arbeitsschritten quartalsweise ab. Die Durchführung des Projektes konnte in dem vorgesehenen Zeitplan verwirklicht werden, wobei die Abgabe des Abschlussberichtes Anfang Juni 2018 erfolgte.

Tabelle. 2.1: Zeitplan (01.12.2016 bis 31.05.2018)

	Q4/16	**Q1/17**	**Q2/17**	**Q3/17**	**Q4/17**	**Q1/18**	**Q2/18**
Literaturrecherche und -beschaffung, erste Bewertung der Relevanz							
Detailauswertung der Literatur, Kodierung relevanter Studienparameter							
Erstellung Bericht							
Erstellung Zusammenfassung, Präsentation Ergebnisse							

2.2 Literaturrecherche und -auswahl

In dem systematischen Review fanden ausschließlich quantitative Primärstudien Berücksichtigung, die folgende Merkmale aufweisen: mindestens Evidenzgrad III in Anlehnung an die Einteilung von Shekelle et al. (1999), d. h. die Evidenz basiert wenigstens auf nicht-experimentellen, deskriptiven Primärstudien, Verwendung standardisierter Messinstrumente und Veröffentlichung der Befunde in einer peer-reviewten Fachzeitschrift. Es werden empirische Befunde zur Wirksamkeit der oben genannten Maßnahmen des Spieler- und Jugendschutzes berichtet. Dabei handelt es sich um verhaltens- und verhältnispräventive Maßnahmen aus den Bereichen universeller, selektiver und indizierter Prävention. Als Outcome-Variablen gelten Nutzungsraten (Reichweite), die Akzeptanz sowie Wissens-, Einstellungs- und Verhaltensänderungen. Weitere Einschlusskriterien umfassen das Publikationsjahr (Zeitraum der letzten 15 Jahre bis Ende 2016) und die Publikationssprache (englisch- oder deutschsprachig).[1]

Folgende Literaturdatenbanken wurden zur Recherche genutzt:

- Medline,
- Web of Science,
- Psyinfo,
- Psyindex,
- CINAHL,
- Cochrane.

Diese sechs Datenbanken gewährleisten eine umfassende Berücksichtigung der relevanten Literatur des hier fokussierten Themenfeldes.

Mit den folgenden Suchbegriffen wurde die Literaturrecherche durchgeführt:

> „teenage* OR young OR adolesc* OR youth OR warning message* OR game design OR account-based OR hotline OR helpline OR counsel* OR modif* OR test purchase* OR mystery shopping OR advertis* OR marketing OR pop-up OR education OR message*OR warning OR losses OR limit* OR precommitment OR pre-commitment OR availability OR retail* OR personal OR staff OR train* OR account closure OR ban OR exclude* OR exclusion OR impact OR responsib* OR harm minimi* OR minimi* OR measure* OR intervention OR prevention OR efficacy OR effect* OR evaluat* AND gambling".

Diese Recherche ergab insgesamt 8.053 Treffer. Die Verteilung dieser Literatur auf die einzelnen Datenbanken zeigt Tabelle 2.2. Von diesen Treffern musste ein

---

1 Es wurden alle Originalarbeiten eingeschlossen, die in diesem Zeitraum in gedruckter Form und/oder als Onlineartikel veröffentlicht waren.

Großteil von der weiteren Literaturanalyse ausgeschlossen werden, weil es sich entweder um Duplikate handelte (2.178), es nicht oder zumindest nicht schwerpunktmäßig um das Thema Glücksspiel ging (2.311) oder keine Maßnahmen des Spieler- und Jugendschutzes im Fokus standen (3.057). Insgesamt wurden 7.546 Literaturquellen exkludiert; es verblieben daher 507 für die weitere manuelle Sichtung. Von diesen wiederum fanden 397 Artikel keine weitere Berücksichtigung, weil sich nach der inhaltlichen Prüfung herausstellte, dass sie einzelnen Einschlusskriterien nicht entsprachen. Insgesamt konnten somit 115 Studien in den systematischen Review aufgenommen werden (s. Kap. 3).

Tabelle. 2.2: Ergebnisse der Literaturrecherche

Literaturdatenbanken	**Anzahl**
Medline	4.603
Web of Science	1.055
Psyinfo	646
Psyindex	515
CINAHL	827
Cochrane	407
Gesamt	**8.053**
Ausschluss (erste Stufe)	
Duplikate automatisch entfernt	1.340
Weitere Duplikate per Handsuche	838
Ausschluss (Thema nicht Glücksspiel)	2.311
Ausschluss (Thema Glücksspiel, betrifft keine Spielerschutzmaßnahmen)	3.057
Datengrundlage für manuelle Sichtung	**507**
Ausschluss (zweite Stufe)	
Ausschluss (Einschlusskriterien treffen nicht zu)	392
Datengrundlage für systematisches Review	**115**

2.3 Ausschlusskriterien im Überblick

Bei der manuellen Sichtung zeigte sich, dass eine Vielzahl an Forschungsstudien auszuklammern war, weil die oben formulierten Eingangskriterien nicht zutrafen bzw. sich während der Literaturauswertung weitere Ausschlussgründe ergaben. So blieben beispielsweise Untersuchungen unberücksichtigt, deren evaluierte Interventionen in der Praxis nicht realisierbar erschienen (sie dienten der Grundlagenforschung) oder Pilot- oder Machbarkeitsstudien, bei denen die Effektüberprüfung nicht im Fokus standen. Ein Hauptausschlusskriterium bezog sich zudem auf Forschungsarbeiten, die die Auswirkungen von neuen Glücksspielangeboten bzw. einer Marktexpansion und damit buchstäblich das Gegenteil einer Intervention untersuchten. Ähnliches galt für empirische Studien zu technischen Maßnahmen, die mutmaßlich der Förderung des Spielverhaltens bzw. von kognitiven Verzerrungen dienen (u. a. Freispiele, Fast-Gewinne, Stopp-Taste beim Automatenspiel). Beide Evidenzstränge dürften zwar in der Regel wertvolle Implikationen für die Präventionspraxis mit sich bringen, umfassen jedoch keine Interventionsstudien im engeren Sinne. Die Anlage 1 gibt einen umfassenden Überblick über die wichtigsten Ausschlusskriterien bzw. exkludierten Themenbereiche (inkl. Beispielstudien).

2.4 Kodierungsmatrix

Im 1. Quartal 2017 erfolgte die Entwicklung einer Kodierungsmatrix, mit der die zentralen Parameter jeder einzelnen Studie in standardisierter und damit vergleichbarer Weise erfasst werden konnten (s. Tab. 2.3). Mit diesem Formblatt ließen sich stichpunktartig die Intervention, das Forschungsdesign, die zentralen Effekte sowie weitere bedeutsame Informationen festhalten. Um eine möglichst einheitliche, personenunabhängige Kodierung zu gewährleisten, wurde ein Kurz-Manual formuliert (s. Anlage 2). Ferner sah das Untersuchungsprotokoll vor, dass alle identifizierten Studien von zwei Forschern unabhängig voneinander im Hinblick auf relevante Parameter zu kodieren waren. Die Klärung von Abweichungen oder Unklarheiten fand diskursiv per Mail oder telefonisch statt; das Resultat war eine gemeinsame Kodierungsfassung. Auf der Basis dieser einheitlichen Kurzbeschreibungen wurde abschließend die Gesamtbewertung der jeweiligen Spieler- bzw. Jugendschutzmaßnahme vorgenommen (s. Kap. 3).

Tabelle. 2.3: Kodierungsmatrix

Rubrik plus laufende Nummer	
Titel **Autoren** **Zeitschrift** **Jahr**	
Staat(en) **GS-Art(en)/-stätte** **Intervention** **Präventionsart** **Präventionsebene** **Zielgruppe**	

Rubrik plus laufende Nummer	
Forschungsdesign Quer-/Längsschnitt Setting Art der Daten Skalen/Instrumente Laufzeit Studie Stichprobe Response Rate	
Zentrale Effekte	
Evidenzgrad	
Förderer	
Anmerkungen	
Abstract	

Eine große Herausforderung stellte die möglichst gleichförmige Kodierung der zentralen Effekte dar, da die Bandbreite an verwendeten statistischen Verfahren sowie die Befunddarstellung in den Originalarbeiten äußerst heterogen ausfiel. Zum Zwecke der Integration des Datenmaterials wurde in diesem Zusammenhang zum einen entschieden, lediglich die jeweiligen Hauptbefunde zu berücksichtigen. Zum anderen sollten nur Positiveffekte kodiert werden, wobei hier allerdings in begründeten Fällen Ausnahmen möglich waren. Zwar bestand durch dieses Vorgehen die Gefahr, den sogenannten Publikations-Bias (= Tendenz zur bevorzugten Publikation statistisch signifikanter Ergebnisse; vgl. Petticrew & Roberts 2006) noch zu verstärken. Alternative Kodierungsweisen wären jedoch zu Lasten der Übersichtlichkeit bzw. Befundverdichtung gegangen, was letztlich für diese Form der Abstrahierung sprach. Außerdem soll nicht unerwähnt bleiben, dass auf die Kodierung von Effektstärken verzichtet und ausschließlich auf Signifikanzen Bezug genommen wurde. Dieser Umstand hatte im Wesentlichen pragmatische Gründe, da bei der überwiegenden Mehrheit aller Primärstudien entsprechende Kennwerte fehlten. Auf jeden Fall sind diese Entscheidungsregeln bei der Einordnung der Gesamtergebnisse zu beachten.

2.5 Eingeschlossene Primärstudien im Überblick

Insgesamt konnten 115 Primärstudien identifiziert und kodiert werden. Davon betreffen 78 Maßnahmen, die nach dem Staatsvertrag umzusetzen sind. An erster Stelle stehen hier die Aufklärungsmaßnahmen mit insgesamt 34 Studien (s. Tab. 2.4). Diese wurden aufgrund ihrer Vielfalt kategorial in vier Unterbereiche aufgeteilt

(u. a. öffentliche Kampagnen und Informationsmaterialien oder Informationen an Spielgeräten). Es folgen die Bereiche Spielersperre und das Pre-Commitment (Limitierungen) mit neun bzw. acht Nennungen. Zu den Personalschulungen und zur Verfügungsreduktion konnten jeweils sieben Publikationen gefunden werden. Alle anderen Interventionsarten kommen auf eine Anzahl von unter fünf Originalarbeiten. Das gilt für das Erkennen von und Intervenieren bei Problemspieler*innen (4), die Alterskontrollen (4), Responsible Gambling Tools (3) und die Telefonberatung (2). Für den Bereich der Werberestriktion konnte keine einzige Untersuchung identifiziert werden, die den Einschlusskriterien entsprach. Gleichzeitig ließen sich auch Studien kodieren, die Interventionen behandeln, die bisher nicht Gegenstand des Staatsvertrages sind, aber in der internationalen Glücksspielforschung und -politik eine bedeutsame Rolle spielen. Insgesamt betrifft das 37 Originalarbeiten. Eingeschlossen worden sind hier 16 Studien zur schulbasierten Prävention, 14 zu Maßnahmen des technischen Spielerschutzes und sieben zum personalisierten Feedback. Auch nach Untersuchungen über Rauchverbote in Spielstätten als Mittel der indizierten Prävention wurde systematisch recherchiert, aber letztendlich keine Originalarbeit gefunden. Grundsätzlich ist im Folgenden zu beachten, dass sich bei der eingeschlossenen Literatur wenige Artikel auf mehrere evaluierte Maßnahmen beziehen. Sie wurden dann den entsprechenden Bereichen zugeordnet (Mehrfachnennung). Die Kodierungen für jede einzelne Studie befinden sich in dem online abrufbaren Forschungsbericht (s. hierzu die entsprechende Information im Vorwort der Autoren).

Tabelle. 2.4: Eingeschlossene Primärstudien nach Interventionsart

Maßnahmen nach Staatsvertrag	Anzahl
Aufklärung	34
– Öffentliche Kampagnen und Informationsmaterialien	5
– Informationen an Spielgeräten	21
– Videos	4
– Programme und Projekte für Erwachsene	4
Spielersperre	9
Personalschulungen	7
Erkennen von und Intervenieren bei Problemspieler*innen	4
Pre-Commitment	8
Verfügbarkeitsreduktion	7
Werberestriktion	---
Alterskontrollen	4
Responsible Gambling Tools	3
Telefonberatung	2

Andere Maßnahmen	
Schulbasierte Prävention	16
Personalisiertes Feedback	7
Technischer Spielerschutz	14
Rauchverbot	---
Insgesamt	**115**

Anmerkung: Es kann vorkommen, dass sich Artikel auf mehrere evaluierte Maßnahmen beziehen. Sie wurden dann den entsprechenden Bereichen zugeordnet (Mehrfachnennung).

Zwei weitere Übersichten zeigen die Verteilung der Primärstudien nach Interventionsjahr und Land bzw. Erscheinungsjahr. Zunächst gibt Tabelle 2.5 einen Überblick über die Länder, in denen die jeweiligen Spieler- und Jugendschutzmaßnahmen evaluiert wurden. Dabei fällt auf, dass über ein Drittel aller Wirksamkeitsüberprüfungen (41) aus Kanada stammt. Dahinter folgen mit Abstand die USA (19) und Australien (17). Evaluationsstudien aus Deutschland (5) sind vergleichsweise selten anzutreffen.

Tabelle. 2.5: Eingeschlossene Primärstudien nach Interventionsart und Land

Maßnahmen nach Staatsvertrag	**Insgesamt**	**KAN**	**USA**	**AUS**	**D**	**Sonstige**
Aufklärung						
– öffentliche Kampagnen und Informationsmaterialien	5	2	2	---	---	1
– Informationen an Spielgeräten	21	5	7	6	---	3
– Videos	4	3	1	---	---	---
– Programme und Projekte für Erwachsene	4	4	---	---	---	---
Spielersperre	9	3	1	2	---	3
Personalschulungen	7	4	1	---	1	1
Erkennen von und Intervenieren bei Problemspieler*innen	4	---	---	1	1	2
Pre-Commitment	8	3	2	---	---	3
Verfügbarkeitsreduktion	7	---	1	1	---	5
Werberestriktion	---	---	---	---	---	---
Alterskontrollen	4	1	---	---	1	2
Responsible Gambling Tools	3	---	---	---	1	2
Telefonberatung	2	1	---	1	---	---
Andere Maßnahmen						
Schulbasierte Prävention	16	9	1	---	1	5
Personalisiertes Feedback	7	1	3	---	---	3
Technischer Spielerschutz	14	5	---	6	---	3
Rauchverbot	---	---	---	---	---	---
Insgesamt	**115**	**41**	**19**	**17**	**5**	**33**

Die Tabelle 2.6 ordnet die Primärstudien in Abhängigkeit ihres Erscheinungsjahrs. Dabei liegen drei Zeitintervalle zugrunde. Mehr als die Hälfte der Originalarbeiten wurde nach 2010 veröffentlicht. Lediglich 18 Studien weisen ein Publikationsdatum von vor 2006 auf. Für jede Interventionsart lässt sich über die Jahre hinweg eine konstante oder zum Teil sogar stark ansteigende Studienanzahl verzeichnen.

Tabelle 2.6: Eingeschlossene Primärstudien nach Interventionsart und Erscheinungsjahr

Maßnahmen nach Staatsvertrag	Insgesamt	2000–2005	2006–2010	2011–2016
Aufklärung				
– öffentliche Kampagnen und Informationsmaterialien	5	2	---	3
– Informationen an Spielgeräten	21	3	7	11
– Videos	4	1	1	2
– Programme und Projekte für Erwachsene	4	---	4	---
Spielersperre	9	1	4	4
Personalschulungen	7	1	2	4
Erkennen von und Intervenieren bei Problemspieler*innen	4	---	1	3
Pre-Commitment	8	---	3	5
Verfügbarkeitsreduktion	7	---	2	5
Werberestriktion	---	---	---	---
Alterskontrollen	4	---	---	4
Responsible Gambling Tools	3	---	1	2
Telefonberatung	2	---	1	1
Andere Maßnahmen				
Schulbasierte Prävention	16	5	5	6
Personalisiertes Feedback	7	---	---	7
Technischer Spielerschutz	14	5	5	4
Rauchverbot	---	---	---	---
Insgesamt	**115**	**18**	**36**	**61**

2.6 Qualitätsbewertung: Bestimmung der Evidenzgüte

In einem weiteren Schritt werden die evaluierten Interventionen einer Qualitätsbewertung unterzogen. Damit die Bestimmung der jeweiligen Evidenzgüte transparent und nachvollziehbar bleibt, ist eine Reduktion der komplexen

Informationen von Originalarbeiten (Ergebnisse und Studienanlage) entlang von ausgesuchten Gütekriterien erforderlich. Es wurde deshalb eine Matrix entwickelt, die die Effekte einer Intervention unter Berücksichtigung der Qualität des Forschungsdesigns sowie der Interventionsart einordnet und diese nach den Evidenzstufen „keine“, „niedrig“, „mittel“ und „hoch“ zusammenfassend beurteilt. Zu jeder einzelnen Spieler- bzw. Jugendschutzmaßnahme erfolgt zum Ende des jeweiligen Kapitels eine entsprechende vergleichende Bewertung der Studienlage. Bei festgestellten positiven Effekten wird in diesem Zusammenhang generell zwischen den Outcomes „Akzeptanz“ (Umsetzung), „Wissen“, „Einstellungen“ und „Verhalten“ differenziert. Die Qualität des Forschungsdesigns lässt sich im Wesentlichen anhand der Messzeitpunkte der Effekte (langfristig höher als kurzfristig) sowie der Studienart (z. B. randomisiert höher als deskriptiv) einschätzen. Größere Mängel können zu einer (weiteren) Herabstufung der Qualität des Forschungsdesigns führen.

Bei der Interpretation ist grundsätzlich zu berücksichtigen, dass schon bei der Einstufung in „niedrig“ positive Outcome-Kriterien vorliegen, d. h. es müssen zumindest eine Akzeptanz und Nutzung der entsprechenden Intervention gegeben sein. Bei der Einstufung in „hoch“ handelt es sich gemäß exzellenter wissenschaftlicher Praxis um Studien mit Verhaltenseffekten, die in einem hochwertigen Forschungsdesign mit randomisierter Kontrollgruppe ermittelt worden sind. In die Kategorien „mittel“ fallen Originalarbeiten, die sich zwischen diesen beiden Polen bewegen. Hierzu zählen beispielsweise Studien, bei denen Wissens- und/oder Einstellungseffekte in einem Design mit methodischen Schwächen nachgewiesen worden sind. Ferner ist zu beachten, dass die Gesamtbewertung einer Intervention nicht auf einem festen Punktesystem basiert. Vielmehr wurde sie von den Autoren nach einer intensiven Diskussion festgelegt, sodass hier bei allem Bemühen um Objektivität ein Stück weit auch subjektive Einschätzungen zum Tragen kommen können.

Auf der Grundlage dieser Bewertung der Studienlage formuliert das abschließende Kapitel 5 konkrete Handlungsempfehlungen für die zukünftige Ausgestaltung des Spieler- und Jugendschutzes in Deutschland. Zu jeder Empfehlung werden dabei die Primärstudien angegeben, auf die sich diese Aussagen in erster Linie beziehen. Je nach empirischer Befundlage können die Empfehlungen einen unterschiedlichen Konkretisierungsgrad aufweisen. Es lassen sich jedoch nicht zu allen (potentiellen) Maßnahmen des Spieler- und Jugendschutzes differenzierte Beurteilungen abgeben, da der internationale Forschungsstand in einigen Bereichen defizitär ist. Dieser Umstand betrifft beispielsweise Werberestriktionen, Rauchverbote in Spielstätten oder Selbsttests, was aber nicht zwangsläufig bedeutet, dass diese Interventionen nicht wirksam sein können.

3. Ergebnisse

Der Ergebnisteil gliedert sich in Abhängigkeit der Präventionsebene. Zunächst werden verhältnispräventive Maßnahmen beschrieben und jeweils zusammenfassend bewertet (Kap. 3.1 bis Kap. 3.6), daran schließen sich Ansätze der Verhaltensprävention an (Kap. 3.8 bis Kap. 3.12). Zudem ist Kapitel 3.7 zu den Responsible Gambling Tools an der Schnittstelle dieser beiden Ebenen anzusiedeln. Insgesamt umfasst dieser Teil damit 12 Abschnitte. Innerhalb der Abschnitte erfolgt die Beschreibung der Primärstudien in der Regel nach ihrer chronologischen Reihenfolge (beginnend mit der ältesten Originalarbeit). Darüber hinaus kann es eine Gliederung nach inhaltlichen Gesichtspunkten geben (z. B. nach Programmstruktur oder Studienart).

3.1 Verfügbarkeitsreduktion

Insgesamt gibt es sieben Studien, in denen die Auswirkungen einer Verfügbarkeitsreduktion auf das (problematische) Glücksspielverhalten untersucht worden sind. Konkret bezieht sich dieser Begriff hier auf die Reduzierung oder ein vollständiges Verbot von Glücksspielformen, Spielstätten oder Spielgeräten für die (vormals) spielberechtigten Bevölkerungsgruppen. Damit ist entsprechend auch eine Heraufsetzung von Altersgrenzen inkludiert (z. B. Teilnahmeverbot für Jugendliche). Die gewählte Definition umfasst dagegen weder die Ausweitung von Sperrsystemen noch Einschränkungen bei den Öffnungszeiten.

Die erste hier zu erwähnende Studie kommt aus Australien: Im Juli 2005 wurden im Bundesstaat South Australia insgesamt 2.168 Geldspielautomaten entfernt. Das machte einen Anteil von 14,5% aller Geldspielautomaten aus. Diese Reduzierung fand grundsätzlich proportional zur Größe der Spielstätte statt, wobei die Anzahl der Spielstätten stabil blieb. Das Hauptziel dieser Intervention bestand in der Verringerung von Spielanreizen im Sinne universeller und selektiver Prävention. Delfabbro (2008) untersuchte die Effekte ein Jahr nach ihrer Einführung (Juli 2006) mit Hilfe einer Einmalbefragung. Insgesamt wurden 400 regelmäßige Automatenspieler*innen (mindestens zweimalige Spielteilnahme pro Monat) zur Wahrnehmung sowie zu möglichen Verhaltensveränderungen dieser Verfügbarkeitsreduktion befragt. Ein Großteil der Befragten gibt an, dass sie die Verringerung der Anzahl der Spielgeräte in ihren Spielstätten als solche korrekt wahrgenommen haben (62,1%). Weitere 50,1% bekunden, es sei (manchmal bis immer) schwierig, einen Geldspielautomaten zu finden. Von diesen Personen wiederum berichten 22,2%, dass die Verfügbarkeitsreduktion ihnen ein bisschen oder ziemlich bei der Kontrolle des Spielverhaltens geholfen hätte. Nach ihren Selbstauskünften haben 7,5% der Befragten ihr Spielverhalten geändert: Von dieser Subgruppe spielen 80,0% weniger, 46,7% mit einem geringeren zeitlichen Aufwand und 43,3% mit einem geringeren finanziellen Aufwand. Als wichtigste Limitierungen der Untersuchung können die unklare Repräsentativität der Befragungsgruppe und die fehlende Kontrollgruppe angesehen werden. In der Studie wurde überdies eine ergänzende Betrachtung der Umsatzzahlen des Jahres 2005 vorgenommen, nach der es in der zweiten Jahreshälfte zu einer generellen Umsatzsteigerung als auch zu einer Umsatzsteigerung pro Spielgerät gekommen ist – ein Befund, der in einem (vermeintlichen) Kontrast zu den Ergebnissen der Spielerbefragung steht.

In Norwegen trat zwei Jahre später (01.07.2007) ein zeitlich begrenztes landesweites Verbot des Automatenspiels (Slot Machines) in Kraft. Damit sollte die Spielbeteiligung sowie die Prävalenz glücksspielbezogener Probleme auf der Bevölkerungsebene verringert werden. Ob diese beabsichtigten Effekte tatsächlich eingetreten sind, wurde in drei Studien überprüft. Die erste Evaluation bezog sich auf erwachsene Automatenspieler*innen aus einem repräsentativen Marktforschungspanel, die an einer prospektiven Untersuchung mit zwei Messzeitpunkten im Mai (T1) und November 2007 (T2) teilnahmen (Lund 2009). Somit wurden hier nur kurzfristige Effekte (6 Monate) gemessen. Es entstand ein Analyse-Sample von insgesamt 1.293 Proband*innen, von denen Daten zu beiden Messzeitpunkten vorlagen. Unter den Nicht-Teilnehmer*innen an T2 befanden sich überzufällig häufig Viel- und Problemspieler*innen, was die Aussagekraft der Befunde einschränkt. Nach diesen geht die Glücksspielteilnahme (3-Monats-Prävalenz) bei fast allen Glücksspielarten im signifikanten Ausmaß zurück, unter anderem beim Automatenspiel (80,4 % zu 10,3%), aber auch bei den Lotterien (75,2% zu 67,7%) und Sportwetten (23,9% zu 19,6%). Es erfolgt zudem keine Kompensation durch Kasinospiele (7,1% zu 5,3%) oder internetbasiertes Automatenspiel (4,8% zu 1,9%). Dagegen lässt sich beim Internet-Glücksspiel generell eine signifikante Zunahme konstatieren (22,6% zu 25,4%). Auch der Anteil von Problemspieler*innen – gemessen mit einer modifizierten Version des Lie/Bet-Questionnaire – reduziert sich in dem betrachteten Zeitraum von 1% auf 0,4%.

In der zweiten Studie aus Norwegen wurden Schüler*innen im Alter zwischen 13 und 18 Jahre befragt (Rossow et al. 2013). Diese Studie war als eine Querschnittsbefragung an denselben Schulen konzipiert: An der Prä-Erhebung, die im Oktober/November 2006 stattgefunden hat, beteiligten sich 4.912 Schüler*innen. Bei der Post-Befragung – neun Monate nach der Intervention im April 2008 – belief sich die Anzahl auf 3.855 Teilnehmer*innen. Im Gegensatz zu der zuvor genannten Studie erfolgte die Auswertung nicht in einem echten

Längsschnitt, sondern in Form einer aggregierten Datenanalyse. Nach den derart ermittelten Prävalenzen geht die Glücksspielteilnahme nach dem Automatenverbot bei vielen Glücksspielformen signifikant zurück: So sinkt die wöchentliche Spielteilnahme beim Automatenspiel von 7,3% auf 2,0%; bei den Sportwetten/ Lotterien betragen die entsprechenden Werte 6,8% zu 5,0%. Dagegen ist ein Anstieg bei der wöchentlichen Spielteilnahme an sonstigen Glücksspielformen zu konstatieren: Jener Anteil wächst von 3,3% auf 6,4%. Ebenso nimmt der Anteil von Problemspieler*innen von 2,3% auf 3,1% zu.

Eine dritte norwegische Untersuchung von Bu und Skutle (2013) basierte auf einer Einmalbefragung von hilfesuchenden Glücksspielenden einer Behandlungseinrichtung (Bergen) vor und nach dem implementierten Automatenverbot. An der ersten Erhebung haben sich 55 Personen beteiligt (87% männlich, Durchschnittsalter: 32,9 Jahre), an der zweiten 44 Personen (79% männlich, Durchschnittsalter: 37,3 Jahre). Der Querschnittsvergleich ergibt signifikante Unterschiede, wenn die Teilnahmefrequenz an verschiedenen Glücksspielen miteinander in Beziehung gesetzt wird: Während beim Automatenspiel diesbezüglich ein Rückgang zu verzeichnen ist, lässt sich ein gegenteiliger Trend für Sportwetten und das internetbasierte Glücksspiel konstatieren. Diese Untersuchung weist von den drei genannten Evaluationen aus Norwegen die größten methodischen Mängel auf, vor allem, weil keine Angaben über den konkreten Zeitpunkt der Datenerhebung je Patient*in (Monat/Jahr) in dem insgesamt dreijährigen Erhebungszeitraum gemacht werden, so dass es kaum möglich ist, die Effekte in valider Weise der Intervention zuzuordnen.

In Finnland wurde das Automatenspiel (Slot Machines) für Jugendliche ab dem 01.07.2011 verboten. Bis dahin lag die Altersgrenze für eine Spielteilnahme bei 15 Jahren (neu: 18 Jahre). Die mit dieser altersbezogenen Einschränkung der Verfügbarkeit intendierten Effekte – Verringerung der Spielbeteiligung von Minderjährigen, Verhinderung problematischen Spielens bei Jugendlichen/jungen Erwachsenen – wurden in zwei Untersuchungen überprüft. Bei einer repräsentativ angelegten Wiederholungsbefragung mit Erhebungen im Frühjahr 2011 (Prä) sowie im Frühjahr 2013 (Post) bildeten Schüler*innen im Alter zwischen 12 und 18 Jahren das Sample (Raisamo et al. 2015). Die finalen Fallzahlen betrugen 4.566 (Prä) sowie 3.535 (Post). Nach den Befragungsergebnissen sinkt die Spielteilnahme am Automatenspiel signifikant (6-Monats-Prävalenz): Bei den 12- bis 16-Jährigen ist eine Abnahme von 43,7% auf 12,7% zu verzeichnen; bei den 18-Jährigen von 50,5% auf 40,2%. Der Rückgang trifft auf weibliche und männliche Personen gleichermaßen zu. Diese Untersuchung leidet methodisch darunter, dass nur wenige Angaben zu den beiden Stichproben gemacht werden, unter anderem fehlt die wichtige Information, ob die Daten gewichtet worden sind.

In ähnlicher Weise legten Nordmyr und Österman (2016) ihre Studie an: Auch sie verglichen die Ergebnisse zweier Repräsentativerhebungen unter Jugendlichen (15- bis 19-Jährige) miteinander, wobei der zeitliche Abstand der Erhebungen in diesem Fall drei Jahre betrug (Frühjahr 2011 und Frühjahr 2014), die gewichteten Fallzahlen jedoch vergleichsweise gering ausfielen (Prä: n = 392, Post: n = 293). Ferner sind die konkreten Fallzahlen für die Auswertungsgruppen nicht angegeben worden; das sind diejenigen Proband*innen, die in den letzten 12 Monate mindestens einmal gespielt haben. Bei ihnen zeigt sich, dass das Automatenspielen sowohl in der Gruppe der 15- bis 17-Jährigen (von 67,2% auf 10,5%) als auch in der Gruppe der 18- bis 19-Jährigen (von 64,4% auf 36,4%) deutlich zurückgeht. Bei allen anderen Glücksspielformen (u. a. Rubbellose, Kasino-Onlinespiele) ist ebenfalls ein signifikanter Rückgang der Spielteilnahme zu beobachten. Zugleich nimmt das problematische Spielverhalten in der Gruppe der 18- bis 19-Jährigen signifikant ab (von 16,3% auf 3,4%).

Eine Studie, die dem Bereich der Verfügbarkeitsreduktion zugeordnet werden kann, liegt auch aus den USA vor. Welte et al. (2016) veröffentlichten einen Beitrag, in dem die Ergebnisse zweier Repräsentativbefragungen in allen Bundesstaaten mit der Anzahl zugelassener Glücksspielformen in einen inhaltlichen Zusammenhang gesetzt worden sind. Die erste Erhebungswelle fand in den Jahren 1999 und 2000 statt (T1: n = 2.631), die zweite im Zeitraum von 2011 bis 2013 (T2: n = 2.963). Gemessen wurden Veränderungen beim häufigen Glücksspielen – hier definiert als mindestens 104 Teilnahmen im letzten Jahr – sowie beim problematischen Spielverhalten. Die Ergebnisse zeigen, dass der Anteil häufiger Glücksspielender um 7,5 Prozentpunkte bei den zwei Bundesstaaten sinkt, die ihr legales Glücksspielangebot zu T2 um drei Glücksspielformen verringert haben. Der Anteil der Problemspieler*innen geht hier um 2,8 Prozentpunkte zurück. Bei zwei anderen Bundesstaaten, die ihr legales Glücksspielangebot zu T2 um eine Glücksspielform reduziert haben, beträgt der entsprechende Anteil sogar -14,6 Prozentpunkte. Beim Anteil der Problemspielenden ist jedoch keine Veränderung festzustellen. Die Aussagekraft dieser Studie wird dadurch stark eingeschränkt, dass keine Angaben zu den einzelnen Glücksspielformen pro Bundessstaat gemacht werden – dadurch werden sie unabhängig von ihrem spezifischen Suchtpotential als gleichrangig behandelt – und dass der Einfluss von anderen potentiellen Einflussfaktoren unklar bleibt.

Gesamtbewertung der Evidenz

Es liegen weltweit nur wenige Studien über die Effekte von Verfügbarkeitsreduktionen im Glücksspielbereich vor. Diese stellen eine universelle und selektive Maßnahme der Verhältnisprävention dar. Die evaluierten Interventionen reichen von der zahlenmäßigen Reduzierung von Spielgeräten und Glücksspielformen über altersbezogene Einschränkungen bis hin zu einem vollständigen Verbot von Geldspielautomaten (s. Tab. 3.1). Bei all diesen Maßnahmen wurden die gewünschten positiven Auswirkungen auf das Spielverhalten festgestellt. In drei der sieben Studien betreffen diese sogar einen längerfristigen Zeitraum (> 12 Monate). Das größte Manko dieser deskriptiven Studien ist es jedoch, dass – naturgemäß – Kontrollgruppen fehlen, so dass die ermittelten Effekte nicht eindeutig auf die Interventionen zurückzuführen sind, sondern möglicherweise auch von anderen Faktoren (z. B. weiteren Präventionsmaßnahmen, Marktsituation) verursacht sein könnten. Aus diesem Grunde ist – in der Zusammenschau – die Güte der hier ermittelten Effekte von Verfügbarkeitsreduktionen im mittleren Bereich anzusiedeln.

Tabelle. 3.1: Evidenz evaluierter Interventionen – Verfügbarkeitsreduktion

Studie	Intervention	Präventionsart	Positive Effekte	Forschungsdesign	Bewertung der Intervention*
Delfabbro 2008	Reduktion der Verfügbarkeit des Automatenspiels (14,5% aller Spielgeräte)	universelle, selektive Verhältnisprävention	Verhalten	Einmalbefragung regelmäßiger Automatenspieler, ein Jahr nach Einführung der Intervention	niedrig
Lund 2009	landesweites Verbot des Automatenspiels, Abbau aller Automaten	universelle Verhältnisprävention	Verhalten	Befragung von Automatenspielern, Prä und Follow-up (5 Monate nach der Einführung der Intervention)	mittel
Rossow 2013	landesweites Verbot des Automatenspiels, Abbau aller Automaten	universelle Verhältnisprävention	Verhalten	Befragung von Schülern, Prä und Post (9 Monate nach der Einführung der Intervention)	mittel
Bu 2013	landesweites Verbot des Automatenspiels, Abbau aller Automaten	universelle Verhältnisprävention	Verhalten	Einmal-Befragung von hilfesuchenden Spielern einer Behandlungseinrichtung, Querschnittsvergleich von Patientengruppen vor und nach der Intervention	niedrig

(*fortgeführt*)

Tabelle. 3.1: Fortsetzung

Studie	Intervention	Präventionsart	Positive Effekte	Forschungsdesign	Bewertung der Intervention*
Raisamo 2015	Heraufsetzung der Altersbeschränkung von 15 auf 18 Jahre	universelle, selektive Verhältnisprävention	Verhalten	Befragung von Schülern, Prä und Post (21 Monate nach der Einführung der Intervention)	mittel
Nordmyr 2016	Heraufsetzung der Altersbeschränkung von 15 auf 18 Jahre	universelle, selektive Verhältnisprävention	Verhalten	Befragung von Jugendlichen, Prä und Post (33 Monate nach der Einführung der Intervention)	mittel
Welte 2016	Verringerung der Anzahl rechtlich zugelassener Glücksspielformen	selektive, indizierte Verhältnisprävention	Verhalten	Befragung der Bevölkerung, Prä (1999/2000) und Post (2011–2013), Vergleich bezieht sich auf die zugelassenen Glücksspielarten in 1999 und 2011	niedrig

*Bewertung der Intervention = Effekte unter Berücksichtigung der Qualität des Forschungsdesigns und der Interventionsart. „Niedrig" = Studien, bei denen (zumindest) Akzeptanz und Nutzung der entsprechenden Intervention nachgewiesen worden sind. „Hoch" = Studien, bei denen Verhaltenseffekte in einem hochwertigen Forschungsdesign mit randomisierten Kontrollgruppen nachgewiesen worden sind. „Mittel" = In diese Kategorie fallen Originalarbeiten, die sich zwischen den beiden Polen „niedrig" und „hoch" bewegen. Hierzu zählen beispielsweise Studien, bei denen Wissens- und/oder Einstellungseffekte in einem Forschungsdesign mit methodischen Schwächen nachgewiesen worden sind.

3.2 Alterskontrollen

Alterskontrollen sind eine Maßnahme der selektiven Verhältnisprävention, die der Einhaltung des Jugendschutzes dienen. Mit ihnen soll gewährleistet werden, dass erst ab einem bestimmten Alter – zum Beispiel bei Volljährigkeit – Glücksspiele um Geld praktiziert werden dürfen. Insgesamt liegen zu diesem Bereich vier Evaluationsstudien vor. In allen kamen Testkäufe bzw. Testspiele als Evaluationsinstrument zum Einsatz; mit ihnen wurde die Umsetzung der Alterskontrollen in der Praxis überprüft. Im Allgemeinen dürfte der Umsetzungsgrad auf die Akzeptanz dieser Maßnahme unter dem zuständigen Personal hinweisen, was hier letztlich für die Inklusion dieser Studien spricht. Auswirkungen von Alterskontrollen auf das Spielverhalten der eigentlichen Zielgruppe (z. B. Jugendliche) wurden in diesen Studien nicht erfasst.

In einer ersten Studie aus Kanada wurden Alterskontrollen beim Verkauf von Rubbellosen und/oder Bier evaluiert (St-Pierre et al. 2011). Konkret bestand die Jugendschutzmaßnahme von Loto-Québec aus einer Ausweiskontrolle bei allen Käufer*innen, die wie 25 Jahre oder jünger aussahen. Im Jahr 2007 wurden hierzu standardisierte Testkäufe mit sechs minderjährigen geschulten Testspieler*innen (3 weiblich, 3 männlich; Durchschnittsalter 15,8 Jahre) im Großraum Montreal durchgeführt. Dabei kam ein Dokumentationsbogen mit deskriptiven Informationen zum Testkäufer, zur Verkaufsstelle, zum Verkäufer und zum Testkauf (u. a. was sollte käuflich erworben werden: Rubbellos, Bier, beide Produkte) zum Einsatz. Von 1.219 Testkäufen in insgesamt 313 Verkaufsstellen flossen 494 in die Analysen mit ein. Dieses geschah in Abhängigkeit von bestimmten soziodemographischen Merkmalen des Verkaufspersonals und der zeitlichen Durchführung der Testkäufe, wobei nicht deutlich wird, warum nur dieses Drittel aller Testkäufe zur Analyse herangezogen wurde. Die Auswertungen zeigen, dass Alterskontrollen in 61,1% und Verkaufsverweigerungen in 58,1% aller Fälle stattfinden. Eine multivariate Analyse ergibt, dass Alterskontrollen signifikant häufiger durchgeführt werden, wenn das Geschlecht des Käufers männlich oder das Geschlecht des Verkäufers weiblich ist.

Alterskontrollen beim Verkauf von Glücksspielprodukten existieren auch in den Niederlanden. Hier besteht ein Verkaufsverbot an Minderjährige unter 18 Jahren in allen Glücksspielsegmenten. Aus Gründen des Jugendschutzes soll dort regelhaft nach dem Alter gefragt und eine Ausweiskontrolle durchgeführt werden. Mit Hilfe von standardisierten Testkäufen („Mystery Shopping") wurde deren Umsetzung überprüft (Gosselt et al. 2013). Dazu fanden insgesamt 288 Testkäufe zu verschiedenen Produkten in unterschiedlichen Lokalitäten statt: a.) Rubbellose: n = 51 (Tabakläden, Supermärkte, Tankstellen), b.) Lotteriescheine: n = 49 (Tabakläden, Supermärkte, Tankstellen), c.) Geldspielautomaten: n = 100 (Bars und Schnellrestaurants), d.) Glücksspielautomaten: n = 88 (Kasinos). Es kamen zehn minderjährige geschulte Testspieler*innen zum Einsatz (5 weiblich, 5 männlich; alle 17 Jahre). Diese dokumentierten verschiedene potentielle Einflussfaktoren auf das Verkaufsverhalten, unter anderem die Charakteristik der Verkaufsstelle sowie das Geschlecht des Käufers und Verkäufers. Nach den Ergebnissen der Testkäufe wird eine extrem hohe Zahl von 91% aller Verkaufsversuche akzeptiert, d. h. lediglich bei 9% erfolgt die erwünschte Frage nach dem Alter bzw. eine Ausweiskontrolle. Bei den Glücksspielautomaten liegt dieser Wert mit 23% noch am höchsten. Als ein weiteres Einzelergebnis ergibt sich, dass bei Geldspielautomaten die Kontrollen bei weiblichen Kunden signifikant seltener stattfinden. Es ist jedoch anzumerken, dass solche überprüften Variablen eine sehr geringe Aussagekraft besitzen, weil insgesamt die Compliance in den Verkaufsstellen sehr schlecht ist, d. h. es liegt eine zu geringe Fallzahl stattgefundener Kontrollen für valide Subanalysen vor.

Meyer et al. (2015a) haben die Alterskontrollen zur Einhaltung des gesetzlichen Jugendschutzes beim Automatenspiel – Einlassverbot von Minderjährigen unter 18 Jahren in Spielhallen – in Deutschland evaluiert. Sie haben mit der Hilfe von Studierenden standardisierte Testkäufe und Beobachtungen in 29 Spielhallen im Bundesland Bremen vorgenommen. Dabei suchte jede Person ausschließlich nur eine Spielhalle auf (in der Regel zwei Besuche zur Überprüfung der Alterskontrollen). Insgesamt haben sich dementsprechend 29 Testspieler*innen (13 männliche und 16 weibliche Studierende) im Durchschnittsalter von 23,6 Jahre an der Durchführung der Studie beteiligt. Die Überprüfung zeigt, dass in den allermeisten Fällen keine Ausweis- bzw. Alterskontrolle erfolgt. Das betrifft 84 von 111 Besuchen (75,7%). Dabei ist in Spielhallen mit nur einer Konzession (bis zu 12 Geräte), in der zweiten Monatshälfte und von Freitag bis Sonntag die Wahrscheinlichkeit für eine Alterskontrolle signifikant um den Faktor 4 erhöht. Bei der Interpretation dieser Ergebnisse muss berücksichtigt werden, dass es sich um eine Pilotstudie mit einer kleinen Stichprobe gehandelt hat.

Eine letzte Studie zu Alterskontrollen kommt aus Finnland (Warpenius et al. 2016). Hier wurde im Jahr 2011 eine Altersbeschränkung von 18 Jahren beim Automatenspiel eingeführt und im gleichen Jahr mittels Testkäufen ihre Umsetzung untersucht. Diese bezogen sich gleichzeitig auf die Einhaltung des Jugendschutzes beim Verkauf von Alkohol und Zigaretten. Die Durchführung der standardisierten Testspiele erfolgte mit neun minderjährig aussehenden Personen (5 weiblich, 4 männlich; Alter: 18 und 19 Jahre) in zwei mittelgroßen Städten Finnlands (Kotka und Hämeenlinna). Die Testspieler*innen spielten mit 2€ am Automaten. Insgesamt fanden 170 Testspiele in Bezug auf die Teilnahme am Automatenspiel statt. Darüber hinaus wurde bei 117 Verkaufsstellen gleichzeitig der Jugendschutz beim Verkauf von Alkohol und Zigaretten überprüft. Die Testergebnisse für das Automatenspiel belegen, dass es nur in 3,5% aller Fälle zu der gebotenen Teilnahmeverweigerung kommt (d. h. bei 6 von 170 Spielversuchen). Dabei ist die Verweigerungsrate in Kiosken mit 7,1% noch am höchsten. In kleinen Lebensmittelgeschäften beträgt sie 2,9%; in Supermärkten und Tankstellen ist es in keinem einzigen Fall zu einem Teilnahmeverbot gekommen. Insgesamt sind damit beim Automatenspiel die Verweigerungsraten wesentlich geringer als bei Alkohol- und Zigarettenprodukten. Diese betragen beim Alkohol 91,9% (staatliche Verkaufsstellen) bzw. 48,6% (private Verkaufsstellen) und bei Zigaretten 42,9%. Auch hier lassen die geringen Verweigerungsraten in Bezug auf das Automatenspiel keine weiterführenden Detailanalysen zu. Ferner ist als Limitierung zu beachten, dass die Altersbeschränkung (18+) beim Automatenspiel erst seit kurzer Zeit in Kraft getreten war.

Gesamtbewertung der Evidenz

Mit Alterskontrollen soll die Einhaltung des Jugendschutzes gewährleistet werden. Sie bestehen aus der Altersidentifikation (Ausweiskontrolle) und möglicher Verkaufsverweigerung bzw. Teilnahmeverbot. Sie sind als eine Maßnahme der selektiven Verhältnisprävention zu klassifizieren. Insgesamt liegen zu diesem Instrument vier Evaluationsstudien vor (s. Tab. 3.2). In allen kamen Testkäufe bzw. Testspiele zum Einsatz, mit denen die Umsetzung der Alterskontrollen überprüft worden ist. Ihre Ergebnisse sind als mäßig zu bewerten: In drei der vier Studien lagen die positiven Fälle bei stattgefundenen Kontrollen nur zwischen 4% und 24%; lediglich in einer Studie war die Trefferquote höher als 60%. Insgesamt betrachtet ist deshalb die Evidenz von Alterskontrollen als niedrig bis gar nicht vorhanden einzustufen. Es sei jedoch darauf hingewiesen, dass damit keine Aussage über die Auswirkungen von kontrollierten Spielverboten auf Minderjährige oder junge Zielgruppen getroffen werden kann.

Tabelle. 3.2: Evidenz evaluierter Interventionen – Alterskontrollen

Studie	Intervention	Präventionsart	Positive Effekte	Forschungsdesign	Bewertung der Intervention*
St-Pierre 2011	Ausweiskontrolle bei allen Käufern, die wie 25 Jahre oder jünger aussehen (Rubbellose in Lotto-Annahmestellen)	selektive Verhältnisprävention	Umsetzung: 61,1% aller Fälle	Testkäufe in Lotto-Annahmestellen	niedrig
Gosselt 2013	Ausweiskontrolle (Verkaufsverbot an Minderjährige unter 18 Jahren, verschiedene Glücksspiele)	selektive Verhältnisprävention	Umsetzung: 9% aller Fälle	Testkäufe in verschiedenen Spielstätten	keine
Meyer 2015a	Ausweiskontrolle (Verkaufsverbot an Minderjährigen unter 18 Jahren in Spielhallen)	selektive Verhältnisprävention	Umsetzung: 24,3% aller Fälle	Testspiele in Spielhallen	keine

(fortgeführt)

Tabelle. 3.2: Fortsetzung

Studie	Intervention	Präventionsart	Positive Effekte	Forschungsdesign	Bewertung der Intervention*
Warpenius 2016	Ausweiskontrolle (Verkaufsverbot an Minderjährigen unter 18 Jahren beim Automatenspiel)	selektive Verhältnisprävention	Umsetzung: 3,5% aller Fälle	Testspiele in Spielstätten (Automatenspiel)	keine

*siehe die Erläuterungen unter der Tabelle 3.1.

3.3 Personalschulungen

Personalschulungen sind als Maßnahme der indizierten Verhältnisprävention zu klassifizieren, da mit ihnen eine strukturelle Voraussetzung für eine gezielte und systematische Intervention bei problematischem Spielverhalten geschaffen werden soll. Insgesamt konnten sieben Studien identifiziert werden, die die Effekte von Personalschulungen im Glücksspielbereich untersucht haben.

Die erste Studie stammt aus Kanada (Ladouceur et al. 2004). Dort wurde ein zweistündiger Pflicht-Workshop für das Personal von Spielhallen („Video Lottery Terminals", VLTs) evaluiert. Der Workshop (WS) bestand aus der Vermittlung von Informationen inklusive Video und Rollenspiel. Die Themen waren unter anderem: Gewinnchancen und Zufall, Zusammenhang zwischen falschen Gewinnannahmen und exzessivem Spielen, Erkennungsmerkmale für pathologisches Spielverhalten und Interventionsmöglichkeiten bei Problemspieler*innen. Mit dem WS sollten positive Veränderungen auf der Wissens-, Einstellungs- und Verhaltensebene (d. h. Intervenieren bei Problemspieler*innen) auf Seiten des Personals erreicht werden. Die Effekte des WS wurden in einem Kontrollgruppen-Design mit einer schriftlichen Prä-, Post- und Follow-up-Befragung sechs Monate nach der Intervention untersucht. Die Experimentalgruppe (EG, n = 707) bestand zu 71,5% aus Männern und wies eine Altersspanne von 25 bis 65 Jahre auf. Zu 54,8% waren dies Eigentümer der VLTs, zu 21,4% Partner/Assoziierte und zu 23,8% Beschäftigte. Die Kontrollgruppe (KG, n = 504) setzte sich ausschließlich aus neuen Verkäufer*innen zusammen; weitere soziodemographische Angaben zur KG wurden nicht gemacht. Die Ergebnisse dieser Längsschnitt-Untersuchung zeigen, dass sich – nach den Selbstangaben – das Wissen und die Einstellung bezüglich des exzessiven Glücksspielens bei der EG direkt nach der Schulung signifikant verbessert haben. Ferner stellt sich zum Follow-up-Zeitpunkt die Ansprache von Problemspielenden in der EG besser als in der KG dar. Als größte Schwäche dieser Untersuchung kann angesehen werden, dass zur Überprüfung der Effekte keine echte, d. h. randomisierte Kontrollgruppe genutzt worden ist.

In einer zweiten Studie aus Kanada wurden ebenfalls die Wirkungen eines Workshops für das Personal von drei Kasinos evaluiert (Giroux et al. 2008). Dieser hatte einen zeitlichen Umfang von drei Stunden und war jeweils für 15 bis 20 Personen konzipiert. Inhaltlich wurde Basiswissen zum problematischen Glücksspiel vermittelt sowie Erkennungsmerkmale problematischen Spielverhaltens geschult. Ferner wurden Handlungsempfehlungen zum Auslösen von Interventionsketten bei Problemspielenden gegeben. Es sollte damit das Wissen und die Einstellungen des Personals über das Glücksspiel verbessert und Kompetenzen beim Umgang mit Problemspieler*innen gestärkt werden. Auch in dieser Evaluation wurde die Intervention mit Hilfe eines Prä-/Post-Designs und einer Follow-up-Befragung (6 Monate nach WS), aber ohne Einsatz einer Kontrollgruppe beforscht. An der Eingangserhebung beteiligte sich eine vergleichsweise hohe Fallzahl von 2.432 Personen, der Männeranteil lag dabei je Kasino zwischen 52% und 63%. Zum Follow-up-Zeitpunkt konnten von diesem Ausgangssample jedoch nur noch 789 Personen erreicht werden, womit gleichzeitig die Aussagekraft der Ergebnisse eingeschränkt wird, da über die Repräsentativität der Antwortenden nahezu keine Angaben ausgewiesen worden sind. Nach den Ergebnissen der Post-Befragung – erhoben direkt nach der Schulung – sind 89,6% der Teilnehmenden (sehr) zufrieden mit der Schulung; 77,1% sehen diese für ihren Berufsalltag als (sehr) nützlich an. Beim Wissen und der Einstellung konnten signifikante Verbesserungen in folgenden Bereichen festgestellt werden: Wissen über Zufallsprozesse, Identifikation von und Umgang mit Problemspieler*innen, Interventionsabläufe, Relevanz von Spielerschutzmaßnahmen. Beim Follow-up hat sich das Wissen über Zufallsprozesse noch weiter verbessert; dagegen ist aber eine Verringerung des Wissens um interne Interventionsabläufe eingetreten.

Eine anspruchsvolle Evaluation wurde zu einem 3-stündigen Workshop für das Personal von VLTs (Automatenspiel) in Quebec (Kanada) durchgeführt (Dufour et al. 2010). Der stark interaktiv ausgerichtete WS war verpflichtend für das Personal und für eine Zielgruppe von jeweils 25 bis 35 Personen konzipiert. In dem WS wurden Informationen zum problematischen Glücksspielverhalten inklusive der Rolle von Zufallsprozessen beim Automatenspiel gegeben. Ferner ging es um den optimalen Zeitpunkt einer Intervention vor Ort sowie um Hilfemöglichkeiten für Betroffene. Damit sollten Veränderungen auf der Wissens-, Einstellungs- und Verhaltensebene auf Seiten des Personals erreicht werden. Das Forschungsdesign bestand zum einem aus einer Personalbefragung, die Erhebungen vor, direkt und acht Monate nach der Schulung vorsah, sowie einer Kontrollgruppe (KG) inklusive einer paarweisen Randomisierung. Zum anderen wurden Testbesuche in einem Drittel aller Spielstätten durchgeführt. In einer Zufallsauswahl haben dabei Besucher*innen die Rolle des Angehörigen eines Problemspielers eingenommen und das entsprechende Verhalten des Personals überprüft (zu allen drei Erhebungszeitpunkten). Insgesamt haben sich 826 Personen an der Personalbefragung (Prä/Post) beteiligt: 457 von ihnen stammten aus der Experimentalgruppe (EG), 369 aus der KG ohne Schulung. Das Durchschnittsalter in der EG lag bei 37,2 Jahre, 37,4% von ihnen waren männlich. Die entsprechenden Werte für die KG lauteten: 37,7 Jahre und 28,2% männliche Personen. Zum Follow-up konnten die Angaben von 456 Personen einbezogen werden (EG: 255, KG: 201). Testbesuche wurden in einer Zufallsauswahl von 82 Spielstätten (Prä/Post) bzw. 63 Spielstätten (Follow-up) unternommen. Drei Viertel der Teilnehmer*innen am WS äußern sich sehr oder vollständig zufrieden mit dem Training (74,7%). Weiterhin geben 89,9% an, dass sie nun ein besseres Verständnis von einem problematischen Spielverhalten haben. Immerhin 78,2% hegen den Wunsch, Problemspieler*innen mehr als bisher zu helfen. Das Wissen – gemessen an sechs verschiedenen Fragen zum problematischen Glücksspielen und zu spezifischen Hilfen – stellt sich nach der Schulung in der EG besser als in der KG dar. Innerhalb der EG verschwinden diese positiven Effekte zum Follow-up-Zeitpunkt teilweise wieder, bleiben aber besser als vor der Intervention. Das Gleiche gilt auch für Einstellungen (3 Fragen). Bei den Testbesuchen zeigt sich, dass sich das Verhalten des Personals (Ausgabe des Informationsmaterials an Angehörige) direkt nach der Schulung verbessert darstellt; auch dieser Effekt verschwindet jedoch zum Follow-up-Zeitpunkt teilweise wieder. Kritisch anzumerken ist hierzu, dass bei den Testbesuchen die möglichen Effekte der Schulungen nur relativ oberflächlich überprüft wurden. Unabhängig davon kann die Studie als die hochwertigste von allen Evaluationen im Bereich der Personalschulungen bezeichnet werden.

Aus Asien liegt eine Evaluationsstudie über einen vierstündigen Workshop für das Kasinopersonal vor (Wong & Poon 2011). Die Untersuchung wurde in zwei Kasinos durchgeführt, deren Standorte aber nicht genannt werden. Die Teilnahme am WS war freiwillig. Thematisch ging es in ihnen um den Charakter von Kasinospielen, Gewinnchancen und Zufall beim Glücksspiel, Regeln kontrollierten Spielens, Erkennungsmerkmale pathologischen Spielverhaltens, Interventionsmöglichkeiten und Spielerschutz-Strategien. Methodisch wurde dabei mit Videos und Rollenspielen gearbeitet. Auch hier sollten mit dem WS Veränderungen auf der Wissens-, Einstellungs- und Verhaltensebene (d. h. Intervenieren bei Problemspielenden) auf Seiten des Personals bewirkt werden. Das Forschungsdesign sah eine schriftliche Prä-, Post- und Follow-up-Befragung 12 Monate nach der Personalschulung vor. An der Prä- und Post-Erhebung haben sich 63 Personen beteiligt (69,8% männlich); 12 Monate nach der Schulung haben von diesen noch 20 Teilnehmende den Fragebogen ausgefüllt. Die Post-Befragung, die direkt nach dem WS durchgeführt worden ist, weist eine hohe Zufriedenheit mit dem WS aus (96,8%). Ein Großteil der geschulten Personen gibt an, nützliche Informationen zu den Themenbereichen „exzessives Glücksspielen" (71,4%) und „Umgang mit Problemspielern" (66,7%) erhalten zu haben. Ferner hat sich – nach den Selbstangaben – ihr Wissen um Erkennungsmerkmale problematischen Spielverhaltens, das Verständnis über Gewinnchancen und Zufall bei Kasinospielen sowie die Bereitschaft und Kompetenz verbessert, Problemspieler*innen zu helfen. Bei den Ergebnissen zum Follow-up wurden keine Signifikanzen angegeben, so dass diese nicht aussagekräftig sind. Dieser methodische Mangel sowie die geringe Fallzahl, eine selektive Stichprobe (freiwillige Teilnahme) und die fehlende Kontrollgruppe schränken die Aussagekraft der Studie erheblich ein.

Die einzige Studie, die zu Personalschulungen im Lottobereich durchgeführt worden ist, kommt aus Deutschland. Kalke et al. (2011) haben die Effekte von drei unterschiedlichen Grundkonzepten evaluiert: a.) eine 5- bis 8-stündige Intensivschulung für Leiter*innen und Mitarbeiter*innen von Lottoannahmestellen zu den Themen „rechtliche Grundlagen", „Sucht und Abhängigkeit", „Glücksspielsucht" und „Hilfesystem"; b.) ein Multiplikatorenmodell für die Leitungsebene zur Weitervermittlung des Wissens an die Leiter*innen der Annahmestellen (Grundlagen- und anwendungsbezogene Inhalte, ≤ 2 Stunden) und c.) eine Basisschulung mit einer frontalen Wissensvermittlung (1,5 bis 3 Stunden). Das übergeordnete Ziel aller drei Schulungskonzepte war die Verbesserung der Früherkennung und Frühintervention bei problematischem Spielverhalten. Die Effekte dieser Schulungsarten wurden mit einer Einmalbefragung (Selbstangaben) sechs bis neun Monate nach der Intervention durch eine Totalerhebung in den Annahmestellen überprüft. Dabei bildete sich auf naturalistischem Weg auch eine Kontrollgruppe von bis dato nicht geschulten Personen. Die Fallzahlen betrugen für die drei Schulungsgruppen zusammengenommen n = 4.410 (EG) und n = 781 für Kontrollgruppe (KG). In der EG waren 55% der Teilnehmenden weiblich, das Durchschnittsalter betrug 48,0 Jahre (KG: 65% weiblich, 46,8 Jahre). Bei der Effektmessung ergeben sich gegenüber der Kontrollgruppe für die geschulten Personen (summarisch für alle 3 Schulungsgruppen) signifikante Wissensvorteile in den Themenbereichen Recht, Glücksspielsucht und Hilfesystem. Auch beim konkreten Umgang mit Problemspielenden – unter anderem dem Ansprechen von auffälligen Kund*innen und der Mitgabe von Informationsmaterialien – ergeben sich für die EG höhere Anteile von Handelnden als in der KG. Beim Vergleich der drei Schulungskonzepte zeigt sich, dass die Effekte bei der Intensivschulung und dem Multiplikatorenmodell stärker sind als bei der Basisschulung. Als Limitationen dieser Untersuchung können angesehen werden, dass keine Baseline-Erhebung durchgeführt worden ist und keine echte (randomisierte) Kontrollgruppe zum Einsatz kam.

Eine Evaluationsstudie liegt auch aus den USA vor, wobei hier nur wenige Informationen zur Intervention gegeben werden (LaPlante et al. 2012). Untersucht wurde ein Multimedia-Trainingsprogramm für neu eingestelltes Personal von zwei Kasinos, mit dem das Ziel verfolgt wurde, das Wissen und die Einstellungen über Glücksspiele im Sinne des Spielerschutzes zu verbessern. Methodisch hat eine schriftliche Befragung direkt vor Beginn des Trainingsprogramms und eine Nachbefragung etwa einen Monat nach seinem Ende stattgefunden. Eine Kontrollgruppe gab es nicht. An der Eingangsbefragung haben sich 217 Personen beteiligt (Durchschnittsalter: 36,5 Jahre, 67% Frauen), die Nachbefragung umfasste 116 Personen. Der Vergleich der beiden Erhebungen weist für das geschulte Personal eine signifikante Verbesserung in allen vier abgefragten Wissensbereichen (Definition Sucht, Glücksspiele & Öffentliche Gesundheit, Best Practices im Spielerschutz, Regulierung) und in vier von fünf Meinungsbereichen aus (Spielchancen, Anzeichen für Problemspielen, falsche Annahmen über das Glücksspiel, Abhängigkeitspotential der Glücksspiele).

In der letzten hier einzubeziehenden Untersuchung wurde eine Online-Personalschulung aus Kanada evaluiert (Quilty et al. 2015). In der einstündigen Basiseinheit, die sich an alle Kasinoangestellten richtete, wurden die Inhalte Glücksspielmythen, problematisches Spielen (Erkennungsmerkmale), Strategien zur Förderung kontrollierten Spielverhaltens, Hilfesystem, Tipps für Krisenmanagement und Kommunikation bei Problemspielenden behandelt. Bei der Zielgruppe sollte damit das Wissen, die Einstellungen und das Verhalten bezüglich des problematischen Glücksspiels verbessert werden. Für die

Spielerschutz-Manager*innen und Spielstätten-Aufsichten bestand ein zusätzliches interaktives Online-Intensivtraining (3 Stunden), bei dem spezielle Handlungsempfehlungen für den Umgang mit Problemspieler*innen geschult worden sind. Das Evaluationskonzept sah eine Einmalbefragung mit freiwilliger Teilnahme der Geschulten vor, die in zehn Kasinos in Ontario beworben wurde. Insgesamt 130 Personen (Durchschnittsalter: 38,2 Jahre, 41% männlich) haben an der Befragung teilgenommen. Darunter befanden sich auch 67 Personen mit besonderen Management- und Aufsichtsfunktionen. Insgesamt berichten 87,7% aller geschulten Personen, dass durch die Schulung ihre Fähigkeit, Problemspieler*innen zu erkennen, verbessert worden ist. Weiterhin geben 82,0% dieses für die Fähigkeit an, mit Problemspielenden angemessen umgehen zu können. In der Auswertung wurden auch mögliche Lernunterschiede zwischen dem Personal mit und ohne besondere Management- und Aufsichtsfunktionen überprüft: Der erstgenannte Personenkreis beobachtet zwei Merkmale problematischen Spielens häufiger und findet diverse Merkmale problematischen Spielens für den Alltagsgebrauch nützlicher als die Gruppe ohne besondere Funktionen. Zu den Mängeln dieser Studie zählt eine teilweise unklare Fragestellung der Studie – so werden Befragungsergebnisse nicht mit wichtigen Inhalten der Schulungen abgeglichen – und eine insgesamt eher oberflächliche Wirksamkeitsüberprüfung.

Gesamtbewertung der Evidenz

Bei den evaluierten Personalschulungen – eine Maßnahme der indizierten Verhältnisprävention – handelt es sich um sechs Workshops/Schulungseinheiten und ein Onlineprogramm (s. Tab. 3.3). Unter den Schulungen befindet sich auch ein Multiplikatorenmodell. Bei allen Maßnahmen konnten – wie gezeigt – positive Wisseneffekte ermittelt werden. Bei sechs Studien betrifft das darüber hinaus die Einstellungen. Es liegen jedoch nur bei drei Studien Aussagen zu den erwünschten Verhaltensänderungen beim Personal vor, die ein wichtiges Ziel der Schulungen sind. Die ermittelten Effekte beziehen sich zudem auf einen Untersuchungszeitraum von bis zu einem Jahr und basieren in der Regel auf Selbstauskünften des befragten Personals, so dass Antworttendenzen im Sinne der sozialen Erwünschtheit nicht auszuschließen sind. Über die Wirkungen dieser Interventionen auf Problemspielende finden sich keine Angaben. Auch die Studienart schränkt die Aussagekraft der Evaluationen ein: Nur in einem Fall wurde eine randomisierte Kontrollgruppenstudie durchgeführt. Insgesamt betrachtet ist deshalb die Güte der ermittelten Effekte von Personalschulungen als niedrig bis mittel einzustufen.

Tabelle. 3.3: Evidenz evaluierter Interventionen – Personalschulungen

Studie	Intervention	Präventionsart	Positive Effekte	Forschungsdesign	Bewertung der Intervention*
Ladouceur 2004	2-stündiger Workshop Automatenspiel	indizierte Verhältnisprävention	Wissen Einstellung Verhalten	Personalbefragung Prä, Post und Follow-up (6 Monate) sowie Kontrollgruppe	mittel
Giroux 2008	3-stündiger Workshop Kasino	indizierte Verhältnisprävention	Akzeptanz Wissen Einstellung	Personalbefragung Prä, Post und Follow-up (6 Monate)	niedrig
Dufour 2010	3-stündiger Workshop Automatenspiel	indizierte Verhältnisprävention	Akzeptanz Wissen Einstellung Verhalten	Personalbefragung Prä, Post und Follow-up (8 Monate) sowie randomisierte Kontrollgruppe; Testbesuche	hoch
Wong 2011	4-stündiger Workshop Kasino	indizierte Verhältnisprävention	Akzeptanz Wissen Einstellung	Personalbefragung Prä, Post und Follow-up (12 Monate)	niedrig
Kalke 2011	a.) Basisschulung (1,5 bis 3 Std.) b.) Intensivschulung (5 bis 8 Std.) c.) Multiplikatorenmodell Lotto	indizierte Verhältnisprävention	Wissen Verhalten	Personalbefragung Einmalerhebung 6 bis 9 Monate nach der Intervention sowie Kontrollgruppe	mittel
LaPlante 2012	Multimedia-Trainingsprogramm Kasino	indizierte Verhältnisprävention	Wissen Einstellung	Personalbefragung Prä und Follow-up (≥1 Monat)	niedrig
Quilty 2015	1-stündige Onlineschulung (Kasino)	indizierte Verhältnisprävention	Wissen Einstellung	Personalbefragung Einmalerhebung	niedrig

*siehe die Erläuterungen unter der Tabelle 3.1.

3.4 Spielersperre

Im Allgemeinen dienen Sperrsysteme dazu, glücksspielsuchtgefährdete oder glücksspielsüchtige Personen für eine bestimmte Zeitdauer vom Spielbetrieb auszuschließen. Sie stellen damit eine besondere Art der Zugangs- oder

Verfügbarkeitsbeschränkung dar und sind im Kern als schadensminimierende Maßnahme der indizierten Verhältnisprävention zuzuordnen. Spielersperren lassen sich daher auch als strukturelles Hilfsmittel ansehen, um den glücksspielbedingten Belastungsgrad bei Betroffenen zu verringern bzw. ihren Weg in Richtung Genesung zu unterstützen. Insgesamt konnten neun Studien gefunden werden, die über die Effekte von Spielersperren berichten. Alle Publikationen beziehen sich auf selbstgesperrte Spieler*innen (nicht auf Fremdsperren) und basieren auf Selbstberichtsdaten. Während acht Studien die Spielersperre im terrestrischen Bereich (Kasinospiele, Automatenspiele) thematisieren, rückt eine Publikation die Online-Sperre in den Fokus. Im Folgenden werden zunächst drei Studien mit Querschnittsdaten vorgestellt; darauf folgt die Zusammenfassung von sechs Untersuchungen im Längsschnitt.

Die erste Evaluation eines Sperrsystems stammte aus Kanada und fußte auf einer Stichprobe von 220 selbstgesperrten Spieler*innen aus drei Kasinos in Quebec (Ladouceur et al. 2000). Zum Zeitpunkt der Studiendurchführung konnten die Teilnehmenden die Sperrdauer individuell festlegen (zwischen 6 Monaten und 5 Jahren). Das Untersuchungsdesign sah eine Einmalbefragung mit weitgehend selbstkonstruierten Items in schriftlicher Form zu Beginn der aktuellen Sperrverfügung vor. Zur Stichprobe zählten überwiegend Männer (62%) und nahezu ausschließlich pathologische Glücksspieler*innen (95%). Von der Gesamtstichprobe verfügten 76% erstmals über eine Spielersperre. Zwei Drittel (66%) wählten eine Sperrdauer von höchstens 12 Monaten, ein Viertel (25%) erwirkte die maximale Sperrdauer von fünf Jahren. Weiterführende Analysen umfassen ausschließlich diejenige Personengruppe, die bereits vor der aktuellen Sperrverfügung schon einmal selbstgesperrt gewesen ist (n = 53). Hier zeigt sich, dass 36% während der vergangenen Sperrverfügung zum Kasino zurückkehrten, und 50% an anderen Glücksspielen teilnahmen. Immerhin 30% berichten von einer kompletten Glücksspielabstinenz in dieser Zeitspanne. Schließlich geben 80% an, mit dem Sperrsystem zufrieden zu sein. In der Gesamtbetrachtung weist diese Evaluationsstudie jedoch eine Fülle an Limitationen auf, die ihre Aussagekraft erheblich einschränken: Erstens bezieht sich die Effektivitätsmessung nur auf die vergangene Selbstsperre. Zweites fußen die zentralen Ergebnisse ausschließlich auf deskriptiven Analysen. Drittens handelt es sich um ein Untersuchungsdesign mit kleiner, selektiver Stichprobe sowie keiner Kontrollgruppe. Viertens fehlen wichtige Angaben etwa zur Beteiligungsquote. Fünftens fand keine Kontrolle von Drittvariablen statt (z. B. zur Inanspruchnahme formeller Hilfen).

Eine zweite Evaluationsstudie im Querschnitt beschäftigte sich mit dem freiwilligen landesweiten Sperrprogramm in Missouri (USA), das seit 1996 im gesamten Bundesstaat für den Kasinobereich existiert (Nelson et al. 2010). Die Studienanlage sah eine Einmalbefragung von Programmteilnehmer*innen vor, die zwischen 1997 und 2003 über eine Selbstsperre verfügt hatten. Alle Interviews wurden im Jahr 2007 durchgeführt (d. h. 4 bis 10 Jahre nach Eintritt in das Programm) und waren somit retrospektiv ausgerichtet. Die Datenerhebung fand telefonisch und computergestützt statt. Dabei sollten die Proband*innen über unterschiedliche Bezugszeiträume berichten, wie etwa vor bzw. seit Beginn der Selbstsperre oder die vergangenen sechs Monate. Die finale Stichprobe setzte sich aus 113 Betroffenen zusammen, die nach einem stratifizierten Verfahren ausgewählt wurden. Als Grundgesamtheit diente eine Datenbank mit 5.125 selbstgesperrten Spieler*innen. Von 419 ausgewählten Personen konnten 113 tatsächlich erreicht werden (Response Rate, RR = 27%). Hiervon waren 45,1% männlich, das Durchschnittsalter belief sich auf 50,7 Jahre. Im Mittel lagen zwischen Sperrverfügung und Datenerhebung 6,1 Jahre. Häufigkeitsanalysen belegen, dass 44,2% der Studienteilnehmer*innen sehr zufrieden und weitere 23,9% größtenteils zufrieden mit dem Sperrprogramm sind. Laut Selbstangaben besuchen 15,9% der Proband*innen trotz laufender Sperre ein Kasino in Missouri. Zugleich verzichten 13,2% seit Einrichtung der Spielersperre komplett auf das Glücksspiel, 38,9% spielen seitdem jedoch bei mehr als 20 Gelegenheiten. Wird der Zeitraum vor Inkrafttreten der Selbstsperre mit den vergangenen sechs Monaten verglichen, ergeben sich folgende Positiveffekte: (1) die glücksspielbezogene Symptombelastung nach SOGS verringert sich im Mittel deutlich; (2) entsprechend kleiner fällt der Personenanteil aus, der ein wahrscheinlich pathologisches Spielverhalten zeigt (von 78,8% auf 15,0%). Außerdem erhöht sich die Rate der Inanspruchnahme zusätzlicher Hilfen seit Sperrbeginn leicht. Schließlich deuten Regressionsanalysen den zusätzlichen Mehrwert über die Spielersperre hinaus von derartigen externen Unterstützungsangeboten (Selbsthilfe, Beratung, Behandlung etc.) an. Trotz des ungewöhnlich breiten Zeitfensters der Untersuchung lassen sich bedeutsame Limitationen benennen. Aus forschungstechnischer Sicht zählen hierzu insbesondere die eingeschränkte Repräsentativität der Befragungsgruppe, mögliche Erinnerungsverzerrungen, das Fehlen einer Kontrollgruppe und die relativ geringe Response Rate.

Eine dritte Untersuchung im Querschnitt in Form einer schriftlichen Einmalbefragung gesperrter Spieler*innen wurde 2009 in Australien durchgeführt (Hing & Nuske 2012). Dabei ging es um die Evaluation der Effektivität eines zentralisierten Systems der Selbstsperre im Bundesstaat South Australia. Die Sperre betraf vornehmlich das Automatenspiel in folgenden Spielstätten: Hotels, Clubs sowie ein Kasino. Sie konnte nur für einen, aber auch für mehrere Spielorte gleichzeitig greifen. Die Umsetzung des Sperrprogramms erfolgte mehrheitlich über eine staatliche Behörde (Independent Gambling Authority). Zur Grundgesamtheit zählten alle Personen, die in den vergangenen 12 Monaten von der Option der Selbstsperre Gebrauch gemacht hatten (n = 105). Insgesamt lagen Selbstberichte von 36 gesperrten Spieler*innen (66,7% weiblich, Durchschnittsalter: 46,1 Jahre) zur Auswertung vor. Deskriptive Analysen lassen verschiedenartige Positiveffekte auf der Verhaltensebene erkennen. Unter anderem berichten 33% der Proband*innen von einem finanziellen sowie 26% von einem emotionalen Nutzen. Nur 6% des Samples erwähnt keine durch die Sperre evozierten Positiveffekte. Bezogen auf die Glücksspielaktivitäten geben 60% der Teilnehmenden einen Rückgang im Anschluss an die Sperrverfügung an; weitere 26% leben sogar vollständig glücksspielabstinent. Von den aktiven Spieler*innen (n = 25) zockten hingegen 28% (auch) in Spielstätten, in denen sie eigentlich gesperrt waren. Erneut müssen diese Ergebnisse im Rahmen von zum Teil erheblichen Studienmängeln diskutiert werden. Primär zu nennen sind die hochselektive und kleine Stichprobe, fehlende Informationen zum Messinstrument und der Verzicht auf die Kontrolle relevanter Drittvariablen (z. B. Länge der Sperrdauer). Zudem erschwert die wenig transparente Beschreibung des Sperrsystems die Befundeinordnung.

In zweifacher Hinsicht als neuartig kann die Veröffentlichung von Townshend (2007) angesehen werden. Zum einen fanden sich in der Literatur nunmehr erstmalig Längsschnittdaten von gesperrten Spieler*innen. Zum anderen stand ebenfalls zum ersten Mal das Sperrsystem in Neuseeland im Zentrum einer Evaluationsstudie. Für dieses Land war zum damaligen Zeitpunkt zu beachten, dass eine freiwillige Selbstsperre für Spielstätten mit Automatenspielen (Video Gaming Machines) in Anspruch genommen werden konnte. Die Sperre dauerte bis zu zwei Jahre und umfasste lediglich einzelne Spielstätten. Zudem galt sie nur für den Spielbereich des jeweiligen Spielortes (nicht jedoch z. B. für den Restaurant- oder Barbereich). Zur Überprüfung der Wirksamkeit des Sperrsystems wurden Automatenspieler*innen aus einer Behandlungseinrichtung zweimal schriftlich befragt. Die Baseline-Erhebung erfolgte zu Beginn der Spielersperre, die Follow-up-Befragung maximal zwei Jahre später (Sperrdauer folglich: 2 bis 24 Monate). Die Stichprobe umfasste zum ersten Messzeitpunkt 35 Personen (60% männlich, Altersrange: 18–73 Jahre), zum zweiten Messzeitpunkt wurden 32 Personen abermals erreicht. Die eng umschriebene Ergebnisdarstellung deutet im Zeitverlauf auf deskriptivem Niveau Verbesserungen des glücksspielbezogenen Problemstatus nach SOGS bzw. DSM-IV-Kriterien sowie eine Reduktion der Geldverluste beim Glücksspiel an. Insbesondere erhöht sich der Anteil glücksspielabstinent lebender Klient*innen von 8,6% (Baseline) auf 82,3% (Follow-up). Zudem lassen die Selbstangaben auf eine gesteigerte Kontrolle bezogen auf das Spielverhalten rückschließen. Neben gängigen Limitationen (u. a. kleine Fallzahlen, individuell stark variierende Sperrdauern, keine Kontrollgruppe) fällt bei diesem pilothaften Vorgehen vor allem die Selektivität der Stichprobe negativ ins Gewicht: So wurden die Teilnehmenden aus einer einzigen Hilfeeinrichtung rekrutiert, die bei der Initiierung der Sperre auch noch selbst maßgeblich beteiligt gewesen ist. Es muss daher unklar bleiben, ob die Positiveffekte vornehmlich auf die Selbstsperre oder die therapeutische Arbeit (bzw. beide Interventionen in Kombination) zurückzuführen sind.

Anknüpfend an die Querschnittsdaten von Ladouceur et al. (2000) legten Ladouceur et al. (2007) sieben Jahre später eine weitere Publikation vor, dieses Mal mit Längsschnittdaten. Erneut stand die Evaluation des Selbstsperrprogramms von drei Kasinos in Quebec (Kanada) im Mittelpunkt. Die individuelle Sperrdauer reichte von sechs Monaten bis zu zwei Jahren. Das Untersuchungsdesign sah die mehrfache telefonische Befragung gesperrter Spieler*innen im Zeitverlauf vor. Neben einer Prä-Messung direkt nach Abschluss der Selbstsperre wurden die Teilnehmenden für zwei Jahre regelmäßig alle sechs Monate kontaktiert (ergibt zusammengenommen 5 Erhebungszeitpunkte). Zur Baseline setzte sich die Stichprobe aus 161 selbstgesperrten Spieler*innen zusammen, davon waren 60% Männer (Durchschnittsalter: 43,5 Jahre). Die absolute Mehrheit erfüllte zudem die Kriterien eines pathologischen Spielverhaltens (nach SOGS: 89%; nach DSM-IV: 73%). Zum vierten Follow-up standen noch 53 Proband*innen zur Verfügung. Insgesamt belegen die Follow-up-Daten mit 117, 83, 60 und 53 Individuen grundsätzlich deutlich positive Effekte wie eine Reduzierung des Verlangens nach Glücksspielen, eine Stärkung der wahrgenommenen Handlungskontrolle und eine Verringerung der Intensität verschiedener glücksspielbedingter negativer Konsequenzen in vier Teilbereichen (tägliche Aktivitäten, Sozialleben, Arbeit, Stimmung) sowie eine Verbesserung der glücksspielbedingten Symptomatik nach SOGS bzw. DSM-IV. In der Regel zeigen sich jene statistisch bedeutsamen Veränderungen bereits im 6-Monats-Follow-up, um in der Folgezeit auf diesem verbesserten Niveau verhaftet zu bleiben. Auch wenn einzelne Studienparameter zu bemängeln sind (z. B. relativ hohe Ausfallraten, Fehlen von Drop-out-Analysen oder Verzicht auf die Kontrolle relevanter Drittvariablen), lassen sich diese Ergebnisse als substanzielle Belege für den längerfristigen Nutzen einer Selbstsperre werten.

Zielsetzung einer weiteren Evaluationsstudie aus Kanada war die Überprüfung einer modifizierten Sperrpraxis in einem Kasino in Montreal (Tremblay et al. 2008). Dabei wurde eine psychologisch ausgebildete Person eingesetzt, die während des gesamten Sperrzeitraums als Ansprechpartner*in für gesperrte Spieler*innen fungierte (= Sperrlotse). Die Hilfeleistungen umfassten im

Wesentlichen ein optionales Eingangsgespräch, telefonische Unterstützung im Bedarfsfall und ein verpflichtendes Abschlussgespräch (als Voraussetzung für die Entsperrung). Als Sperrdauer konnte ein Zeitraum zwischen drei Monaten und fünf Jahren gewählt werden; die Teilnahme an diesem neuartigen Sperrprogramm basierte auf Freiwilligkeit. Das Untersuchungsdesign sah Datenerhebungen jeweils im Rahmen der interventionsbezogenen Eingangs- und Abschlussgespräche in Form von mündlichen Interviews (beide Messzeitpunkte) bzw. schriftlichen Befragungen (nur Follow-up) vor. Während des Untersuchungszeitraums entschieden sich 875 Spieler*innen (75% aller Selbstsperren) für diese neuartige Form der Sperrpraxis. Zum Follow-up lagen Selbstberichte von 116 Personen vor (68,1% männlich, Durchschnittsalter: 46,8 Jahre). Von dieser Gruppe nahmen 39 auch an der Eingangsuntersuchung teil. Die deskriptiven Datenanalysen zum Follow-up verweisen zunächst darauf, dass die absolute Mehrheit der Stichprobe mit den einzelnen Elementen des Programms ziemlich oder sehr zufrieden ist (≥ 73,6%) bzw. diese Komponenten als ziemlich oder sehr nützlich empfindet (≥ 79,6%). Von den 39 Individuen mit Daten zu beiden Messzeitpunkten hatten 21,1% aber auch zusätzliche externe Hilfen in Anspruch genommen. Daneben wurde die Sperrberatung in Form von telefonischer Unterstützung im Mittel dreimal in Anspruch genommen (allerdings insgesamt nur von 14% der Proband*innen). Im direkten Vergleich beider Messzeitpunkte sind signifikante Verbesserungen bei verschiedenen Outcomes erkennbar: So verringern sich zum einen sowohl die zeitlichen als auch finanziellen Aufwendungen für das Glücksspiel. Zum anderen erfüllen zum Follow-up weitaus weniger Spieler*innen die DSM-IV-Kriterien für ein pathologisches Spielverhalten. Der Besonderheit dieser Evaluationsstudie mit dem Modell des Sperrlotsen stehen methodische Schwächen gegenüber, die die Befundgüte deutlich verringern, wie etwa die selbstselektive und im Längsschnitt kleine Stichprobe, variierende Sperrzeiträume oder das Fehlen einer Kontrollgruppe (z. B. Nutzer*innen des regulären Sperrprogramms).

Erstmals für den europäischen Sprachraum legten Hayer und Meyer (2011a) Evaluationsdaten zur Effektivität der Spielersperre vor. Hauptanliegen ihrer Studie war es, ein freiwilliges Sperrprogramm, vorgehalten im Spielbankenbereich in Österreich, Deutschland und der Schweiz, hinsichtlich seines Nutzens zu bewerten. Das methodische Vorgehen fußte auf einer schriftlichen Befragung von gesperrten Spieler*innen im Längsschnitt. Während die Baseline-Erhebung direkt nach formaler Initiierung der Spielersperre vor Ort erfolgte, fanden drei Follow-up-Erhebungen nach vier Wochen, sechs Monaten sowie 12 Monaten mittels des Versendens von Fragebögen auf dem Postweg bzw. via E-Mail statt. Für die Eingangsbefragung konnten 152 gesperrte Spieler*innen gewonnen werden (72,7% männlich; Durchschnittsalter: 41,3 Jahre). Zu allen Messzeitpunkten gaben insgesamt 31 Personen Auskunft zu ihrem aktuellen Spielverhalten und momentanen psychischen Wohlbefinden. Für diese Subgruppe lassen sich verschiedenartige Positiveffekte beobachten: Erstens sinkt der Anteil pathologischer Spieler*innen nach DSM-IV innerhalb von 12 Monaten von 61,3% auf 12,9%. Zweitens reduziert sich die Intensität der Glücksspielbeteiligung sowohl in Bezug auf die Spielhäufigkeit, Spieldauer als auch Einsatzhöhe deutlich. Drittens verringert sich das Ausmaß glücksspielassoziierter Stressoren wie das Verlangen nach dem Glücksspiel oder die mit Glücksspielen im Zusammenhang stehende emotionale Belastung; damit korrespondierend nimmt aus Sicht der Befragten die Lebensqualität signifikant zu (jene Veränderungen waren jeweils schon zum ersten Follow-up evident). Zwar klingen diese Befunde in der Gesamtschau vielversprechend. Insbesondere die sehr kleinen Fallzahlen im Längsschnitt, die unklare Repräsentativität der Ergebnisse und das Fehlen einer Kontrollgruppe schränken an dieser Stelle die Evidenzgüte ein.

Parallel hierzu stand die Evaluation eines freiwilligen Sperrprogramms des Onlineglücksspiel-Anbieters „win2day“ aus Österreich im Fokus einer weiteren Studie von Hayer und Meyer (2011b). Auf der Internetplattform „winday“ konnten verschiedenartige Onlineglücksspiele (Kasinospiele, Gamesroom, Lotterien) nachgefragt werden. Bei Bedarf bestand die Möglichkeit zur Selbstsperre für unterschiedlich lange Zeiträume (4 Wochen, 3 Monate, 6 Monate, 12 Monate). Ähnlich wie bei der Kasinostudie von Hayer und Meyer (2011a) umfasste das Untersuchungsdesign insgesamt vier Messzeitpunkte mit einer ersten Datenerhebung bei Inanspruchnahme der Spielersperre und einem nachfolgenden 1-Jahres-Längsschnitt mit drei Datenerhebungen. Alle Befragungen erfolgten onlinegestützt mit weitgehend selbstkonstruierten Items bzw. Skalen. Von der Gesamtpopulation (n = 8.237 gesperrte Spieler*innen) nahmen initial 259 Personen an der Untersuchung teil (RR = 3,1%). Davon waren 68,7% Männer. Das Alter des Samples lag im Mittel bei 36,2 Jahren. Nach dem Lie/Bet-Questionnaire galten 68% als Problemspieler*innen. Nach einem Jahr lagen Daten von insgesamt 20 Teilnehmenden vor. Die Ergebnisse verweisen mit Bezugnahme auf diese Subgruppe auf einen Rückgang des Anteils von Proband*innen mit einem problematischen Spielverhalten von 80% (Baseline) auf 30% (12 Monate später). Zwischen 35% und 72,2% der Stichprobe berichten zu den Follow-up-Messzeitpunkten von Verringerungen der Glücksspielbeteiligung (d. h. Spielhäufigkeit, Spieldauer, Einsatzhöhe). Derweil nahm keine einzige Person während dieses Zeitfensters zusätzliche externe Hilfemaßnahmen in Anspruch. Auch wenn erstmals Evaluationsdaten zur Internetsperre präsentiert wurden, krankt die Studie im Wesentlichen an der fehlenden Repräsentativität (sehr geringe Response Rate) und den damit zusammenhängenden äußerst kleinen Fallzahlen.

Eine weitere Studie aus Australien komplettiert die Datenbasis (Hing et al. 2015). Untersucht wurde die Wirksamkeit eines bundesweiten Selbstsperrprogramms in Queensland (Spielstätten: Hotels, Clubs, Kasinos). Zu beachten ist, dass die Sperre in dieser Jurisdiktion nur für den jeweiligen Standort griff, an dem die Verfügung stattfand. Als hervorstechende Besonderheit wies der Untersuchungsansatz eine Aufteilung der Proband*innen in drei Subgruppen auf: Spieler*innen mit Sperr-, aber ohne zusätzliche Behandlungserfahrung (S; n = 19; 84,2% männlich), Spieler*innen mit Sperr- und Behandlungserfahrung (SB; n = 34; 52,9% männlich) und Betroffene ohne Sperr- aber mit Behandlungserfahrung (B; n = 33; 51,5% männlich). Die Datenerhebung in Form von telefonischen Befragungen erfolgte zu drei Erhebungszeitpunkten jeweils mit etwa sechs Monaten Abstand, wobei sich die Prä-Messung auf die letzten sechs Monate vor Inanspruchnahme der aktuellen Selbstsperre bzw. des aktuellen Beratungsangebotes bezog. Zunächst belegen die Analysen keine substanziellen Gruppenunterschiede zwischen S und SB: Beide Subgruppen zeigen zum ersten Follow-up (F1) ähnlich ausgeprägte Verbesserungen in diversen psychosozialen Outcomes. Legt man beide Subgruppen zusammen, ergeben sich im Vergleich Prä- vs. F1 unter anderem folgende signifikante Positiveffekte: Verringerung der Glücksspielausgaben, der glücksspielbedingten Schulden, des Verlangens nach Glücksspielen sowie der PGSI-Symptomatik. Ebenfalls können die Reduzierung einiger glücksspielbedingter Negativfolgen und eine Verbesserung des psychischen Gesundheitszustandes verzeichnet werden. Ein weiterer Gruppenvergleich bezieht sich auf die Gegenüberstellung von allen selbstgesperrten Spieler*innen (SB + S) und Individuen ohne Sperrverfügung (B). Zu beiden Follow-ups haben mehr Personen in der kombinierten Sperrgruppe aufgehört, an der primär problembehafteten Spielform teilzunehmen. Außerdem verfügen sie bei deskriptiver Betrachtung zu F1 über weniger glücksspielbedingte Negativfolgen als zu Beginn. Trotz des innovativen Forschungsansatzes schränken wesentliche Limitationen die Aussagekraft der Befunde ein. Auszugsweise zu nennen sind hier Unterschiede im Hinblick auf das soziodemographische Profil der Subgruppen, unzureichende Informationen zum Sperrprogramm (z. B. zur Laufzeit der Sperre) und variierende Längen der Sperrdauer bzw. der Zeitfenster zwischen Prä-Messung und F1.

Gesamtbewertung der Evidenz

Insgesamt erfüllen im Zusammenhang mit der Intervention „Spielersperre“ neun Evaluationsstudien die zugrunde gelegten Einschlusskriterien. Spielersperren lassen sich als schadensminimierende Maßnahme genuin der indizierten Verhältnisprävention zuordnen. Alle Studien beziehen sich dabei auf selbstgesperrte Spieler*innen. Positiv ist zum einen zu würdigen, dass immerhin sechs Publikationen Längsschnittdaten vorzuweisen haben. Zum anderen lassen sich über alle Studien hinweg Positiveffekte auf der Verhaltensebene und damit ein Kernziel der Schadensminimierung verzeichnen (s. Tab. 3.4). Einschränkend sei jedoch darauf verwiesen, dass eine direkte Gegenüberstellung der einzelnen Studien schwierig ist, weil sich die konkrete Ausgestaltung von Sperrprogrammen von Jurisdiktion zu Jurisdiktion in wesentlichen Punkten mitunter erheblich unterscheidet (z. B. im Hinblick auf die Reichweite oder Dauer der Sperre). Unter methodologischen Gesichtspunkten fallen in der Gesamtbewertung zudem ausnahmslos das Fehlen von Kontrollgruppen und die kleinen, hochselektiven Stichproben negativ ins Gewicht. Anders ausgedrückt: Spielersperren scheinen wirksam zu sein, das „Warum" bzw. die Frage nach den Wirkmechanismen bleibt indessen weitgehend ungeklärt. Zusammenfassend ist die Güte der Effekte von Spielersperren daher zum jetzigen Zeitpunkt im mittleren Bereich anzusiedeln.

Tabelle. 3.4: Evidenz evaluierter Interventionen – Spielersperre

Studie	**Intervention**	**Präventionsart**	**Positive Effekte**	**Forschungsdesign**	**Bewertung der Intervention***
Ladouceur 2000	Selbstsperre in drei Kasinos in Quebec (Kanada)	indizierte Verhältnisprävention	Akzeptanz Verhalten	Einmalbefragung gesperrter Spieler zu Beginn der aktuellen Sperrverfügung	niedrig
Nelson 2010	landesweites Sperrprogramm in Missouri (USA)	indizierte Verhältnisprävention	Akzeptanz Verhalten	retrospektive Einmalbefragung der Programmteilnehmer 4 bis 10 Jahre nach Programmeintritt	mittel
Hing 2012	zentralisiertes System der Selbstsperre vornehmlich in Hotels, Clubs und einem Kasino in South Australia (Australien)	indizierte Verhältnisprävention	Verhalten	Einmalbefragung von Spielern, die in den vergangenen 12 Monaten über eine Selbstsperre verfügt haben	niedrig

Tabelle. 3.4: Fortsetzung

Studie	**Intervention**	**Präventionsart**	**Positive Effekte**	**Forschungsdesign**	**Bewertung der Intervention***
Townshend 2007	freiwillige Sperren für Spielstätten mit Automatenspielen (Neuseeland)	indizierte Verhältnisprävention	Verhalten	Prä- und Follow-up-Befragung gesperrter Spieler aus dem Hilfesystem (Prä bei Beginn der Sperre: Juli 2004 bis Juli 2006, Follow-up: August 2006)	niedrig
Ladouceur 2007	Selbstsperre in drei Kasinos in Quebec (Kanada)	indizierte Verhältnisprävention	Verhalten	Follow-up-Befragung gesperrter Spieler mit einer Prä-Messung direkt nach Abschluss der Selbstsperre sowie vier Follow-ups (6, 12, 18 und 24 Monate später)	hoch
Tremblay 2008	modifiziertes Selbstsperr-Programm des Kasinos in Montreal (Kanada)	indizierte Verhältnisprävention	Akzeptanz Verhalten	Prä- und Follow-up-Befragung (3 bis 12 Monate) von gesperrten Spielern	mittel
Hayer 2011a	freiwilliges Sperrprogramm für Kasinos in Österreich, Deutschland und der Schweiz	indizierte Verhältnisprävention	Verhalten	Prä- und Follow-up-Befragungen (1, 6 und 12 Monate nach Initiierung der Sperre) von gesperrten Spielern	mittel
Hayer 2011b	freiwilliges Sperrprogramm des Onlineglücksspiel-Anbieters „win2day“	indizierte Verhältnisprävention	Verhalten	Prä- und Follow-up-Befragungen (1, 6 und 12 Monate nach Initiierung der Sperre) von gesperrten Spielern	mittel
Hing 2015	bundesweites Selbstsperrprogramm in Queensland (Australien)	indizierte Verhältnisprävention	Verhalten	Follow-up-Studie mit 3 Erhebungszeitpunkten, jeweils mit etwa 6 Monaten Abstand	mittel

*siehe die Erläuterungen unter der Tabelle 3.1.

3.5 Technischer Spielerschutz

Das Kapitel zum technischen Spielerschutz umfasst ein ganzes Bündel an Interventionsmaßnahmen mit direkten Eingriffen in den Spielablauf bzw. dessen Rahmenbedingungen. Ausgangspunkt ist die Annahme, dass das Suchtpotential einer bestimmten Glücksspielform in direkter Verbindung mit ihrer konkreten Ausgestaltung steht. Während situative Veranstaltungsmerkmale, wie eine hohe Verfügbarkeit, leichte Griffnähe oder extensive Produktvermarktung, in erster Linie den Zugang zum Glücksspiel erleichtern können, fördern die nachfolgend im Mittelpunkt stehenden strukturellen Veranstaltungsmerkmale primär die Bindung an das Spielmedium und damit suchtartige bzw. exzessive Verhaltensweisen. Entsprechend liegt die Vermutung nahe, dass ihre Begrenzung mit glücksspielsuchtpräventiven Wirkungen einhergeht. Aufgrund der Breite dieses Themenfeldes verwundert die inhaltliche wie methodische Heterogenität der inkludierten Evaluationsstudien kaum. Als kleinster gemeinsamer Nenner kann die Zuordnung unter der Kategorie „Verhältnisprävention“ festgehalten werden. Dabei reicht die Präventionsart von universell bis indiziert. Nahezu alle Evaluationsbefunde beziehen sich auf das Automatenspiel in seinen unterschiedlichen Facetten. Zusammengenommen ließen sich 14 Studien finden, die in diesem Kontext die Einschlusskriterien erfüllten. Zunächst werden der Übersichtlichkeit halber diejenigen Publikationen vorgestellt, bei denen nur ein Veranstaltungsmerkmal im Fokus stand (8 Treffer). Danach folgen Publikationen, die ihre Effektüberprüfung auf mindestens zwei Veranstaltungsmerkmale ausgerichtet hatten (6 Treffer).

Die ersten beiden Studien rückten die Spielgeschwindigkeit in den Vordergrund. So untersuchten Ladouceur und Sévigny (2006) den Einfluss der Verlangsamung der Ereignisfrequenz von 5 auf 15 Sekunden beim Automatenspiel. Generelles Ziel dieser selektiven Maßnahme der Verhältnisprävention war es, bei aktiven Glücksspieler*innen einem kontrollierten Spielverhalten Vorschub zu leisten. Die experimentell angelegte Querschnittstudie mit einer Prä- und Post-Messung direkt vor und nach der Intervention umfasste eine Experimentalgruppe (EG) mit einem 15-Sekundenspiel und eine Kontrollgruppe (KG) mit einem 5-Sekundenspiel. Die Proband*innen wurden den jeweiligen Untersuchungsbedingungen zufällig zugewiesen und bekamen zu Beginn der Spielsitzung 10$ als Einsatz zur Verfügung gestellt. Ein Spielabbruch war jederzeit möglich. Außerdem erwiesen sich die Gewinn- und Verlustsequenzen der Automaten für beide Untersuchungsbedingungen als identisch. Als Outcomes dienten sowohl Selbstberichtsdaten (schriftliche Befragung) als auch Spielverhaltensdaten. Der Stichprobe gehörten insgesamt 43 Erwachsene aus Quebec

(Kanada) an, darunter befanden sich allerdings keine Problemspieler*innen (nach SOGS). Die EG setzte sich aus 22 Personen (50% weiblich, Durchschnittsalter: 41,4 Jahre) und die KG aus 21 Personen (52,4% weiblich, Durchschnittsalter: 36,8 Jahre) zusammen. Im Ganzen verweisen die empirischen Befunde auf einige signifikante Gruppenunterschiede. Hierzu zählt, dass sich Mitglieder der EG häufiger ein schnelleres Spiel wünschen (64% vs. 33% in der KG). Darüber hinaus liegt die Anzahl der Spiele in der EG deutlich unter dem Niveau der KG (Grundlage: Spielverhaltensdaten). Schließlich wird die tatsächliche Anzahl der getätigten Spiele in der KG eher unterschätzt. Verschiedene bedeutsame Limitationen erschweren hier jedoch die Befundeinordnung: Vorrangig zu nennen sind die kleinen Fallzahlen, fehlende Basisinformationen über den Ablauf des Experimentes (z. B. keine Angabe zur Spieldauer) sowie die nicht näher bestimmten Einschlusskriterien bei der Stichprobenauswahl und -zusammensetzung.

Aus Spanien stammte eine zweite Evaluationsstudie zur Spielgeschwindigkeit mit Pilotcharakter (Chóliz 2010). Über die Teilnahme an einem computerbasierten Automatenspiel mit Manipulation der Ereignisfrequenz sollte geklärt werden, ob eine verzögerte Belohnung (gleichzusetzen mit einer Spielverlangsamung) mit suchtpräventiven Effekten selektiver bzw. indizierter Art einhergeht. Zur Beantwortung dieser Frage wurde auf Spielverhaltensdaten zurückgegriffen. Die nicht näher beschriebene Stichprobe umfasste 10 Patient*innen mit pathologischem Glücksspielverhalten. Innerhalb einer Woche mussten die Teilnehmenden zwei experimentelle Bedingungen an unterschiedlichen Tagen durchlaufen: Zum einen das Spiel an einem 2-Sekunden-Gerät (EG1) und zum anderen das Spiel an einem 10-Sekunden-Gerät (EG2) (= Within-Subject Design). Als Mindestspieldauer wurden jeweils 30 Einzelspiele veranschlagt, eine Beendigung war jederzeit möglich. Das Startguthaben belief sich auf 30€. Als Positivbefund der äußerst eng umschriebenen statistischen Analysen lässt sich festhalten, dass die Anzahl der Spiele in der EG1 signifikant größer als in der EG2 ausfällt. Allerdings legen vor allem die extrem kleine Fallzahl, fehlende Grundinformationen zum Sample, die Künstlichkeit dieses experimentellen Settings und die Fokussierung auf eine sehr eingeschränkte Auswahl an abhängigen Variablen nahe, jenes Ergebnis nicht überzubewerten.

In Norwegen ergab die Restrukturierung des Marktsegments „Automatenspiel" die einmalige Möglichkeit einer begleitenden Evaluationsforschung. Im Zuge der Entschärfung der alten Gerätetypen kam es unter anderem zu einem Verbot von Geldscheinakzeptoren an Spielautomaten zum 01.07.2006 und damit einhergehend zu einer Reduzierung des Höchsteinsatzes pro Einzelspiel von 25€ auf 2,50€. Mit diesem Schritt wurden die Ziele verfolgt, die Spielhäufigkeit, die Spieleinsätze und somit letztlich auch das Ausmaß glücksspielbezogener

Probleme auf Bevölkerungsebene zu minimieren. Im Zentrum der Untersuchung von Hansen und Rossow (2010) stand die Analyse des Spielverhaltens von Jugendlichen vor und nach dieser strukturellen Intervention. Methodisch fußte das Vorgehen auf drei schriftlichen Befragungen von Schüler*innen der Klassenstufen 8 bis 13, durchgeführt in denselben Schulen in den Jahren 2004 (Prä1), 2005 (Prä2) und 2006 (Post). Dabei erfolgte die Post-Erhebung etwa vier Monate nach Einführung der Intervention. Eine personale Zuordnung der Teilnehmenden im Zeitverlauf war größtenteils jedoch nicht möglich, sodass Querschnitts- bzw. Trenddaten vorliegen. Die Stichproben umfassten jeweils mehr als 20.000 Jugendliche mit annähernd ausgewogenen Geschlechterverhältnissen (Altersspanne im Kern: 13–19 Jahre). Zunächst zeigen die Auswertungen, dass knapp ein Drittel der Jugendlichen mit Automatenspielerfahrung die Entfernung der Geldscheinakzeptoren bemerkt hat. Während das Spielverhalten zwischen den beiden Messzeitpunkten vor der Intervention konstant bleibt, sind nach der Intervention gewünschte Veränderungen in diversen Parametern beobachtbar. Jene signifikanten Verringerungen betreffen vornehmlich die Spielhäufigkeit (sowohl allgemein als auch ausschließlich bezogen auf das Automatenspiel), die Geldausgaben für das Automatenspiel und den Anteil der Risiko- bzw. Problemspieler*innen nach LB und SOGS (jeweils über verschiedene Operationalisierungen ermittelt). Die Robustheit der empirischen Befunde wird zudem über weiterführende Analysen unter Kontrolle ausgewählter Drittvariablen bestätigt. Einzelne methodische Schwächen, wie das Fehlen von Längsschnittdaten, das relativ kurze Zeitfenster zwischen Intervention und Post-Erhebung sowie die Nicht-Einbindung einer Kontrollgruppe, trüben den positiven Gesamteindruck ein Stück weit. Ferner bleibt unter präventiven Gesichtspunkten letztendlich offen, ob das Verbot von Geldscheinakzeptoren oder die markante Reduzierung der Einsatzhöhe für diese Befundlage verantwortlich zu machen ist.

Eine Nachfolgepublikation von Hansen und Rossow (2012) griff im Prinzip auf denselben Datensatz zurück, um im Sinne der Grundlagenforschung die Frage zu klären, ob sich ein allgemeiner Rückgang des Glücksspielkonsums in der Bevölkerung auch bei allen Spielergruppen von moderaten bis zu exzessiven Spieler*innen niederschlägt (= empirische Überprüfung des Gesamtkonsummodells im Jugendalter). Im Gegensatz zur Publikation von 2010 nahmen die statistischen Analysen dieses Mal ausschließlich Bezug auf (1) Jugendliche mit aktueller Glücksspielerfahrung (d. h. Spielbeteiligung in den letzten 12 Monaten) und (2) die Datenerhebungen der Jahre 2005 bzw. 2006 (Prä-Post-Messung). Als finale Stichprobe dienten 14.458 (2005) bzw. 13.387 (2006) Schüler*innen. Die Ergebnisse belegen in konsistenter Weise für alle Subgruppen sowie getrennt für beide Geschlechter die postulierten Verringerungen der durchschnittlichen

Spielhäufigkeit. Entsprechend lassen sie sich als weitere Belege für den mit dem Verbot von Geldscheinakzeptoren an Spielautomaten einhergehenden Verhaltenseffekt interpretieren. Gleichwohl sind grundsätzlich dieselben Limitationen wie bei Hansen und Rossow (2010) zu beachten.

Zwei weitere Studien beschäftigten sich in verschiedener Weise mit Begrenzungen der Gewinnausschüttung als Maßnahme des Spielerschutzes. Während es bei Rockloff et al. (2015) um die zeitliche bzw. spielbezogene Limitierung der Jackpot-Ausschüttung ging, stand bei Harrigan und Dixon (2010) die Verringerung der Ausschüttungsquote im Mittelpunkt. Beide Vorgehensweisen waren experimenteller Art, lieferten Daten im Querschnitt, bezogen sich auf das Automatenspiel bzw. Automatenspieler*innen und ließen sich generell der selektiven respektive indizierten Verhältnisprävention zuordnen. Ein wesentlicher Unterschied betraf das Studiendesign. So sah die Studie von Rockloff et al. (2015) aus Australien zur Limitierung der Jackpot-Ausschüttung eine zufällige Zuordnung der Teilnehmenden zu drei Untersuchungsbedingungen vor. Dabei wurde die Experimentalgruppe (EG) nach 20 Einzelspielen mit einem Warnhinweis in Form eines Pop-up-Fensters und der Botschaft konfrontiert, dass der Jackpot jetzt nicht mehr zur Verfügung stünde. Bei Kontrollgruppe 1 (KG1) erschien an dieser Stelle ein glücksspielirrelevanter Hinweis ebenfalls in Form eines Pop-up-Fensters, Kontrollgruppe 2 (KG2) erfuhr keinerlei Intervention. Den Jackpot bildeten entweder ein Sofortgewinn von 500AUD in bar oder 500 Lotterietickets mit der Option auf einen Gewinn von 25.000AUD. Die Durchführung erfolgte mittels einer simplifizierten EGM-Simulation mit determiniertem Spielablauf. Ab dem 21. Einzelspiel waren nur noch Verluste möglich, die Effektmessung fand genau ab diesem Zeitpunkt statt. Der finalen Stichprobe (exklusive den Abbrüchen) gehörten zusammengenommen 107 Erwachsene an (57,9% weiblich), davon zeigten nach PGSI 18,6% ein moderates und weitere 4,6% ein problematisches Spielverhalten. Allgemeine Ziele dieser Intervention bestanden in der Verringerung der Glücksspielintensität, der Minimierung von Verlusten sowie der Unterbindung des Chasing-Verhaltens. Statistische Überprüfungen von Mittelwertsunterschieden belegen Effekte hinsichtlich der Spielgeschwindigkeit und der Spielverluste: Zum einen verringert sich die Spielgeschwindigkeit, gemessen über die Anzahl der Einzelspiele pro Minute, in der EG im Vergleich zu den beiden KGs merklich. Zum anderen sind in der EG geringere Spielverluste evident. Allerdings ist dieser Umstand im Kern auf die Variation der Jackpot-Bedingungen (Cash- vs. Ticketoption) innerhalb der EG zurückzuführen (mit deutlicheren Effekten bei der Cashoption). Abgesehen von den gängigen Limitationen bezogen auf die Repräsentativität des Samples (Stichwort Selektivität) oder die enge Auswahl der Outcome-Variablen fällt bei der Befundbewertung dieser Studie vor allem die geringe ökologische Validität negativ ins Gewicht. Sowohl die Implementierung von permanenten Verlusten nach einer relativ kurzen Spieldauer als auch die konkrete Umsetzung der „Jackpot-Botschaft“ unter Realbedingungen erscheinen wenig praxiskompatibel.

Beim methodischen Vorgehen von Harrigan und Dixon (2010) ist zunächst grundlegend zu beachten, dass es sich hierbei um eine Simulationsstudie und eben keine Evaluationsstudie im herkömmlichen Sinne handelte. Vor dem Hintergrund der in Ontario (Kanada) vorherrschenden gesetzlichen Vorgabe einer Mindestausschüttungsquote von 85% beim Automatenspiel (Slot Machines) galt es zu bestimmen, welchen Einfluss verschiedene Ausschüttungsquoten auf das Spielverhalten ausüben. Als Interventionsziel wurde die Minimierung des mit dieser Spielform assoziierten Suchtpotentials vorgegeben (u. a. sollte die Wahrscheinlichkeit großer Gewinne als Einstiegsfaktor in ein mögliches Problemverhalten verringert werden). Das Studiendesign umfasste eine Experimentalbedingung (EG) mit einer 85%igen Ausschüttungsquote und eine Kontrollbedingung (KG) mit einer 98%igen Ausschüttungsquote. Alle anderen Spielparameter wurden konstant gehalten und entsprachen einer realen Spielvariante („Lobstermania“). Weitere allgemeine Eckparameter der Simulation beinhalteten ein Startkapital von 100CAD, eine maximale Einsatzhöhe pro Einzelspiel von 3,75CAD, die Spielteilnahme bis zum Totalverlust sowie insgesamt jeweils 1.000 Spieler pro Untersuchungsbedingung. Die Ergebnisse der Simulation verweisen darauf, dass in der EG die durchschnittliche Anzahl der Spiele (186 vs. 1.184 in der KG), die durchschnittliche Spieldauer (0,31 Stunden vs. 1,97 Stunden in der KG) und die durchschnittliche Anzahl großer Gewinne mit einem zwischenzeitlichen Guthaben von mindestens 1.000CAD (bei 5 Spielern vs. 54 Spielern in der KG) weitaus kleiner ausfallen. Noch deutlicher klaffen die Werte bezogen auf die Spieleanzahl sowie Spieldauer auseinander, wenn nur die Subgruppe mit großer Gewinnerfahrung betrachtet wird. Inwieweit diese Simulation des Spielverhaltens mit zum Teil sehr künstlichen Prämissen (z. B. die Vorgabe, immer bis zum Totalverlust spielen zu müssen) auf die Wirklichkeit zu übertragen ist bzw. ähnliche Effekte auch unter realen Lebensbedingungen zu beobachten sind, muss offenbleiben. Schließlich finden bei dieser Forschungsmethodik potentiell relevante Drittvariablen (Person und Umwelt) keine Berücksichtigung.

Lediglich eine Evaluationsstudie bezieht sich auf die Wirksamkeit von Spielpausen als technische Maßnahme des Spielerschutzes. Hierbei handelte es sich um einen experimentellen Forschungsansatz aus Australien (Blaszczynski et al. 2016). Genuines Ziel der Einführung von Spielpausen war die Unterbrechung dissoziativer Erlebniszustände, als Zielgruppe konnten demnach alle aktiv Glücksspielenden angesehen werden. Im Zentrum der Studie stand konkret die Überprüfung von möglichen, mit Spielpausen assoziierten iatrogenen (unerwünschten) Effekten. Das methodische Vorgehen fußte auf einem Experiment mit zufälliger Zuordnung der Proband*innen auf drei Untersuchungsbedingungen: Experimentalgruppe 1 mit einer 3-minütigen Spielpause, Experimentalgruppe 2 mit einer 8-minütigen Spielpause und eine Kontrollgruppe ohne Spielpause. Dabei wurde die jeweilige Unterbrechung nach einem 15-minütigen Black Jack-Spiel in Form einer Computersimulation eingebunden. Während der Spielpause beschäftigten sich die Untersuchungsteilnehmer*innen mit glücksspielirrelevanten Informationen, im Anschluss daran folgte eine weitere 15-minütige Spielsession. Die Datenerhebung fand in schriftlicher Form (Selbstangaben) zur ersten Pause sowie direkt nach Beendigung des Spiels statt. Insgesamt 141 Studierende im Alter von durchschnittlich 21 Jahren (55% weiblich) bildeten die Stichprobe. Ohne im Detail auf einzelne Ergebnisse einzugehen lässt sich festhalten, dass Spielpausen offenbar keinen Effekt auf das Erleben dissoziativer Zustände mit sich bringen. Darüber hinaus scheinen Spielpausen – vor allem bei längerer Dauer – als unerwünschte Nebenwirkung sogar das Verlangen nach Glücksspielen zu erhöhen. Jene Befunde sind jedoch mit Zurückhaltung zu interpretieren, da diesem Experiment eine sehr geringe ökologische Validität attestiert werden kann: So mutet gerade die Länge der Spielpause (3 bzw. 8 Minuten) im Verhältnis zur Spieldauer (15 Minuten) realitätsfremd an. Weiterhin liegen keine weiterführenden Informationen zum Sample oder zur Größe der einzelnen Untersuchungsgruppen vor, was die Befundeinordnung zusätzlich erschwert.

Ebenfalls mit eher geringer Aussagekraft verbunden ist eine Publikation von Ladouceur et al. (2005) aus Kanada zu dem Einfluss des Formats und der Anordnung von Spielautomaten in Spielstätten außerhalb von Kasinos. Unter anderem wurde der Frage nachgegangen, ob von nicht-isolierten (einsehbaren) Automaten-Standorten präventive Effekte im Sinne der Förderung eines kontrollierten Spielverhaltens ausgehen. Als Setting diente ein universitäres Glücksspiellabor mit entsprechendem Bar-Ambiente, um sowohl subjektive Daten mittels Face-to-Face-Interviews als auch Spielverhaltensdaten zu erheben. Das relativ komplexe 2x3x3-Untersuchungsdesign inkludierte folgende Faktoren: Experimentalbedingung 1 „Format“ (EG1: kompakt vs. Standard), Experimentalbedingung 2 „Anordnung“ (EG2: isoliert in einer Nische vs. offen an der Wand vs. direkt auf dem Bartresen) und Experimentalbedingung 3 „Problemstatus nach NODS“ (Gelegenheitsspieler*innen vs. Risikospieler*innen vs. wahrscheinlich pathologische Spieler*innen). Jede Untersuchungsbedingung umfasste zehn Proband*innen (insgesamt n = 180) mit zufälliger

Zuordnungsweise unter Berücksichtigung der Faktoren Format und Anordnung (im Folgenden relevant: EG1a = kompaktes Format, EG1b = Standardformat sowie EG2a = Nische, EG2b = Wand, EG2c = Bartresen). Weitere zentrale Eckpfeiler des Experiments waren (1) ein zu Beginn der Spielsession zur Verfügung gestellter Geldeinsatz von 25CAD; (2) die Möglichkeit, die Spielteilnahme jederzeit zu beenden; (3) vorab determinierte, für alle Personen identische Spielausgänge sowie (4) eine Ausschüttungsquote von 92%. An der Untersuchung konnten erwachsene Automatenspieler*innen im Alter von 18 bis 65 Jahren teilnehmen. Die finalen Subgruppen bestanden aus 60 Gelegenheitsspieler*innen (60% männlich, Durchschnittsalter: 30 Jahre), 60 Risikospieler*innen (75% männlich, Durchschnittsalter: 34 Jahre) und 60 wahrscheinlich pathologischen Spieler*innen (75% männlich, Durchschnittsalter: 41 Jahre). In der Gesamtschau spiegeln die Befunde ein widersprüchliches Bild wider. Während die Spielverhaltensdaten weder bei der Formats- noch bei der Anordnungsvariablen auf Gruppenunterschiede rückschließen lassen, liefern die Selbstberichte zumindest vereinzelte signifikante Ergebnisse auf der Einstellungsebene. Diejenigen Proband*innen, die von einem Einfluss des Formats berichten (n = 60), antizipieren in der Standardvariante eher einen Verlust der Handlungskontrolle. Bei der Anordnung der Spielautomaten gilt in diesem Zusammenhang, dass die isolierte Lokalisation in Nischen eher mit einem Kontrollverlust verbunden werden als am Bartresen oder an der Wand (n = 99). Eine ähnliche Rangreihe ergibt sich bei der Frage nach dem Einfluss der Anordnung auf zukünftige Spielexzesse. Mindestens vier Limitationen minimieren die Evidenzgüte jedoch erheblich: Erstens bleiben Effekte auf der Verhaltensebene und im Zeitverlauf unklar. Zweitens geht die ungewöhnliche Datenauswertungsstrategie mit einer erhöhten Wahrscheinlichkeit eines Alpha-Fehlers einher. Drittens existiert keine Kontrollgruppe im engeren Sinne. Viertens ist nicht ersichtlich, was hinter dem Merkmal „Format“ konkret steckt. Entsprechend erweist sich die Bedeutung dieser Studie für die Praxis als vernachlässigbar.

Ein zweites Spektrum an Evaluationen bezieht sich auf die Manipulation von mindestens zwei Veranstaltungsmerkmalen im Rahmen einer Untersuchung. An erster Stelle lässt sich eine Publikation aus Kanada anführen, die als Wegbereiter der experimentell angelegten Effektüberprüfung von technischen Veränderungen beim Automatenspiel im Querschnitt anzusehen ist (Loba et al. 2001). Im Fokus standen die Anzeige von Gewinnen/Verlusten mittels eines Zählers, ausgewählte sensorische Aspekte (langsame Geschwindigkeit/keine Musik als suchtpräventive Komponenten) und der Wegfall der Stopp-Funktion. Das gemeinsame Ziel dieser Maßnahmen basierte auf der Reduzierung der mit dem Automatenspiel assoziierten Missbrauchsrisiken. Zur Stichprobe zählten 60 Personen mit regelmäßiger Automatenspielerfahrung (d. h. mindestens zweimalige Teilnahme im Monat). Davon waren 63,3% Männer, das Durchschnittsalter lag bei 34,7 Jahren. Zusätzlich zu den unterschiedlichen Experimentalbedingungen sah das Untersuchungsdesign eine Kontrollbedingung (KG) mit einem Standard-Video-Poker-Automaten bzw. Standard-VLT-Automaten vor. Zu Untersuchungsbeginn erfolgte eine zufällige Verteilung von pathologischen (n = 29) und nicht-pathologischen (n = 31) Spieler*innen zu folgenden Konditionen: (1) VLT-Automat mit vier 20-minütigen Spielsessions (geringe sensorische Stimulation, hohe sensorische Stimulation, KG, Zähler), (2) VLT-Automat mit vier 20-minütigen Spielsessions (davon ausgewertet: KG, Verzicht auf Stopp-Funktion) und (3) Video-Poker-Automat mit vier 20-minütigen Spielsessions (geringe sensorische Stimulation, hohe sensorische Stimulation, KG, Zähler). Als Spielbudget standen insgesamt 50$ zur Verfügung, wobei zusätzlich auch eigenes Geld eingesetzt werden konnte (lediglich 5 Personen nutzten diese Option). Nach jeder Spielsession sollten die Proband*innen zum Zwecke der Datenauswertung Fragen schriftlich beantworten, etwa zu subjektiven spielbezogenen Reaktionen. Von der Fülle an empirischen Befunden sind in diesem Kontext primär die folgenden von Interesse: Zum einen fällt es pathologischen Spieler*innen bei geringer sensorischer Stimulation laut Selbstberichten leichter, mit dem Spielen aufzuhören, als in der KG bzw. bei hoher sensorischer Stimulation. Zum anderen greift dieser Interaktionseffekt auch bei Einbindung eines Zählers (vs. Verzicht auf den Zähler). Schließlich erhöht die Automatenvariante mit einer Stopp-Funktion unabhängig vom Spielerstatus den Wunsch, noch einmal zu spielen. Trotz des elaborierten Forschungsansatzes erweist sich die Aussagekraft der Studie aus verschiedenen Gründen zusammengenommen als gering. Kritisch sind insbesondere die kleinen Fallzahlen in den einzelnen Subgruppen, die Erfassung der Outcome-Variablen jeweils nur mit einem nicht-validierten Item und die Ungewissheit hinsichtlich der Nachhaltigkeit der Effekte im Felde anzumerken.

Im Zuge einer Pilotuntersuchung unter Laborbedingungen rückten Delfabbro et al. (2005) insgesamt sechs Strukturmerkmale des Automatenspiels in den Vordergrund. Aus der Perspektive des Spielerschutzes sollte empirisch hinterfragt werden, ob folgende Maßnahmen tatsächlich einen Beitrag zur Schadensminimierung leisten können: eine geringere Anzahl an Gewinnlinien, die Reduzierung der Gewinnhöhe, der Verzicht auf Soundeffekte, die volle Helligkeit des Monitors, eine Anzeige des Guthabens in Echtgeld (Dollar) sowie eine Verlangsamung der Spielgeschwindigkeit. Die Veröffentlichung aus Australien fasste die Ergebnisse von drei Teilstudien zusammen, bei denen jeweils zwei Strukturmerkmale orthogonal variiert wurden (jeweils im Sinne eines

2x2-Untersuchungsdesigns). Während Experiment 1 (E1) auf die Verstärkerrate (1 Gewinnlinie vs. 3 Gewinnlinien) und die Gewinnhöhe (1 Credit vs. 3 Credits pro Gewinnlinie) abzielte, bildeten bei Experiment 2 (E2) der Sound (aus vs. an) und die Helligkeit des Monitors (Standard vs. 35% des Standardlevels) die unabhängigen Variablen. Bei Experiment 3 (E3) ging es um die Anzeige des Guthabens (in Dollar vs. in Credits) und die Spielgeschwindigkeit (5 Sek. vs. 3,5 Sek.). Um das Alltagsgeschehen bestmöglich abzubilden, fand die Durchführung der Experimente mit Hilfe von computerbasierten realitätsgetreuen Simulationen statt. Dabei durchliefen die Proband*innen immer alle vier Untersuchungsbedingungen innerhalb eines Experiments: Nach einer 12-minütigen Testphase und dem Ausprobieren aller vier Automatentypen war ein freies Spiel an selbst ausgewählten Geräten für maximal 30 Minuten mit einem Startkapital von 5$ pro Automat vorgesehen. Als Grundlage der quantitativen Analysen dienten Spielverhaltensdaten und Selbstberichte in schriftlicher Form (Einmal-Befragung nach Spielende), die sich im Folgenden ausschließlich auf die 30-minütige Untersuchungsphase beziehen. Zur Studienteilnahme wurden erwachsene Automatenspieler*innen mit regelmäßiger Spielbeteiligung (d. h. mindestens dreimal im Monat) und ohne aktuelle Behandlungserfahrung rekrutiert (insgesamt n = 72). Jeweils 24 Personen formierten die einzelnen Subgruppen, wobei der Anteil der Männer zwischen 37,5% und 62,5% und das Durchschnittsalter zwischen 46,3 Jahren und 55,8 Jahren lag. Die Ergebnisse legen zahlreiche signifikante Gruppenunterschiede nahe. Auf der Einstellungsebene geht ein Mehr an Spannung mit Automatentypen einher, die drei Gewinnlinien, drei Credits pro Gewinnlinie, Soundeffekte sowie eine schnellere Spielgeschwindigkeit aufweisen. Nahezu identische Resultate finden sich beim Outcome „Geräte-Präferenz". Auf der Verhaltensebene zeigt sich, dass eine längere Spieldauer mit drei Gewinnlinien und einer geringeren Helligkeit des Monitors zusammenhängt. Ähnliches gilt für die Anzahl der Spiele, hier stellt zudem die schnellere Spielgeschwindigkeit einen statistisch bedeutsamen Prädiktor dar. Trotz des innovativen Forschungsansatzes sprechen einige gewichtige Limitationen gegen eine weiterführende Befundgeneralisierung. In erster Linie sind in diesem Zusammenhang folgende Aspekte anzuführen: die Selektivität des Samples, die kleinen Fallzahlen pro Teilstudie, einzelne unrealistische Rahmenbedingungen (z. B. das mögliche Weiterspielen im Falle eines Totalverlustes) und die Outcome-Messung auf Itemebene.

Zwei weitere Untersuchungen aus Australien (Sharpe et al. 2005; Blaszczynski et al. 2005) beziehen sich auf dieselben drei Modifikationen des Game Designs beim Automatenspiel. Diese veränderten Strukturmerkmale inkludierten (1) die Verringerung der maximalen Einsatzmöglichkeit pro Spiel von 10AUD auf 1AUD, (2) die Verlangsamung der Ereignisfrequenz von 3,5 Sekunden auf 5 Sekunden (inklusive einer 1-Sekunden-Pause zwischen den Spielen) und (3) eine Beschränkung bei den Geldscheinakzeptoren von maximal 100AUD-Noten auf maximal 20AUD-Noten. Die technische Konfigurierung dieser Maßnahmen erfolgte in der realen Glücksspielumgebung mit dem Ziel, die Spielzeit sowie den Spieleinsatz zu verringern und damit im Sinne der Schadensminimierung die individuelle Problembelastung zu reduzieren bzw. eine verantwortungsbewusste Spielteilnahme zu fördern. Als Zielgruppe ließen sich Automatenspieler*innen definieren. Sharpe et al. (2005) griffen in diesem Kontext im Wesentlichen auf Beobachtungsdaten zum Spielverhalten zurück (u. a. zur Höhe der Geldeinsätze, Anzahl der Spiele sowie Spieldauer). Dabei fanden die Beobachtungseinheiten durch Projekt-Assistent*innen direkt vor Ort in ausgewählten Spielstätten statt. Im Ganzen lagen die Daten von 210 Personen im Durchschnittsalter von 46,1 Jahren vor, 20% des Samples galten laut SOGS-Kriterien als wahrscheinliche pathologische Glücksspieler*innen. Im Fokus standen acht verschiedene Automatentypen: Davon wiesen sieben Automaten technische Veränderungen in unterschiedlichen Kombinationen mit mindestens einer Modifikation auf, ein achtes Gerät repräsentierte als Kontrollbedingung den Standard-Automaten (max. Einsatzmöglichkeit pro Spiel: 10AUD; Ereignisfrequenz: 3,5 Sekunden; Geldscheinscheinakzeptor: bis max. 100AUD-Noten). Die Spielautomaten mit jeweils identischen Ausschüttungsquoten von 87,5% standen in sieben Hotels bzw. vier Clubs in New South Wales. Für die zentralen Auswertungen wurden nur diejenigen Gäste berücksichtigt, die sowohl an dem Standard-Automaten als auch an mindestens einem modifizierten Gerät „gezockt" hatten. Die wenigen signifikanten Befunde deuten an, dass lediglich die Verringerung der maximalen Einsatzmöglichkeit mit Verhaltenseffekten (d. h. mit einer geringeren Anzahl an Spielen, einer niedrigeren Gesamtspielzeit sowie kleineren Verluste) assoziiert ist. Ähnliche Positivauswirkungen können weder bei der Verlangsamung der Spielgeschwindigkeit noch bei der Geldscheinakzeptoren-Beschränkung beobachtet werden. Generell müssen diese Ergebnisse jedoch aufgrund zahlreicher Studienlimitationen sehr kritisch bewertet werden. Wesentliche Schwächen umfassen die Umsetzung der Maßnahmen (z. B. erscheint eine Verlangsamung der Spielgeschwindigkeit um 1,5 Sekunden wenig substanziell), das Studiendesign (z. B. war die Präsenz der Beobachter*innen den Gästen bewusst und somit unter Umständen mit einem hohen Aufforderungscharakter verbunden) und die methodische Darstellung (z. B. bleibt die Zählweise der Sessions unklar). Darüber hinaus verhindern speziell die variierenden Maßnahmenkombinationen eine präzisere Bestimmung der Effekte einzelner Modifikationen.

Zwar knüpften Blaszczynski et al. (2005) unmittelbar an diese Publikation an, die zugrundeliegende Datenart mit Selbstberichten sowie die Trennung in zwei Teilstudien bezogen auf Hotels und Clubs wichen allerdings von der oben vorgestellten Methodik grundlegend ab. Teilstudie 1 bezog sich auf sieben Hotels in Sydney, wobei jeweils ein modifizierter Automat direkt neben dem Standard-Automaten platziert wurde. Die Mindestspieldauer betrug 20 Einzelspiele mit eigenem Geld, danach sollte ein Automatenwechsel erfolgen. Hier bildeten 95 Automatenspieler*innen die Stichprobe. Bei Teilstudie 2 und vier Clubs in New South Wales sah das Untersuchungssetting eine Aufstellung der Automaten nebeneinander in einer Reihe vor. Hier setzte sich das Sample aus 363 Automatenspieler*innen zusammen. Insgesamt 110 Gäste probierten alle acht Automatentypen aus, und 188 Personen setzten ihr Geld sowohl beim Standard-Automaten als auch bei mindestens einem manipulierten Automaten ein. Im Rahmen von Teilstudie 1 berichten lediglich 14% der Teilnehmenden davon, irgendeine Modifikation des Game Designs überhaupt wahrgenommen zu haben. Zudem existieren keine Unterschiede zwischen den Automatentypen (Standard vs. modifiziert) in Bezug auf die Absicht weiterzuspielen. Demgegenüber scheint die Verringerung der maximalen Einsatzhöhe gerade bei Problemspieler*innen mit einer höheren Zufriedenheit in Verbindung zu stehen. Bei Teilstudie 2 fällt in erster Linie beim Outcome Spielspaß auf, dass Geräte mit einer Ereignisfrequenz von 3,5 Sekunden und einer maximalen Einsatzhöhe von 10AUD bevorzugt werden. Auch sind die Gäste offenbar mit schnelleren Spielabfolgen zufriedener. Mit 25% liegt die Erkennungsrate der Modifikationen insgesamt jedoch erneut auf relativ niedrigem Niveau. Als Hauptmanko dieses Forschungsansatzes ist festzuhalten, dass nicht dargelegt wird, in welchem Zusammenhang die abhängigen Kernvariablen (Spielspaß, Zufriedenheit) mit dem Ziel der Schadensminimierung stehen. Anders ausgedrückt bleibt der präventive Nutzen der Befunde vollkommen nebulös. Weitere Limitationen, wie die kleinen Fallzahlen oder die vergleichsweise kurze Spieldauer, seien daher nur am Rande erwähnt.

Eine weitere Studie aus Kanada beschäftigt sich neben der Wirkung von Zeitlimitierungen (s. Kap. 3.6) mit den Präventiveffekten einer permanent mitlaufenden Uhr (ins Spielgerät integriert) sowie einem Display mit Geldanzeige (vs. Credits) beim Automatenspiel (Ladouceur & Sévigny 2009). Übergeordnetes Ziel dieser Maßnahmen war die Förderung eines kontrollierten Spielverhaltens bzw. die Minimierung glücksspielbezogener Probleme. Die Datenerhebung fand in zwei Bars mit Video Lottery Terminals in Quebec City mittels einer schriftlichen Gäste-Befragung direkt nach Beendigung der Spielaktivität statt. In Ergänzung dazu wurde ein Termin für ein mündliches Interview nach weiteren 20 Minuten

Spielzeit vereinbart. Der initialen Gelegenheitsstichprobe gehörten 38 Personen an (64% männlich, Durchschnittsalter: 52,4 Jahre), zum mündlichen Interview erschienen 16 Personen (75% männlich, Durchschnittsalter: 47,5 Jahre). In der Gesamtschau erweisen sich die vorgelegten deskriptiven Befunde bestenfalls als mäßig aussagekräftig. Zwar geben 89% des Eingangssamples an, die Uhr bemerkt zu haben, und 54% attestieren dieser Maßnahme, nützlich sein zu können. Im Gegensatz dazu meinen 74%, dass die Uhr nicht dabei helfen könne, das eigene Spielverhalten besser zu kontrollieren. Zur Geldanzeige fallen die Befunde etwas positiver aus: Hier haben 97% das Feature wahrgenommen und 61% als potentiell nützlich eingestuft. Ferner scheint es für 58% ein geeignetes Hilfsmittel zur Förderung der Handlungskontrolle darzustellen. Aus methodischer Sicht sind primär die kleinen Fallzahlen eines nicht-repräsentativen Samples, die fehlende Kontrollgruppe sowie die Präsentation ausschließlich von Häufigkeitsangaben im Ergebnisteil zu kritisieren.

Der Forschungsansatz von Blaszczynski et al. (2014) bezieht sich in ähnlicher Weise auf die reale Glücksspielumgebung. Insgesamt fünf sogenannte Responsible Gambling Features wurden in einen standardmäßigen Spielautomaten (EGM) namens „Blue Gum" integriert und im Felde getestet. Dabei stand die Frage im Raum, ob derartige Veranstaltungsmerkmale zur Verhinderung und Minimierung von Glücksspielproblemen beitragen können. Die zum Teil ungewöhnlichen Maßnahmen umfassten im Einzelnen: (1) dynamische Hinweise nur mit Geldbeträgen zu spielen, die man sich leisten kann; (2) ein „Bank Meter" mit der Option, Gewinne extra zu speichern; (3) eine Uhr, um die gewünschte Spielzeit einzustellen; (4) die Möglichkeit von Demospielen ohne Echtgeldeinsatz; (5) ein „Wohltätigkeits-Spender" mit der Gelegenheit, (restliches) Geld für wohltätige Zwecke zu spenden anstatt weiterzuspielen. Als Datengrundlage diente eine einmalige mündliche Befragung von Automatenspieler*innen in fünf Clubs in Queensland (Australien), in jeder Spielstätte befanden sich zwei modifizierte Spielgeräte. An der Untersuchung nahmen 299 Personen teil, wovon knapp die Hälfte Frauen waren. Das Durchschnittsalter betrug 54,6 Jahre; 5% des Samples ließen sich laut PGSI als problematisch spielend einstufen. Deskriptive Analysen unter Hinzuziehung aller Features belegen, dass sie von 61,6% aller Teilnehmenden und hier insbesondere von Personen mit (moderat) problematischem Spielverhalten wahrgenommen wurden. Explizit führt diesbezüglich der Wohltätigkeits-Spender die Rangreihe an, gefolgt von der Uhr, dem Extra-Speicher und den Warnhinweisen. Nur ein kleiner Anteil der Stichprobe (≤ 8,2%) fühlt sich von den jeweiligen Maßnahmen in der Spielfreude (leicht) beeinträchtigt. Während ein Viertel der Befragten angibt, den Extra-Speicher genutzt zu haben, liegen diese Raten bei der Uhr (5,8%) und den Demospielen (vor dem

Echtspiel; 16%) deutlich darunter. Außerdem glauben 4,2% der Gäste, dass die Warnhinweise ihr Spielverhalten positiv beeinflusst haben. Ein Hauptmanko dieser Studie betrifft die Analysestrategie auf deskriptivem Niveau: Zum einen ist die Prozentuierung auf die jeweilige Basiszahl häufig nicht nachvollziehbar; zum anderen weichen die Auswertungen je Spielerschutzmaßnahme mitunter voneinander ab. Das Fehlen einer Kontrollgruppe sowie von Verhaltensdaten im engeren Sinne reduzieren die Evidenzgüte ebenfalls wesentlich.

Gesamtbewertung der Evidenz
Im internationalen Kontext lassen sich nicht viele Studien finden, die über die suchtpräventiven Effekte von Variationen im Game Design bei Glücksspielen berichten. Obwohl dem technischen Spielerschutz aufgrund von theoretischen Überlegungen eine hohe Bedeutung zugeschrieben werden kann, lässt sich die empirische Untermauerung dieses Bereiches im Ganzen als lückenhaft und die Evidenzlage pro Veranstaltungsmerkmal als bestenfalls mittel bis gar nicht vorhanden bezeichnen. In der Gesamtbetrachtung aller 14 Primärstudien (s. Tab. 3.5) fallen zunächst zwei grundsätzlich verschiedene Forschungsausrichtungen mit jeweils fundamentalen Limitationen auf: Während experimentell angelegte Vorgehensweisen oftmals artifiziell wirken (geringe ökologische Validität, fehlender Praxisbezug), sind „reine“ Effekte bei Feldstudien in der tatsächlichen Glücksspielumgebung wegen ihrer Komplexität kaum abbildbar (fehlende Kontrolle von Drittvariablen). Daneben bleibt die Frage nach den Langzeiteffekten von Veränderungen im Game Design komplett unbeantwortet. Auf der Maßnahmenebene kommen noch zwei weitere zentrale Schwächen hinzu. Zum einen erweisen sich zumindest einige technischen Veränderungen (z. B. eine Verlangsamung der Spielgeschwindigkeit um 1,5 Sek.) als wenig substanziell. Zum anderen verwundern die Auswahl bestimmter Interventionen und ihr Bezug zum Spielerschutz (z. B. die Einführung eines Wohltätigkeits-Spenders). Folglich sind von diesen Maßnahmen bestenfalls auch nur geringe Effekte zu erwarten gewesen.

Vor dem Hintergrund der vielschichtigen und zum Teil widersprüchlichen Befundlage können zum jetzigen Zeitpunkt so gut wie keine evidenzgestützten Aussagen zum Nutzen des technischen Spielerschutzes abgeleitet werden. Exemplarisch sei an dieser Stelle auf das Merkmal der Spielgeschwindigkeit verwiesen. Zwar stand die Verringerung der Ereignisfrequenz bislang am häufigsten im Fokus. Uneinheitliche Operationalisierungen sowie inkonsistente Evaluationsergebnisse lassen Generalaussagen zu ihrer Wirksamkeit jedoch nicht zu. Es ist hier deshalb ein großer Forschungsbedarf zu konstatieren. Unter Berücksichtigung der Evidenzgüte scheint am ehesten noch das Verbot von

Geldscheinakzeptoren bzw. die damit verbundene Reduktion der Einsatzhöhe einen vielversprechenden Präventionsansatz darzustellen. Insgesamt ist die Qualität der hier zusammengetragenen Effekte zum technischen Spielerschutz somit als niedrig zu bewerten.

Tabelle. 3.5: Evidenz evaluierter Interventionen – Technischer Spielerschutz

Studie	Intervention	Präventionsart	Positive Effekte	Forschungsdesign	Bewertung der Intervention*
Ladouceur (2006)	Verlangsamung der Ereignisfrequenz (von 5 auf 15 Sek.) beim Automatenspiel	selektive Verhältnisprävention	Akzeptanz Verhalten	randomisierte Kontrollgruppenstudie mit Prä-/Post Messung	mittel
Chóliz (2010)	Verlangsamung der Ereignisfrequenz auf 10 Sekunden beim Automatenspiel	selektive, indizierte Verhältnisprävention	Verhalten	Within-Subject Design mit zwei Experimentalbedingungen und direkter Effektmessung	niedrig
Hansen (2010)	Verbot von Geldscheinakzeptoren an Spielautomaten	universelle, selektive Verhältnisprävention	Einstellung Verhalten	drei deskriptive Schülerbefragungen als Trendstudie konzipiert, mit zwei Prä-Erhebungen und einer Post-Erhebung (etwa 4 Monate nach Einführung der Intervention)	mittel
Hansen (2012)	Verbot von Geldscheinakzeptoren an Spielautomaten	universelle, selektive Verhältnisprävention	Verhalten	zwei deskriptive Schülerbefragungen als Trendstudie konzipiert, mit einer Prä-Erhebung und einer Post-Erhebung (etwa 4 Monate nach Einführung der Intervention)	mittel
Rockloff (2015)	zeitliche bzw. spielbezogene Begrenzung der Jackpot-Ausschüttung (Automatenspiel)	selektive, indizierte Verhältnisprävention	Verhalten	randomisierte Kontrollgruppenstudie mit direkter Effektmessung	mittel

(fortgeführt)

Tabelle. 3.5: Fortsetzung

Studie	Intervention	Präventionsart	Positive Effekte	Forschungsdesign	Bewertung der Intervention*
Harrigan (2010)	Verringerung der Ausschüttungsquote von 98% auf 85% (Automatenspiel)	selektive, indizierte Verhältnisprävention	Verhalten	Kontrollgruppen-Design in Form einer Simulationsstudie	niedrig
Blaszczynski (2016)	Einführung von Spielpausen (3 Min. bzw. 8 Min.)	selektive Verhältnisprävention	keine Effekte	randomisierte Kontrollgruppenstudie mit direkter Effektmessung	keine
Ladouceur (2005)	Gestaltung nicht-isolierter Standorte von Spielautomaten in Spielstätten	selektive Verhältnisprävention	Einstellung	2x3x3-Untersuchungsdesign (randomisiert, ohne Kontrollgruppe) mit direkter Effektmessung	keine
Loba (2001)	Veränderung von 3 Parametern beim Automatenspiel: Anzeige der Gewinne/Verluste, sensorische Stimulation: langsame Geschwindigkeit/ keine Musik, Wegfall der Stopp-Funktion	selektive, indizierte Verhältnisprävention	Einstellung	2(3)x2x2-Untersuchungsdesign (randomisiert, mit Kontrollgruppe) mit direkter Effektmessung	niedrig
Delfabbro (2005)	Modifikation von 6 Strukturmerkmalen beim Automatenspiel: geringere Anzahl an Gewinnlinien, Reduzierung der Gewinnhöhe, Verzicht auf Soundeffekte, volle Helligkeit des Monitors, Anzeige des Guthabens in Echtgeld, langsamere Spielgeschwindigkeit	selektive, indizierte Verhältnisprävention	Einstellung Verhalten	3 Teilstudien mit jeweils einem 2x2-Untersuchungsdesign und direkter Effektmessung	mittel

Tabelle. 3.5: Fortsetzung

Studie	Intervention	Präventionsart	Positive Effekte	Forschungsdesign	Bewertung der Intervention*
Sharpe (2005)	Variation von 3 Strukturmerkmalen beim Automatenspiel: Verringerung der maximalen Einsatzmöglichkeit pro Spiel (von 10AUD auf 1AUD); Verlangsamung der Ereignisfrequenz (von 3,5 Sek. auf 5 Sek.) plus 1 Sekunde Pause zwischen den Spielen; Beschränkung bei den Geldscheinakzeptoren (von max. 100AUD-Noten auf max. 20AUD-Noten)	selektive, indizierte Verhältnisprävention	Verhalten	deskriptive Beobachtungsstudie in der realen Glücksspielumgebung (Einmal-Messung); Grundlage: 7 unterschiedlich konfigurierte Automaten mit den jeweiligen technischen Maßnahmen sowie ein Standard-Automat	niedrig
Blaszczynski (2005)	Variation von 3 Strukturmerkmalen beim Automatenspiel: Verringerung der maximalen Einsatzmöglichkeit pro Spiel (von 10AUD auf 1AUD); Verlangsamung der Ereignisfrequenz (von 3,5 Sek. auf 5 Sek.) plus 1 Sekunde Pause zwischen den Spielen; Beschränkung bei den Geldscheinakzeptoren (von max. 100AUD-Noten auf max. 20AUD-Noten)	selektive, indizierte Verhältnisprävention	Akzeptanz/ Einstellungen	deskriptive Befragungsstudie in der realen Glücksspielumgebung (Einmal-Messung); Grundlage: 7 unterschiedlich konfigurierte Automaten mit den jeweiligen technischen Maßnahmen sowie ein Standard-Automat	keine

(fortgeführt)

Tabelle. 3.5: Fortsetzung

Studie	Intervention	Präventionsart	Positive Effekte	Forschungsdesign	Bewertung der Intervention*
Ladouceur (2009)	Präsentation einer ständig mitlaufenden Uhr (ins Spielgerät integriert) sowie Display mit Geldanzeige (vs. Credits)	selektive, indizierte Verhältnisprävention	Akzeptanz Verhalten	deskriptive Gäste-Befragung direkt nach Beendigung des Spiels (schriftlich) bzw. nach weiteren 20 Minuten Spielzeit (mündlich)	niedrig
Blaszczynski (2014)	5 Responsible Gambling-Features beim Automatenspiel: dynamische Hinweise nur mit Geldbeträgen zu spielen, die man sich leisten kann; Bank Meter mit der Gelegenheit, Gewinne extra zu speichern; eine Uhr, um die gewünschte Spielzeit einzustellen; Möglichkeit von Demospielen; Wohltätigkeits-Spender: Option, (restliches) Geld für wohltätige Zwecke zu spenden	selektive, indizierte Verhältnisprävention	Akzeptanz Verhalten	deskriptive mündliche Gäste Befragung (Einmal-Messung)	niedrig

*siehe die Erläuterungen unter der Tabelle 3.1.

3.6 Pre-Commitment

Beim Pre-Commitment handelt es sich um verbindlich vorgegebene oder selbst zu wählende Limitierungen der Spielzeit, des Einsatzes, möglicher Gewinne oder Verluste bei Glücksspielen. Das Ziel solcher Maßnahmen sind die Förderung eines kontrollierten Glücksspielverhaltens und/oder die Minimierung von Spielproblemen. Kategorial ist das Pre-Commitment dem technischen Spielerschutz sowie der selektiven und indizierten Verhältnisprävention zuzuordnen. Insgesamt konnten acht Studien identifiziert werden, die die Effekte von Pre-Commitment-Systemen untersucht haben. Vier davon wurden in einer realen Glücksspielumgebung oder mit deren Spielverhaltensdaten durchgeführt; diese werden zuerst vorgestellt. Die sich anschließenden Untersuchungen – ebenfalls vier an der Zahl – sind experimenteller Natur und in Laborsettings entstanden.

Eine erste Studie wurde auf der Grundlage realer Spieldaten eines Onlineanbieters von Sportwetten (bwin) durchgeführt (Broda et al. 2008). Die evaluierte Intervention betraf einen schriftlichen Warnhinweis, der erscheint, wenn versucht wird, die existierenden Einzahlungslimits zu überschreiten. Bei dem Wettanbieter existierten selbstgewählte oder vom Anbieter festgesetzte Limits von bis zu 5.000 Euro im Monat bzw. 1.000 Euro am Tag. Ausgewertet wurden Datenbanksätze zum Spielverhalten von 47.000 bwin-Kund*innen über einen Zeitraum von zwei Jahren (2005–2007). Dabei wurde ein Vorher-Nachher-Vergleich mit den Subgruppen Festquote- und Live-Wette vorgenommen. Die Analyse dieser Spieldaten zeigt, dass insgesamt 160 Personen im Untersuchungszeitraum einen Warnhinweis erhalten haben, d. h. sie haben versucht, mehr Geld auf das eigene Spielkonto zu transferieren als die Limitierung vorsieht. Das macht einen prozentualen Anteil von insgesamt 0,3% der Kundschaft aus. Hierbei handelt es sich zu 96,9% um Männer mit einem Durchschnittsalter von 30,8 Jahre. Dieser Personenkreis hat im Durchschnitt 14 Warnhinweise erhalten (von 1 bis 267). Nach dem Erhalt der Warnhinweise werden signifikant weniger Wetten pro aktiven Wett-Tag abgeschlossen. Das gilt für die Festquoten- und Live-Wetter gleichermaßen. Dagegen wird in signifikanter Weise der Wetteinsatz pro Wette nach den Warnhinweisen erhöht (in Festquoten- und Live-Wetten-Gruppe). In der Untersuchung fehlen zentrale Angaben zu den zeitlichen Sequenzen zwischen erfolgtem Warnhinweis und Spielverhaltensänderung sowie zum Anteil und zur Höhe der selbstgesetzten Limits, was ihre Aussagekraft stark eingeschränkt.

Die zweite Studie bezieht sich ebenfalls auf das Pre-Commitment-System von bwin (Nelson et al. 2008). In dieser wurden die Effekte einer selbst gewählten Limitierung unterhalb der Voreinstellung durch den Anbieter (bis zu 5.000 Euro bzw. bis zu 1.000 Euro am Tag) untersucht. Auch hier wurde eine Auswertung von Datensätzen zum Spielverhalten von bwin-Kund*innen (n = 47.134) mit einem Vorher-Nachher-Vergleich und den Subgruppen Festquoten-Wette, Live-Wette, Poker und andere Spiele angestellt. Die Daten stammten aus den Jahren 2005 und 2006 und umfassten insgesamt 18 Monate. Die Ergebnisse dieser Studie stellen sich demnach wie folgt dar: 1,2% aller Kund*innen (95,9% männlich) haben eine Selbstlimitierung vorgenommen (zwischen 9€ und 4.200€). Davon haben 9,1% einmal ihr Limit geändert, 1,1% zweimal und 1,9% dreimal und mehr. Nach der Limitsetzung hört ein Teil auf, Live-Wetten oder Festquoten-Wetten zu platzieren (21% bzw. 14%). Ferner werden weniger Wetten pro Wett-Tag vorgenommen und der Gesamteinsatz reduziert sich nach der Selbst-Limitierung. Das gilt in einem signifikanten Maße für die Gruppen aller

Sportwetter*innen und die Festquoten-Wetter*innen. Es gelten für diese Studie ähnliche Einschränkungen wie bei der vorgenannten Untersuchung: So fehlen auch hier differenzierte Angaben zu den zeitlichen Sequenzen zwischen Intervention und Verhaltensmessung.

Aus Kanada liegt eine Untersuchung vor, in der die Wirkungen von verschiedenen technischen Spielerschutzmaßnahmen in Geldspielautomaten untersucht worden sind (Ladouceur & Sévigny 2009). Darunter waren auch vorgegebene Limitierungen der Spielzeit. Vier Optionen der zu begrenzenden Spielzeit waren dabei möglich: 15, 30, 45 oder 60 Minuten. Es wurde eine schriftliche Gäste-Befragung direkt nach Beendigung des Spiels in zwei Spielstätten in Quebec City durchgeführt. Insgesamt haben sich 38 Gäste (64% männlich, Durchschnittsalter: 52,4 Jahre) daran beteiligt, die folgende Limitierungen gewählt hatten: 46% = 60 Minuten, 14% = 45 Minuten, 24% = 30 Minuten und 16% = 15 Minuten. Die Ergebnisse der Studie fallen eher negativ aus: 74% der Befragten finden die zeitliche Limitierung nicht nützlich und 79% geben an, dass die zeitliche Limitierung ihnen nicht hilft, ihre Spielaktivitäten zu kontrollieren. Es ist hierbei anzumerken, dass die Ergebnisse auf sehr kleinen Fallzahlen eines nichtrepräsentativen Samples basieren, so dass sie insgesamt keinen hohen Aussagewert besitzen.

Einige Jahre später wurde eine Evaluation über die selbst zu wählenden Einzahlungs-Limitierungen beim Glücksspielanbieter win2day (Österreichische Lotterien) veröffentlicht (Auer & Griffiths 2013). Danach waren – unterhalb der Voreinstellung von 800 Euro in der Woche – tägliche, wöchentliche oder monatliche Einzahlungs-Limits sowie Limits nach Spieldauer (Session- und Tages-bezogen) möglich. Insgesamt handelte es sich somit um fünf verschiedene Formen. Die Limits konnten jederzeit geändert werden; Heraufsetzungen wurden jedoch erst nach 72 Stunden aktiv. Die Datengrundlage der Untersuchung stellten 5.000 registrierte win2day-Kund*innen dar, die freiwillig eine Selbstlimitierung in Anspruch genommen hatten. Es wurde eine Verlaufsdatenanalyse mit einem Vergleich 30 Tage vor und 30 Tage nach der Festsetzung des Limits vorgenommen. Mögliche Veränderungen im Spielverhalten wurden dabei ausschließlich bei den intensivsten Spieler*innen (10% der Kundschaft) gemessen. Warum sich diese Analysen nur auf die Gruppe der Intensivspieler*innen beziehen, bleibt unklar. Ferner fehlen auch soziodemographische Angaben zur Untersuchungsgruppe. Das sind zwei wichtige Mängel der Untersuchung. Die Auswertung ergibt, dass sich während der dreimonatigen Untersuchungsphase die Kund*innen (n = 5.000) durchschnittlich 4,4 Limits gesetzt haben. Die fünf verschiedenen Formen der Limitierungen verteilen sich dabei wie folgt: a.) Einsatz-bezogen: 25% täglich, 29% wöchentlich, 32% monatlich; b.)

Spieldauer-bezogen: Session 7%, Tag 8%. Bei der Messung des Spielverhaltens anhand der beiden Indikatoren „Theoretischer Verlust" (Einsatzhöhe x „Haus-Vorteil") und „Spieldauer" zeigt sich beim ersten eine signifikante Verbesserung bei allen fünf, beim zweitem bei drei von fünf Limitierungsarten (Einsatz-bezogen: täglich und wöchentlich, Spieldauer-bezogen: Tag). Ferner wird deutlich, dass Einzahlungslimits bei Lotterie und Kasinospieler*innen generell eine bessere Wirkung als die Spieldauer-bezogenen Limits haben. Hingegen ist bei Pokerspieler*innen der Effekt von Spieldauer-bezogenen Limits grundsätzlich größer.

Die Studien, die in einem experimentellen Setting durchgeführt wurden, sind allesamt jüngeren Datums. Wohl et al. (2014) untersuchten ein multifunktionales Selbstlimitierungstool für Geldspielautomaten. Das Tool besaß vier zentrale Elemente: 1.) Es erschien eine Pop-up-Message kurz vor Erreichen des Limits, sofern nur noch 10% des Guthabens übrig war. 2.) Ein Ampelsystem fungierte als Orientierungshilfe für das Verhältnis zwischen verspieltem Geld und gesetztem Limit. 3.) Es wurden Informationen über die bisherigen Gewinne und Verluste sowie die Spielzeit gegeben. 4.) Beim Erreichen des Limits erschien eine Pop-Up-Message mit der Frage, ob weitergespielt werden soll. Die Zielgruppe dieser Intervention waren unproblematisch spielende Automatenspieler*innen im Sinne selektiver Prävention. Methodisch wurde mit einem Vergleich von zwei Experimentalgruppen gearbeitet: multifunktionales Selbstlimitierungstool (EG1) versus Standard-Pop-Up mit Informationen zur Selbstlimitierung (EG2). Die Gruppenzuordnung erfolgte randomisiert in einem Laborsetting mit programmierten Automaten. Die Teilnehmer*innen konnten die Höhe des Limits selbst festlegen. An der Einmalbefragung direkt nach dem Test beteiligten sich insgesamt 56 Studierende mit aktueller Automatenspielerfahrung (ohne Spielprobleme nach PGSI). 66% von dieser Personengruppe waren weiblich; das Durchschnittsalter betrug 20,4 Jahre. Die EG1 und EG2 umfassten 29 bzw. 27 Probanden. Das ist jeweils eine sehr kleine Fallzahl und schränkt die Aussagekraft der Studie ein. Auch die Outcome-Messung basiert nur auf ganz wenigen Informationen: Danach zeigt sich, dass die EG1 ihre Intervention besser bewertet als die EG2. Ferner hält die EG1 häufiger an den gesetzten Limits fest als die EG2.

In einer weiteren experimentellen Untersuchung ging es um die zeitliche Limitierung einer Spielteilnahme via Pop-up-Fenster in Geldspielautomaten. Über ein Pop-up-Fenster wurde die Möglichkeit einer zeitlichen Limitierung in Minuten angeboten. Dabei war eine Beendigung des Spiels unabhängig vom Limit jederzeit möglich. Auch diese Intervention zielte auf unproblematisch spielende Automatenspieler*innen ab. Kim et al. (2014) untersuchten ihre Effekte in

Form einer randomisierten Studie. Dabei wurde eine Kontrollgruppe gebildet, die ein Pop-up-Fenster mit der kurzen Information erhielt, solange spielen zu können wie gewünscht. Die Spielabläufe/-ausgänge waren in beiden Gruppen vorab festgelegt. Direkt nach der Intervention wurden die Teilnehmer*innen in beiden Gruppen (EG: n = 20, KG: n = 23) schriftlich befragt. Außerdem wurde deren Spielzeit erfasst. Die Proband*innen (60,5% weiblich, Ø-Alter: 21,4 Jahre) wurden an einer kanadischen Universität rekrutiert; Einschlusskriterium waren vorhandene Automatenspielerfahrungen. Die Wirkungsanalyse zeigt, dass sich in der EG signifikant häufiger ein zeitliches Limit gesetzt wird als in der KG. In der erstgenannten Gruppe tun dies alle Teilnehmer*innen, in der KG eine von 23 Personen. Ein positiver Effekt zugunsten der EG ergibt sich auch bei der Spieldauer: 11 von 20 Probanden (55%) beenden ihre Spielteilnahme bereits vor Erreichen des Limits. Die Schwächen dieser Evaluationsstudie liegen in der sehr kleinen und hochselektiven Stichprobe bei einer ausschließlich kurzfristigen Effektmessung. Ferner ist der Randomisierungsprozess nicht näher beschrieben worden.

In einer Simulationsstudie mit einer artifiziellen Slot Machine wurden erstmals die Effekte von Gewinnlimits ohne bzw. in Kombination mit Verlustlimits auf verschiedene Spielparameter bestimmt (Walker et al. 2015). Die Spielergebnisse wurden dabei durch einen Zufallszahlengenerator erzeugt. Folgende weitere Eckparameter galten: Einsatzhöhe pro Spiel: 1USD, Ausschüttungsquote: 95%, Dauer pro Spiel: 6 Sekunden, 60 Spieler mit maximal 5.000 Spielen (maximale Spieldauer: 8,3 Stunden). Die gewählten Gewinn- und Verlustlimits lagen bei 100USD bzw. 200USD. Als Ergebnis dieser Simulation ergibt sich, dass die Varianten mit einem kombinierten Gewinn- und Verlustlimit beim Verlust und der Spieldauer besser abschneiden als reine Gewinn- und Verlustlimits. Bei dieser Untersuchung ist zu beachten, dass es sich um eine reine Simulation des Glücksspielverhaltens mit künstlichen Parametern und Prämissen handelt. Zudem bleibt offen, wie die Effekte einer solchen Maßnahme im Zeitverlauf aussehen.

Als Letztes sei hier die Studie von Brevers et al. (2016) vorgestellt, die in einem Quasi-Experiment die Effekte einer freiwillig getroffenen Verpflichtung getestet haben, bei der riskantere Gewinnoptionen ausgeschlossen werden. Konkret betraf der Ausschluss die beiden Gewinnoptionen von 600 und 900 USD, möglich waren jedoch 200 und 400 USD. An dem Experiment beteiligten sich 60 College-Student*innen mit einem Durchschnittsalter von 21 Jahren. Die Hälfte von ihnen war männlich. Dabei handelte es sich um eine selektive Stichprobe mit sehr wenigen regelmäßigen Spieler*innen. Es wurden verschiedene Untersuchungsgruppen gebildet mit vollständiger Wahlfreiheit bei der Limitierung sowie den vier Gewinnoptionen mit unterschiedlichen Gewinnwahrscheinlichkeiten und -höhen. Pro Untersuchungsbedingung fanden 50 Simulationsdurchgänge statt. In der sehr begrenzten Erfassung von Verhaltensparametern wird dann in der (zusammengefassten) Pre-Commitment-Gruppe ein geringeres Risikoverhalten deutlich. Es besteht hierbei jedoch kein Zusammenhang mit der Höhe der gewählten Gewinnoptionen.

Gesamtbewertung der Evidenz
Maßnahmen des Pre-Commitments gehören inhaltlich zum Bereich selektiver und indizierter Verhältnisprävention. Sie können vorgegebene und/oder selbst zu wählende Limitierungen der Zeit, des Einsatzes, der Verluste und Gewinne beinhalten (s. Tab. 3.6). Bei sieben der acht hier untersuchten Maßnahmen konnten positive Auswirkungen auf das Spielverhalten festgestellt werden. Diese beziehen sich jedoch ausschließlich auf einen sehr kurzfristigen Betrachtungszeitraum, so dass keine Aussage über ihre Nachhaltigkeit möglich ist. Einschränkend sei weiter darauf verwiesen, dass ein Teil der Studien in Laborsettings durchgeführt worden ist – damit bleibt ihre ökologische Validität unklar. Der Forschungsstand kann deshalb derart zusammengefasst werden, dass die vorliegenden Studien die Effekte von Maßnahmen des Pre-Commitments bisher als niedrig ausweisen.

Tabelle. 3.6: Evidenz evaluierter Interventionen – Pre-Commitment

Studie	**Intervention**	**Präventionsart**	**Positive Effekte**	**Forschungsdesign**	**Bewertung der Intervention***
Broda 2008	schriftlicher Warnhinweis beim Versuch, Einzahlungslimits zu überschreiten	selektive, indizierte Verhältnisprävention	Verhalten	Auswertung von Datensätzen zum Spielverhalten der Kunden	niedrig
Nelson 2008	selbst gewählte Limitierung unterhalb der Voreinstellung durch den Anbieter	selektive, indizierte Verhältnisprävention	Verhalten	Auswertung von Datensätzen zum Spielverhalten der Kunden	niedrig
Ladouceur 2009	vorgegebene technische Limitierung der Spielzeit	selektive, indizierte Verhältnisprävention	keine Effekte	Einmalbefragung von Gästen direkt nach Beendigung des Spiels	keine

(fortgeführt)

Tabelle. 3.6: Fortsetzung

Studie	Intervention	Präventionsart	Positive Effekte	Forschungsdesign	Bewertung der Intervention*
Auer 2013	selbst gewählte Einzahlungs-Limitierung unterhalb der Voreinstellung durch den Anbieter	selektive, indizierte Verhältnisprävention	Verhalten	Auswertung von Datensätzen zum Spielverhalten der Kunden	niedrig
Wohl 2014	multifunktionales Selbstlimitierungstool	selektive Verhältnisprävention	Akzeptanz Verhalten	Einmalbefragung von Automatenspielern (Studierende) direkt nach Beendigung des Spiels	niedrig
Kim 2014	zeitliche Limitierung einer Spielteilnahme (via Pop-up-Fenster) auf freiwilliger Basis	selektive Verhältnisprävention	Verhalten	Einmalbefragung von Automatenspielern (Studierende) direkt nach Beendigung des Spiels, Experimental- und Kontrollgruppen (randomisiert)	mittel
Walker 2015	vorgegebene Gewinnlimits (ohne bzw. in Kombination mit Verlustlimits)	selektive Verhältnisprävention	Verhalten	Simulationsstudie mit einem artifiziellen Automaten	niedrig
Brevers 2016	freiwillige Verpflichtung, bei der riskantere Gewinnoptionen ausgeschlossen werden	selektive Verhältnisprävention	Verhalten	Quasi-Experiment mit Studierenden (computerbasierte Daten)	niedrig

*siehe die Erläuterungen unter der Tabelle 3.1.

3.7 Responsible Gambling Tools

Responsible Gambling Tools (RGTs) bieten beim Online-Glücksspiel verschiedene spielerschützende Maßnahmen an, die separat oder auch in Kombinationen genutzt werden können. Hierunter fallen beispielsweise die Limitierung von Einsätzen, Selbsttests oder die Darstellung von Regeln für ein kontrolliertes Spiel.

Kategorial gehören RGTs deshalb zur selektiven und indizierten Verhältnis- und Verhaltensprävention (hier pragmatisch dem Bereich der Verhältnisprävention zugeordnet). Es gibt nur zwei veröffentlichte Evaluationsstudien über RGTs, die hier einbezogen werden können. Beide betreffen das schwedische RGT „Play-Scan". Ferner wurde diesem Bereich aus systematischen Gründen noch eine Evaluation über einen Selbsttest zugeordnet. In allen drei Untersuchungen ging es schwerpunktmäßig um die Akzeptanz bzw. die Nutzung einzelner Elemente der RGTs.

In Schweden gibt es seit vielen Jahren beim staatlichen Glücksspielanbieter „Svenska Spel" ein Responsible Gambling Tool (RGT), das aus folgenden Elementen besteht: Ampelsystem zum Spielverhalten (personalisiertes Feedback), Selbsttest, Limitierung der Ausgaben, Selbstsperren (flexible Optionen), Informationen (u. a. Helpline). Dieses System mit dem Namen „PlayScan" kann von den Online-Kund*innen auf freiwilliger Basis genutzt werden. Sein Ziel ist die Verhinderung der Entstehung und Aufrechterhaltung von Glücksspielproblemen. Griffiths et al. (2009) haben im Jahr 2008 mittels einer Einmalbefragung ausgewählter Online-Kund*innen das RGT evaluiert. Es wurden insgesamt 9.714 Personen per Mail angeschrieben. Von diesen haben sich 24,2% an der Befragung beteiligt (n = 2.348, männlich: 75,5%, Durchschnittsalter: 43,9 Jahre). Darunter befand sich ein Anteil von 26%, der „PlayScan" nutzt. Die Auswertung zeigt, dass häufige Spieler*innen das RGT signifikant häufiger in Anspruch nehmen als Gelegenheitsspieler*innen. Das Gleiche gilt für männliche versus weibliche Kund*innen. Von denjenigen, die Erfahrungen mit „Play Scan" aufweisen, finden 52% das RGT ziemlich oder sehr nützlich. Bei den einzelnen Elementen wird die Limitierungsoption für Einsätze mit einem Nützlichkeitswert von 70% an erster Stelle genannt (Ampelsystem: 49%, Selbsttest: 46%, Selbstsperre: 42%, Informationen zu Hilfeangeboten: 40%). Die Ergebnisse zur konkreten Inanspruchnahme der einzelnen Elemente ergeben weiter, dass 56% sich ein Einsatzlimit gesetzt, 40% einen Selbsttest ausgefüllt und 17% eine Option der Selbstsperren gewählt haben. Unklar bleibt jedoch, inwiefern diese Angaben repräsentativ für alle Nutzer*innen von Play-Scan sind. Es wurden auch keine Verhaltensdaten im Zeitverlauf erhoben. Ferner ist an der Untersuchung defizitär, dass keine Angaben zum Glücksspielverhalten der Befragungsgruppe gemacht worden sind, zum Beispiel welche Online-Glücksspiele bei Svenska Spel gespielt werden.

Einige Jahre später wurde das Onlinetool „PlayScan" erneut einer Evaluation unterzogen. Aus der Beschreibung in der entsprechenden Originalarbeit von Forsström et al. (2016) geht hervor, dass das RGT seit der ersten Studie einige Modifikationen erfahren hat, wie etwa erweiterte Limitierungsoptionen. Die

Evaluation bestand aus einer statistischen Auswertung von Inanspruchnahme-Daten und beinhaltete auch eine latente Klassenanalyse (LCA), um unterschiedliche Nutzergruppe zu bestimmen. Es wurden die Daten von insgesamt 9.528 Kund*innen einbezogen, die „Play-Scan" in einem Zeitraum von 23 Monaten (2011–2013) genutzt hatten. Von den meisten (n = 9.293) liegen Angaben zu Geschlecht und Alter vor. Danach waren 84,2% der „Play-Scan"-Nutzer*innen männlichen Geschlechts; das Durchschnittsalter betrug 41,8 Jahre. Bei der Auswertung ergeben sich die folgenden prozentualen Anteile für diejenigen, die die einzelnen Elemente jeweils mindestens einmal in Anspruch genommen haben: 86,1% haben die „PlayScan"-Seite besucht; 65,4% haben den Selbsttest ausgefüllt; 43,6% haben die Informationen/Hilfehinweise und 35,0% die Warnhinweise (personalisiertes Feedback) gelesen. Bei der mehrfachen Nutzung (jeweils ≥ 3mal) stehen an den ersten beiden Stellen der Besuch der „Play-Scan"-Seite (22,5%) und das Lesen der Warnhinweise (personalisiertes Feedback) (16,8%). Als Ergebnis der LCA werden fünf Personengruppen definiert, die in einem unterschiedlichen Ausmaß vertreten sind: a.) Besucher*innen der „Playscan"-Seite (47,7%), b.) Nutzer*innen von Informationen/Hilfehinweisen (31,8%), c.) „Multifunktions-Nutzer*innen" (9,3%), d.) „Selbsttester*innen" (3,3%), e.) Nicht-Nutzer*innen (7,9%). Auch hier gelten die Limitierungen der vorgenannten Studie: Es werden keine Angaben zum Glücksspielverhalten der Befragungsgruppe gemacht, und auch die Wirkungen von „Play-Scan" auf das Spielverhalten bleiben unberücksichtigt.

In Deutschland wurde ein onlinegestützter, interaktiver Selbsttest evaluiert (Jonas et al. 2012). Ein solcher Selbsttest kann ein potentielles Element eines RGTs darstellen. Der eingesetzte Selbsttest basierte teilweise auf dem PGSI („Problem Gambling Severity Index"). Er beinhaltete gleichfalls eine automatisierte Rückmeldung mit Verhaltensempfehlungen und Informationen zu den Risikoprofilen verschiedener Glücksspiele. Das Ziel des Selbsttests war die Überprüfung des eigenen Spielverhaltens und die Beendigung eines möglicherweise problematischen Glücksspiels. Der Selbsttest wurde in Eigeninitiative der Bundeszentrale für gesundheitliche Aufklärung entwickelt und bislang nicht validiert. Die Evaluation fußte auf einer Auswertung ausgewählter Selbsttest-Angaben sowie einer Nutzerbefragung. Im Zeitraum 2007 bis März 2011 wurden insgesamt 42.967 Selbsttests vollständig ausgefüllt (Median-Alter: 30 Jahre). Darunter befanden sich 83,8% Männer und 28,4% Problemspieler*innen nach PGSI. Die praktizierten Glücksspiele waren (letzte 30 Tage, Mehrfachnennungen möglich): Lotterien 58,2%, Geldspielautomaten 23,3%, Online-Poker 17,1%, Rubbellose 12,2%, Online-Sportwetten 11,8%. An der Nutzer-Befragung haben 4,9% eines nicht weiter definierten Befragungssamples teilgenommen. Diese fehlende Information stellt eine weitere Schwäche der Studie dar. Aus dieser Befragung ergibt sich, dass der Selbsttest eine gute Akzeptanz unter ihren Nutzer*innen besitzt. 76,2% wollen den Selbsttest „wahrscheinlich" oder „auf jeden Fall" weiterempfehlen; 71,5% finden ihre Test-Rückmeldung „ziemlich" oder „sehr" interessant. Neben den schon genannten Defiziten der Untersuchung seien weitere erwähnt: Der Ablauf der Nutzer-Befragung wird nicht erläutert; die Rücklaufquote ist sehr gering; es fand keine Datenerhebung zu den Effekten auf das Spielverhalten statt.

Gesamtbewertung der Evidenz

Die Bedeutung von Responsible Gambling Tools (RGTs) beim Online-Glücksspiel dürfte in den nächsten Jahren wachsen. RGTs stellen eine Kombination aus verhaltens- und verhältnispräventiven Elementen dar, die sich gezielt an die Nutzer*innen der Online-Glücksspiele – darunter auch problematische Glücksspieler*innen – richten. Bislang gibt es nur drei Studien, die RGTs bzw. potentielle Bestandteile (Selbsttest), evaluiert haben (s. Tab. 3.7). Bei diesen wurde ausschließlich die Nutzung bzw. Akzeptanz untersucht. Hierzu liegen positive Befunde vor. Inwiefern durch RGTs das Wissen, die Einstellungen und das Verhalten der Zielgruppe in eine gewünschte Richtung beeinflusst werden können, bleibt unklar. Von daher lässt sich der Forschungsstand als defizitär bezeichnen, so dass folgerichtig die Güte der ermittelten Effekte mit niedrig zu bewerten ist.

Tabelle. 3.7: Evidenz evaluierter Interventionen – Responsible Gambling Tools

Studie	Intervention	Präventionsart	Positive Effekte	Forschungsdesign	Bewertung der Intervention*
Griffiths 2009	RGT („PlayScan") mit folgenden Elementen: Ampelsystem zum Spielverhalten (personalisiertes Feedback), Selbsttest, Limitierung der Ausgaben, Selbstsperren (flexible Optionen), Informationen (u. a. Helpline); Nutzung durch Kunden von Svenska Spel auf freiwilliger Basis	selektive, indizierte Verhaltens- und Verhältnisprävention	Akzeptanz	Einmalbefragung ausgewählter Online-Kunden	niedrig

(fortgeführt)

Tabelle. 3.7: Fortsetzung

Studie	Intervention	Präventionsart	Positive Effekte	Forschungsdesign	Bewertung der Intervention*
Forsström 2016	RGT („PlayScan") mit folgenden Elementen: Ampelsystem zum Spielverhalten (personalisiertes Feedback, auch mittels Warnhinweisen), Selbsttest, Limitierung der Ausgaben und/oder Spielzeit, Informationen/Hilfehinweise (u. a. Helpline); Nutzung durch Kunden von Svenska Spel auf freiwilliger Basis	selektive, indizierte Verhaltens- und Verhältnisprävention	Akzeptanz	statistische Auswertung von Inanspruchnahme-Daten des Onlinetools	niedrig
Jonas 2012	onlinegestützter, interaktiver Selbsttest mit automatisierter Rückmeldung (Verhaltensempfehlungen, Informationen zu Risikoprofilen verschiedener Glücksspiele)	selektive, indizierte Verhaltensprävention	Akzeptanz	Einmalbefragung von Nutzern, Auswertung ausgewählter Selbsttest-Angaben	niedrig

*siehe die Erläuterungen unter der Tabelle 3.1.

3.8 Aufklärung

Aufgrund der inhaltlichen Breite der Kategorie „Aufklärung" gliedert sich dieses Kapitel in vier Abschnitte. Dabei wird der Forschungsstand getrennt für folgende Interventionsmaßnahmen zusammengefasst: öffentliche Kampagnen und Informationsmaterialien, Videos, Programme und Projekte für Erwachsene sowie Informationen an Spielgeräten.

3.8.1 Öffentliche Kampagnen und Informationsmaterialien

Es gibt nur wenige Studien, die die Effekte von öffentlichen Aufklärungskampagnen und Informationsmaterialien im Bereich des Glücksspiels untersucht haben. Insgesamt ließen sich zu diesem Interventionstyp fünf Evaluationsstudien finden. Sowohl öffentliche Kampagnen als auch Informationsmaterialien sind systematisch der universellen und/oder selektiven Verhaltensprävention zuzuordnen.

Eine öffentliche Kampagne zur Sensibilisierung der Allgemeinbevölkerung für das problematische Glücksspiel wurde vor fast 20 Jahren in Indiana (USA) durchgeführt. Bestandteile der Kampagne waren Radiospots, Plakate, Broschüren, Zeitungsanzeigen, „Give-Aways" und Informationsveranstaltungen. Ihr Ziel war die Förderung des Wissens über das problematische Glücksspiel und möglicher Hilfen; ihr Slogan lautete „Play smart. Don't bet more than you can lose". Najavits et al. (2003) haben die Effekte dieser Kampagne evaluiert. Zu diesem Zweck wurde eine telefonische Prä- und Post-Befragung eines unabhängigen Zufalls-Samples (18 bis 54 Jahre) vorgenommen, wobei die Nachbefragung sechs Wochen nach den Prä-Interviews stattgefunden hat. Die beiden Befragungssamples bestanden aus jeweils 400 Personen. Es existierten keine signifikanten Unterschiede zwischen den beiden Stichproben (bei insgesamt sieben soziodemographischen Variablen). Unter den 800 Personen befanden sich 51% Frauen; das Durchschnittsalter betrug 38,9 Jahre. Nach den Ergebnissen der Evaluation haben 8% der Bevölkerung die Kampagne wahrgenommen – am häufigsten über Plakate (3%) und Zeitungsanzeigen (1,3%). Von diesen Personen (n = 32) geben 72% an, dass sich durch die Kampagne ihr glücksspielbezogenes Wissen verbessert hat. Eine Person (0,8%) hat aufgrund der Kampagne konkret etwas unternommen. Beim Abgleich der (anderen) Prä- und Post-Ergebnisse zeigen sich jedoch keine signifikanten Veränderungen. Als großes Defizit dieser Studie kann angesehen werden, dass grundlegende Informationen über den Zeitpunkt und die Dauer der Kampagne fehlen, so dass die Ergebnisse der Nachbefragung hinsichtlich ihrer Nachhaltigkeit nicht einzuordnen sind. Ferner werden keine Informationen darüber gegeben, inwiefern die Stichproben repräsentativ für die Bevölkerung Indianas ausfallen.

Über einen landesweiten „Gamblefreeday", der jährlich in verschiedenen Städten stattfand, wird aus Neuseeland berichtet. Das Besondere an diesem Ansatz war seine kulturspezifische Ausrichtung. Als übergeordnetes Ziel ließ sich die Minimierung glücksspielbedingter Schäden bei ethnischen Minderheiten (Chinesen und Koreaner) durch Aufklärung und Sensibilisierung in Bezug auf glücksspielbezogene Probleme bei diesen Bevölkerungsgruppen formulieren. Die wesentlichen Komponenten der Kampagne umfassten ein Songwettbewerb zum Thema Problemspielen sowie eine kurze Aufklärungsaktion bei ermäßigten Restaurantbesuchen (Voucher mit Informationen zum Problemspielen und einen Selbsttest). Im Rahmen einer vorwiegend formativen Evaluation – darunter eine Einmalbefragung von Restaurantbesucher*innen in Auckland – wurde die

Kampagne in den Jahren 2008 bis 2010 untersucht (Tse et al. 2014). Insgesamt 104 Personen haben sich an diesem E-Survey beteiligt (2008: n = 26, 2009: n = 22, 2010: n = 56). Die Befragungsergebnisse machen deutlich, dass im Durchschnitt durch die Kampagne das Wissen über glücksspielbedingte Probleme und das Hilfesystem sowie die Sensibilisierung gegenüber glücksspielbedingten Schäden zugenommen haben. Ferner fällt es – nach Selbstangaben – den Befragten danach leichter, mit anderen Personen über Glücksspielprobleme zu reden. Die Ergebnisse der Studie werden jedoch dadurch stark limitiert, dass es sich um einen vorwiegend formativen Evaluationsansatz handelt, bei dem nahezu keine quantitativen Effektmaße erhoben worden sind. Ferner ist die Repräsentativität der Antwortenden unklar, auch weil keine Kontrollgruppe existierte.

Eine dritte Evaluationsstudie zu einer öffentlichen Kampagne stammt aus Quebec (Kanada). Dort wurden zwei TV-Spots mit Anti-Glücksspiel-Botschaften im Jahr 2010 im Fernsehen gesendet, die auf die Verhinderung glücksspielbezogener Probleme abzielten. Die Spots waren von einer unabhängigen Organisation konzipiert, die Finanzierung erfolgte jedoch über die Glücksspielindustrie. In einem experimentellen Setting wurden die Effekte der Spots überprüft (Lemarié et al. 2015). Dabei sahen die Proband*innen eine bekannte TV-Show, in der in unterschiedlichen Kombinationen eine Glücksspielwerbung und die TV-Spots („Anti-Gambling-Ads") direkt vor der Glücksspielwerbung gezeigt worden sind. Das 2x2-Untersuchungsdesign – zwei Experimental- (EG) und zwei Kontrollgruppen (KG) – wies die folgenden Bedingungen und Fallzahlen auf: KG1 (Kontrollwerbung ohne Spot, n = 30), EG1 (Kontrollwerbung mit Spot, n = 36), KG2 (Glücksspielwerbung ohne Spot, n = 63), EG2 (Glücksspielwerbung mit Spot, n = 61). Es erfolgte eine zufällige Zuweisung zu den Untersuchungsbedingungen. Eine onlinegestützte Befragung mit den Teilnehmer*innen wurde direkt nach dem Ende der TV-Show durchgeführt. Folgender Einstellungseffekt wurde bei Auswertung der Befragungsergebnisse sichtbar: In der EG2 ist die Intention, am Glücksspiel teilzunehmen, signifikant geringer als in der KG2, d. h. in Gegenwart von Glücksspielwerbung verringern Anti-Gambling-Ads die individuelle Absicht, zukünftig zu spielen. Zu den Hauptlimitationen dieser Studie zählt, dass Angaben zur Stichprobe (Alter, Geschlecht etc.) weitgehend fehlen und unklar bleibt, welcher der beiden Spots jeweils gezeigt worden ist. Ferner kann auch der Ablauf der Intervention – das Schalten eines Anti-Gambling-Spots direkt nach einer Glücksspielwerbung – als eher unrealistisch angesehen werden.

Mit einem gleichsam experimentellen Design haben Orazi et al. (2015) verschiedenartige Präventionsbotschaften evaluiert, mit denen die Affinität zum Glücksspiel reduziert werden sollte. Die Botschaften zielten auf materielle bzw.

soziale Negativfolgen des Glücksspiels ab und stellten Verlust- („Was Du beim Glücksspiel verlieren kannst.") oder Gewinnsituationen („Was Du gewinnen kannst, wenn Du nicht am Glücksspiel teilnimmst.") dar. Die Untersuchung erfolgte in einem 2x2x2-Design mit folgenden Faktoren: (1) Glücksspielstatus (soziale Spieler*innen vs. Problemspieler*innen), (2) Darstellung der Negativfolgen (materiell vs. sozial) sowie (3) inhaltliche Einbettung (Verlust vs. Gewinn). Es wurde eine zufällige Zuordnung der Proband*innen zu diesen Untersuchungsbedingungen vorgenommen. An der Einmal-Befragung direkt nach der Präsentation der jeweiligen Präventionsbotschaft nahmen 167 regelmäßige Glücksspieler*innen (≥ einmal im Monat) teil. Sie waren zu 64,1% männlich; das Durchschnittsalter betrug 32,4 Jahre. Bei 26,9% von ihnen handelte es sich um Problemspieler*innen (nach PGSI). Bei den Ergebnissen zeigt sich, dass wenn eine Positiveinstellung zum Glücksspiel an sich vorliegt, mögliche materielle Negativfolgen signifikant höher bewertet werden als soziale Negativfolgen. Das trifft insbesondere auf Problemspieler*innen gegenüber sozialen Spieler*innen zu. Auch bei der Absicht, am Glücksspiel teilnehmen zu wollen, werden materielle Negativfolgen höher eingeschätzt als soziale Negativfolgen. Bei der Studie stellt sich die Frage, inwiefern diese Erkenntnisse konkret für die Gestaltung praktischer Maßnahmen genutzt werden könnten, vor allem, weil die Präventionsbotschaften hier ausschließlich an einer Roulette-Simulation geprüft worden sind. Weitere Kritikpunkte betreffen das Fehlen einer Kontrollgruppe und die spärliche Informationslage zum (selektiven) Sample bzw. zur Art der Datenerhebung.

Eine Broschüre zur Glücksspielsucht wurde von der Forschergruppe um Ladouceur et al. evaluiert (2000). Diese informierte über die Anzahl von (pathologischen) Glücksspieler*innen, Symptome einer Glücksspielsucht und Hilfeeinrichtungen für Betroffene. Ihr Ziel war die Sensibilisierung der Allgemeinbevölkerung für Glücksspielprobleme durch die Verbesserung des Wissens über diese Thematik. In einer (randomisierten) Kontrollgruppenstudie auf der Basis einer Befragung direkt nach dem Lesen der Broschüre (keine Prä-Messung) erfolgte die Effektmessung. Die Auswahl der Interviewpartner*innen geschah dabei zufällig in einem Einkaufszentrum sowie einem Park in der Innenstadt von Quebec (Kanada). Insgesamt 59 Personen wurde die Broschüre zum Anschauen und Lesen vorgelegt. Die Kontrollgruppe bestand aus 56 Personen, die ohne Kenntnis der Broschüre befragt worden ist. Bei diesen insgesamt 115 Teilnehmer*innen handelte es sich um 56 Männer (Durchschnittsalter: 41 Jahre) und 59 Frauen (Durchschnittsalter: 35 Jahre). Eine Präzisierung dieser Daten für die beiden Vergleichsgruppen wurde nicht vorgenommen, was eine Schwäche der Untersuchung darstellt. Nach den Ergebnissen der statistischen

Analyse schneidet die Experimentalgruppe beim Wissen um die korrekte Anzahl pathologischer Spieler*innen, Symptome einer Glücksspielsucht, Verfügbarkeit von spezialisierten Hilfen sowie Anzahl der insgesamt berichteten Themen signifikant besser ab als die Kontrollgruppe. Dass keine Prä-Messung und keine Follow-up-Erhebung vorgenommen worden ist, schränkt die Aussagekraft der Studie deutlich ein. Die Nähe von Intervention und Post-Messung determiniert somit das Ergebnis.

Gesamtbewertung der Evidenz
Öffentlichen Kampagnen und Informationsmaterialien sollen über die Gefahren des Glücksspiels aufklären und für diese Problematik sensibilisieren. Sie können aus Plakaten, Informationsmaterialien, Anzeigen, Veranstaltungen, Radio- sowie TV-Spots bestehen und richten sich an die Allgemeinbevölkerung (universelle Prävention) oder in Einzelfällen auch an spezielle Zielgruppen (selektive Prävention). Bislang sind erst fünf Evaluationsstudien über solche glücksspielpräventiven Kampagnen und Materialien veröffentlicht worden (s. Tab. 3.8.1). Ihre Ergebnisse weisen darauf hin, dass mit dieser Interventionsart an sich das Wissen und die Einstellung der potentiellen Zielgruppen positiv beeinflusst werden können. Die hier berücksichtigten Studien beziehen sich aber nur auf einen sehr kurzen Untersuchungszeitraum und sind allesamt mit methodischen Mängeln behaftet, so dass die bisherige Evidenz von öffentlichen Kampagnen und Informationsmaterialien insgesamt als niedrig zu bewerten ist.

Tabelle. 3.8.1: Evidenz evaluierter Interventionen – Aufklärung (öffentliche Kampagnen und Informationsmaterialien)

Studie	Intervention	Präventionsart	Positive Effekte	Forschungsdesign	Bewertung der Intervention*
Najavits 2003	öffentliche Kampagne zur Sensibilisierung der Allgemeinbevölkerung für das problematische Glücksspielen in Indiana (USA)	universelle Verhaltensprävention	Wissen	Bevölkerungsumfrage Prä und Post (6 Wochen)	niedrig

Tabelle. 3.8.1: Fortsetzung

Studie	Intervention	Präventionsart	Positive Effekte	Forschungsdesign	Bewertung der Intervention*
Tse 2014	landesweiter „Gamblefreeday", jährlich durchgeführter Aktionstag zur Gesundheitsförderung mit kulturspezifischer Ausrichtung, durchgeführt in verschiedenen Städten Neuseelands	universelle, selektive Verhaltensprävention	Wissen Einstellung	formative Evaluation, darunter Einmalbefragung von Restaurantbesuchern (Post)	niedrig
Lemarié 2015	zwei TV-Spots mit Anti-Glücksspiel-Botschaften, wurden in Quebec (Kanada) im Fernsehen gesendet	universelle Verhaltensprävention	Einstellung	Einmalbefragung von Glücksspielern Post, Experimental- und Kontrollgruppen	niedrig
Orazi 2015	verschiedenartige Präventionsbotschaften, die auf materielle bzw. soziale Negativfolgen des Glücksspiels abzielen (USA)	universelle Verhaltensprävention	Einstellung	Einmalbefragung von Glücksspielern Post	niedrig
Ladouceur 2000	Broschüre zur Glücksspielsucht	universelle Verhaltensprävention	Wissen	Einmalbefragung der Allgemeinbevölkerung Post mit randomisierter Kontrollgruppe	niedrig

*siehe die Erläuterungen unter der Tabelle 3.1.

3.8.2 Videos

Das Ziel von Aufklärungsvideos ist in der Regel die Förderung eines kontrollierten Glücksspielverhaltens bei schon spielenden Zielgruppen im Sinne eines selektiven oder indizierten Präventionsansatzes. Insgesamt vier Studien konnten identifiziert werden, die in diese Kategorie gehören. Allein drei davon kommen von der kanadischen Forschungsgruppe um Michael Wohl.

Ein erstes Video wurde jedoch von Steenbergh et al. (2004) in den USA evaluiert. Die Intervention bestand aus einem elektronischen Warnhinweis und audiovisuellen Erläuterungen zur Bedeutung von Limitierungen und zu den irrationalen Annahmen beim Glücksspiel. Ferner wurde über die Möglichkeit informiert, einen persönlichen Limitierungsplan zu erstellen. In einem experimentellen Setting mit einem randomisierten Kontrollgruppendesign fand eine Prä-/Post-Befragung direkt vor und nach dem Spielen statt. In der Experimentalgruppe war das Video integriert in ein computerbasiertes Roulette. Die Spieldauer der Proband*innen betrug maximal 45 Minuten; ihr Spielguthaben von 125 US-Dollar konnten sie jederzeit in Lose mit realer Gewinnmöglichkeit umwandeln. Die Kontrollgruppe (KG) schaute sich ein neutrales Video zur Geschichte des Glücksspiels an. Mit der Studie wurden gleichzeitig die Effekte eines ausschließlichen elektronischen Warnhinweises überprüft. Teilgenommen haben an dem Experiment insgesamt 101 glücksspielerfahrene Student*innen mit einem Durchschnittsalter von 20,5 Jahren (36% männlich). Die beiden hier erwähnten Untersuchungsgruppen bestanden aus jeweils 33 Personen. Die Evaluation zeigt, dass sich direkt nach der Intervention sowohl das glücksspielbezogene Wissen, die kognitiven Verzerrungen als auch die Limitsetzung (Zeit) in der Experimentalgruppe besser darstellen als in der Kontrollgruppe. Als wesentliche Limitierung dieser Studie kann genannt werden, dass es sich um geringe Fallzahlen in einem sehr kurzen Untersuchungszeitraum handelt.

In Kanada wurde eine pädagogische Animation für nicht-problematisch spielende Automatenspieler*innen getestet. Damit sollte der Entstehung und Manifestierung von Glücksspielproblemen entgegenwirkt werden. Es sollte die Funktionsweise des Automatenspiels entmystifiziert und damit mögliche kognitive Verzerrungen korrigiert werden. Das neunminütige Video war primär für den Einsatz auf internetbasierten Spielerschutzseiten gedacht. Seine Inhalte umfassten die Funktionsweisen von Automaten, kognitive Verzerrungen beim Spielen, Unabhängigkeit von Ereignissen, Tipps für risikoarmes Spielverhalten (u. a. Setzen eines Limits, Kreditkarte zu Hause lassen). Es enthielt auch interaktive Fragen zu einigen der genannten Bereiche. Die Forschungsgruppe um Wohl et al. hat das Video in insgesamt drei Studien evaluiert (2010; 2013b; 2013a).

In der ersten Studie (Wohl et al. 2010) kam dabei ein randomisiertes Design zur Anwendung, das aus einer Experimentalgruppe (EG mit pädagogischem Video) und einer Kontrollgruppe (KG) bestand. In der KG wurde ein neutrales Video, in dem unter anderem Umsatzzahlen zum Glücksspiel präsentiert wurden, vorgeführt. Es existierten drei Messzeitpunkte für die computergestützten Befragungen: vor der Videopräsentation (Prä); innerhalb von 24 Stunden nach der Spielsession, die direkt im Anschluss an die Videopräsentation stattfand

(Post) sowie ein Follow-up einen Monat nach dem Zeigen des Videos. Die nicht-problematisch spielenden Automatenspieler*innen (nach PGSI) wurden auf einer Pferderennbahn in Ottawa rekrutiert, wo auch Slot Machines installiert waren. Die Stichprobe (Prä) setzte sich aus 242 Personen zusammen. Diese waren zu 49,2% männlich; das Durchschnittsalter betrug 46,4 Jahre. Über die Fallzahlen der EG und KG sowie die Response-Rate beim Follow-up liegen nur rudimentäre Informationen vor; Angaben über den Randomisierungsprozess fehlen in Gänze. Das schwächt die Aussagekraft der Ergebnisse ab. Diese ergeben, dass bei der EG in signifikanter Weise die kognitiven Verzerrungen nach der Videopräsentation abnehmen (sowohl zum Post- als auch Follow-up-Zeitpunkt). Bei der KG ist eine solche Entwicklung nicht zu beobachten. Auch die Wahrnehmung des Nutzens bestimmter Präventionsstrategien und die Absicht, diese auch zu nutzen, haben sich in der EG erhöht. Auch hier zeigt sich bei der KG keine Veränderung. Ferner überschreiten signifikant weniger Spieler*innen in der EG als in der KG ihr selbstgewähltes Einsatzlimit (Prä-Post-Vergleich).

In einer zweiten Untersuchung von Wohl et al. (2013b) ging es um das gleiche Video (9 Minuten). Mit dieser Studie wurde gleichzeitig auch ein Pop-up-Fenster evaluiert, das an das Erreichen des Einsatzlimits erinnert. Das experimentelle Design bestand aus jeweils zwei Experimental- und Kontrollgruppen, wobei zwei das genannte Pop-up-Fenster betrafen. Für die Evaluation des Videos wurde eine Experimentalgruppe (EG) „Aufklärungsvideo" versus eine Kontrollgruppe (KG) „neutrales Video" gebildet. Das Experiment lief folgendermaßen ab: In einem virtuellen Kasino (Automatenspiel) war ein determinierter Spielablauf vorgegeben. Es kam Echtgeld zum Einsatz, und es bestand die Verpflichtung, ein Einsatzlimit direkt vor Spielbeginn zu setzen (Untersuchungsvariable). Die Teilnehmer*innen konnten dann solange wie gewünscht spielen. Sie wurden direkt danach schriftlich befragt. Die 72 Proband*innen kamen von einer großen kanadischen Universität (weiblich: 70,8%, Durchschnittsalter: 29,7 Jahre). Die EG umfasste 37, die KG 35 Studierende. Alle Teilnehmer*innen verfügten über Glücksspielerfahrungen; es lagen bei ihnen aber keine Anzeichen für glücksspielbezogene Probleme (nach PGSI) vor. Als wesentliches Ergebnis der Evaluation kommt heraus, dass sich nach der Intervention die kognitiven Verzerrungen und das Festhalten an Einsatzlimits bei der Experimentalgruppe signifikant besser darstellen als in der Kontrollgruppe. Auch diese Studie weist Limitationen auf, die die Aussagekraft deutlich einschränken. Hierzu zählen in erster Linie die kleine Stichprobe und die Erfassung von nur kurzfristigen Wirkungen auf der Grundlage einer sehr eingeschränkten Outcome-Messung.

In der dritten Studie von Wohl et al. (2013a) wurde neben der neunminütigen Animation noch eine dreiminütige Variante evaluiert. Auch diese war primär für den Einsatz auf interbasierten Spielerschutzseiten konzipiert. Erneut stellten Automatenspieler*innen die Zielgruppe dar, hier aber auch problematisch spielende Personen. Insbesondere sollten mit dem Video fehlerbehaftete Kognitionen in Bezug auf die Funktionsweise von Glücksspielautomaten verringert sowie Strategien zum Festhalten an finanziellen Limitierungen vermittelt werden. Um die Effekte dieser Intervention zu erfassen, hat die Forschungsgruppe drei Untersuchungsgruppen mit zufälliger, aber nicht näher erläuterten Zuordnung gebildet: a.) die zu untersuchende dreiminütige Animation (EG1), b.) die schon erwähnte neunminütige Animation (EG2) und c.) ein neutrales Kontrollvideo (KG). Es gab Befragungen direkt vor (Prä) und direkt nach der Videopräsentation (Post1), eine Posterhebung innerhalb von 24 Stunden nach der Spielsession (Post2) sowie eine Follow-up-Befragung einen Monat nach der Intervention. Für die Teilnahme an diesen vier computergestützten Befragungen wurden aktive Automatenspieler*innen ohne Kontakt zum Hilfesystem (aufgrund von glücksspielbezogenen Problemen) aus zwei Spielstätten rekrutiert. Bei der Eingangsbefragung (Prä) haben sich insgesamt 123 Personen beteiligt (männlich 60,2%, Durchschnittsalter 49,2 Jahre). Darunter befanden sich 19,5% Problemspieler*innen (nach PGSI). Für die drei Untersuchungsgruppen stellten sich die Fallzahlen wie folgt dar: EG1 = 42, EG2 = 39, KG = 42. Die Wiedererreichungsquote betrug bei der Post2-Erhebung 74,0% und beim Follow-up 57,7%. Bei den Effekten der Intervention zeigt sich, dass sich im Vergleich Prä und Post1 die fehlerbehafteten Kognitionen sowohl in EG1 als auch EG2 verringern. Zu Post2 und Follow-up ist ein derartiger Interaktionseffekt nicht mehr feststellbar. Werden die beiden Experimentalgruppen zu einer Auswertungsgruppe zusammengelegt, ergibt sich, dass diese zu Post2 signifikant stärker an finanziellen Limitierungen festhält als die Kontrollgruppe. Gleiches gilt auch für die Einschätzung, dass das Video für das Festhalten an der Limitierung hilfreich gewesen sei (auch dieser Effekt verschwindet zum Follow-up). Diese Zusammenlegung der beiden Experimentalgruppen bei der Auswertung geschieht ohne Begründung – das ist eine zentrale Schwäche der Untersuchung. Gleichzeitig fehlen weitere Detailinformationen bei den statistischen Analysen und es besteht eine relativ hohe Ausfallrate bei den Befragungen.

Gesamtbewertung der Evidenz

Die hier einbezogenen Aufklärungsvideos lassen sich als Maßnahmen der selektiven und indizierten Verhaltensprävention einstufen, weil sie sich an spezielle Gruppen von Automaten- bzw. Roulettespieler*innen richten. In den Videos wird vorrangig über Funktionsweisen der Glücksspiele aufgeklärt, um kognitiven Verzerrungen vorzubeugen; teilweise sind auch Verhaltenstipps für ein kontrolliertes Spiel miteingebunden. Dabei ist zu beachten, dass sich die Befundlage streng genommen nur auf zwei unterschiedliche Interventionen bezieht, wovon ein Video sowohl in einer Lang- als auch in einer Kurzfassung vorliegt. In drei der vier Evaluationsstudien konnten zwar positive Effekte auf Wissen, Einstellungen und Verhalten nachgewiesen werden (s. Tab. 3.8.2). Diese bezogen sich aber immer auf einen nur kurzfristigen Untersuchungszeitraum, so dass insgesamt die Güte der ermittelten Effekte mit niedrig bis mittel zu bewerten ist.

Tabelle. 3.8.2: Evidenz evaluierter Interventionen – Aufklärung (Videos)

Studie	Intervention	Präventionsart	Positive Effekte	Forschungsdesign	Bewertung der Intervention*
Steenbergh 2004	audiovisuelle Erläuterungen zur Bedeutung von Limitierungen und zu den irrationalen Annahmen beim Glücksspiel	selektive, indizierte Verhaltensprävention	Wissen Einstellung Verhalten	Befragung von Glücksspielern Prä und Post, Experimental- und Kontrollgruppen (randomisiert)	mittel
Wohl 2010	9-minütige pädagogische Animation, teilweise interaktiv (Fragen), für den Einsatz auf internetbasierten Spielerschutzseiten	selektive Verhaltensprävention	Einstellung Verhalten	Befragung von Automatenspielern Prä, Post und Follow-up (1 Monat), Experimental- und Kontrollgruppen (randomisiert)	mittel
Wohl 2013b	9-minütige pädagogische Animation, teilweise interaktiv (Fragen), für den Einsatz auf internetbasierten Spielerschutzseiten	selektive Verhaltensprävention	Einstellung Verhalten	Einmalbefragung von Automatenspielern Post, Experimental- und Kontrollgruppen	niedrig
Wohl 2013a	3-minütige pädagogische Animation, für den Einsatz auf interbasierten Spielerschutzseiten	selektive, indizierte Verhaltensprävention	keine Effekte	Befragung von Automatenspielern Prä, Post1, Post2 und Follow-up (1 Monat), Experimental- und Kontrollgruppen	niedrig

*siehe die Erläuterungen unter der Tabelle 3.1.

3.8.3 Programme und Projekte für Erwachsene

Wissenschaftlich begleitete Aufklärungsprogramme oder -projekte für Erwachsene sind im Glücksspielbereich selten anzutreffen. Nur drei Publikationen (bzw. 4 Studien) konnten identifiziert werden, die derartige Maßnahmen evaluiert haben. Alle stammen aus Kanada. Die hier einbezogenen Programme und -projekte richten sich an glücksspielende Personen. Ihr Ziel ist die Verhinderung oder Reduktion von problematischem bzw. pathologischem Glücksspiel im Sinne eines selektiven oder indizierten Präventionsverständnisses.

Bei der ersten Maßnahme handelt es sich um ein freiwilliges Aufklärungsprogramm für Gefängnisinsassen, die vor der Haft ein riskantes bis pathologisches Glücksspiel praktiziert haben. Es wurde in den Jahren 2002 bis 2004 in Alberta evaluiert (Nixon et al. 2006). Das Gruppen-Programm umfasste sechs Einheiten je 90 Minuten, deren Umsetzung innerhalb von drei Wochen erfolgte. Seine Inhalte bezogen sich u. a. auf die Entstehung von Glücksspielsucht, Glücksspielprobleme, den Zufall beim Glücksspiel, kognitive Verzerrungen, Alternativen zum Glücksspiel und Hilfeansätze. Es wurde dabei mit einem Methoden-Mix aus Informationen, Gruppendiskussionen, Vortrag eines Betroffenen, Videos und einem begleitenden Übungsbuch gearbeitet. Wesentliche Ziele der Intervention waren die Förderung kritischer Einstellungsmuster in Bezug auf Glücksspiele und die Korrektur möglicher kognitiver Verzerrungen. Die Evaluation sah jeweils eine schriftliche Erhebung bei den Teilnehmenden direkt vor und nach dem Programm vor. Es wurden sechs Teilnahmegruppen in einem Zeitraum von 15 Monaten befragt. Insgesamt 71 Personen haben sich an der Eingangsbefragung beteiligt (64,8% männlich, Durchschnittsalter: 30 Jahre). Darunter befand sich ein Anteil von 33,8% Problemspielern nach CPGI („Canadian Problem Gambling Index“). Bei der Nachbefragung konnten Angaben von 49 Personen gewonnen werden, was angesichts des Settings und des kurzen Untersuchungszeitraums eine schlechte Wiedererreichungsquote darstellt. Dieser Sachverhalt ist einschränkend zu berücksichtigen, wenn das zentrale Ergebnis der Evaluation betrachtet wird. Dieses zeigt, dass sich die kritische Haltung zum Glücksspiel und die kognitiven Verzerrungen bei den Teilnehmer*innen nach Programmende signifikant verbessert darstellen.

Etwa zur gleichen Zeit wurde ein interaktives Aufklärungs- und Kompetenzförderungsprogramm („Stop & Think!“) für gefährdete Automatenspieler*innen konzipiert. Damit sollten automatenspiel- und glücksspielbezogene kognitive Verzerrungen korrigiert und Problemlösungsfähigkeiten gefördert werden. Das Programm fand in Gruppenform statt (5 bis 7 Personen), wobei verschiedene Methoden wie Präsentationen, Video, Audio-Tapes und Übungsaufgaben zum

Einsatz kamen, inklusive zweier Sitzungen mit (Selbsthilfe-)Manual für den Einsatz zu Hause. In einem randomisierten Kontrollgruppendesign haben Doiron und Nicki (2007) mit verschiedenen Instrumenten dessen Effekte auf die Einstellungen und das Verhalten der Zielgruppe untersucht. Die Einschlusskriterien bestanden in der Beteiligung am Automatenspiel während des letzten Monats und in der Erfüllung des Status eines Risiko-Spielenden nach CPGI. Mögliche Veränderungen bei den Einstellungen wurden mit der IBS („Informational Biases Scale“) und dem GBQ („Gamblers‘ Beliefs Questionnaire“) gemessen. Die Längsschnittbefragung bestand aus drei Messzeitpunkten: direkt vor und direkt nach dem Programm sowie einen Monat später (Prä-, Post-, Follow-up-Messung). Die Experimental- (EG) und die Kontrollgruppe (KG) umfasste jeweils 20 Proband*innen. Diese waren zu 65% bzw. 60% männlich; das Durchschnittsalter betrug 41 bzw. 35 Jahre. Bei den glücksspielbezogenen Einstellungen (IBS, GBQ) kommt die EG zum Post- und Follow-up-Zeitpunkt auf signifikant bessere Werte als in der Prä-Erhebung. Bei der KG ist hier keine Veränderung zu konstatieren. Auch beim Glücksspielverhalten ergeben sich bei drei Parametern – CPGI, Ausgaben für das Automatenspiel, Anzahl von Spielsessions – signifikante Verbesserungen in der EG (zum Follow-up). Erneut ist dies bei der KG nicht der Fall. Die Aussagekraft dieser Evaluation wird durch die extrem geringe Fallzahl, das hochselektive Sample und die kurze Untersuchungsphase stark eingeschränkt.

Die dritte Evaluation nimmt auf ein besonderes Aufklärungsprojekt aus Montreal Bezug. Dort wurden innerhalb der Kasinos sogenannte Responsible Gaming Informations-Center eingerichtet, bei denen für die (freiwilligen) Besucher*innen aktive Erläuterungen zum Spielerschutz durch das dort beschäftigte Personal erfolgten. Mit dem Informations-Center ließen sich drei wesentliche Ziele verfolgen: a.) Informationen zum riskanten Spielen und zu verantwortungsvollen Spielstrategien, b.) Hilfen bei Spielproblemen, c.) Beratung der Mitarbeiter*innen im Umgang mit Problemspieler*innen. In zwei Teilstudien (2006 bis 2008) wurden die Effekte dieses Projektes bezüglich Akzeptanz, Wissen, Einstellungen und Verhalten erhoben, wobei sich diese ausschließlich auf die Gäste und nicht auf die Mitarbeiter*innen der Kasinos bezogen. In der ersten hat eine schriftliche Einmalbefragung von Gästen direkt nach dem Besuch des Informations-Centers stattgefunden (Boutin et al. 2009). Es konnten insgesamt 336 Besucher*innen befragt werden. Dabei handelte es sich jeweils zur Hälfte um Männer und Frauen; das Durchschnittsalter lag bei 55 Jahren. Nach den Ergebnissen der Gästebefragung genießt das Informations-Center eine hohe Akzeptanz: 93% begrüßen den Besuch im Informations-Center; 90% würden einen solchen Besuch auch anderen Personen empfehlen. Darüber hinaus geben 87% der Gäste an, dass sie nach dem Besuch die Funktionsweise von Glücksspielautomaten besser verstehen und 84% haben eine genauere Vorstellung von Gewinnchancen. Genauso viele denken, dass sie durch den Besuch zukünftig kontrollierter Spielen würden (84%). Inwiefern der Besuch auch nachhaltig wirkt, kann jedoch nicht gesagt werden, da keine Follow-up-Erhebung durchgeführt worden ist. Ferner handelt es sich bei den befragten Gästen um eine Gelegenheitsstichprobe, bei der die Repräsentativität unklar bleibt. Beide Aspekte begrenzen die Aussagekraft der Untersuchung.

In der zweiten Teilstudie kam ein Forschungsdesign mit einer Längsschnittbefragung und einer Kontrollgruppe zur Anwendung (Boutin et al. 2009). In der Experimentalgruppe (EG) wurden mündliche Befragungen direkt vor und nach dem Besuch des Informations-Centers durchgeführt. Das Follow-up erfolgte drei Monate später als Telefoninterview. In der Kontrollgruppe – das waren Gäste ohne Besuch des Informations-Centers – fanden die Befragungen ebenfalls im Kasino statt. Die Phase zwischen den beiden ersten Befragungen betrug hier zehn Minuten; in dieser Zeit konnte ein Puzzle gespielt oder Bilder aus einem Kunstmagazin ausgewählt werden. Die Zeitspanne zur telefonischen Follow-up-Erhebung entsprach derjenigen der EG. Die EG setzte sich bei der Eingangsbefragung aus 67 Personen zusammen (36% Männer, Durchschnittsalter: 61,4 Jahre). Die Wiedererreichungsquote beim Follow-up betrug 87%. Die KG bestand aus 74 Personen (26% Männer, Durchschnittsalter: 65,5 Jahre). Von diesen beteiligten sich 73% an der Follow-up-Befragung. Gemessen wurden Gruppen-Zeit-Effekte: Hierbei ergibt sich zum Post- und Follow-up-Zeitpunkt ein signifikanter Unterschied zugunsten der EG bei der Einschätzung, wann ein Glücksspielautomat wieder einen Gewinn auswirft. Das gleiche Ergebnis zeigt sich bei der geäußerten Absicht, die Häufigkeit der Kasinobesuche zu begrenzen. Dagegen konnten beim Glücksspielverhalten keine Unterschiede zwischen EG und KG nachgewiesen werden. Die Studie wird dadurch limitiert, dass keine Randomisierung der Untersuchungsgruppen stattgefunden hat und diese jeweils eine geringe Fallzahl besitzen (vor allem beim Follow-up). Ferner stellt sich die Frage nach ihrer Repräsentativität, da diese einen relativ kleinen Männeranteil, gleichzeitig viele ältere Studienteilnehmer*innen aufweisen.

Gesamtbewertung der Evidenz

Der Forschungsstand zu umfassenden Aufklärungsprogrammen und -projekten für Erwachsene ist defizitär. Bei entsprechenden Maßnahmen für Jugendliche stellt sich der wissenschaftliche Erkenntnisstand deutlich besser dar (vgl. Kap. 3.9). Es konnten nur drei Originalarbeiten gefunden werden, die solcherart Interventionen evaluiert haben (s. Tab. 3.8.3). Darunter befindet sich eine

Publikation, die aus zwei Teilstudien besteht. Die hier einbezogenen Programme und Projekte gehören inhaltlich zum Bereich selektiver und indizierter Verhaltensprävention, die sich an glücksspielende Zielgruppen richten. Sie besitzen ein vermeintlich innovatives Potential, wie das Gefängnisprogramm oder das Informations-Center in Kasinos. Bei den Studien wurde in einem unterschiedlichen Ausmaß positive Auswirkungen auf Wissen, Einstellungen und das Spielverhalten festgestellt. Aber auch hier gilt, dass sich diese Effekte auf eine sehr kurze Untersuchungsphase beziehen. Deshalb ist die bisherige Evidenzgüte dieser Interventionsart als niedrig bis mittel einzustufen. Insgesamt lässt sich hier ein großer Entwicklungs- und Forschungsbedarf konstatieren.

Tabelle. 3.8.3: Evidenz evaluierter Interventionen – Aufklärung (Programme und Projekte für Erwachsene)

Studie	**Intervention**	**Präventionsart**	**Positive Effekte**	**Forschungsdesign**	**Bewertung der Intervention***
Nixon 2006	freiwilliges Aufklärungsprogramm für Gefängnisinsassen in Gruppenform für (vor der Haft) riskante und pathologische Glücksspieler	selektive, indizierte Verhaltensprävention	Einstellung	Befragung von Glücksspielern Prä- und Post	niedrig
Doiron 2007	interaktives Aufklärungs- und Kompetenzförderungsprogramm in Gruppenform mit gefährdeten Automatenspielern	indizierte Verhaltensprävention	Einstellung Verhalten	Befragung von Automatenspielern Prä, Post und Follow-up (1 Monat) sowie randomisierte Kontrollgruppe	mittel
Boutin 2009	RG-Informationscenter innerhalb von Kasinos	selektive, indizierte Verhaltensprävention	Akzeptanz Einstellung	Einmalbefragung von Kasinobesuchern	niedrig
Boutin 2009	RG-Informationscenter innerhalb von Kasinos	selektive, indizierte Verhaltensprävention	Wissen Einstellung	Befragung von Kasinobesuchern Prä, Post und Follow-up (3 Monate) sowie Kontrollgruppe	mittel

*siehe die Erläuterungen unter der Tabelle 3.1.

3.8.4 Informationen an Spielgeräten

Im Bereich der Aufklärung dominieren Evaluationsstudien, die sich mit der Wirkung präventiv ausgerichteter Informationen direkt an Spielmedien beschäftigen. Insgesamt erfüllen in diesem Zusammenhang 20 Publikationen (mit 21 Interventionen) die vorliegenden Einschlusskriterien, wobei grundsätzlich zwischen experimentell angelegten Arbeiten und Forschungen unter Realbedingungen zu unterscheiden ist. Da die Interventionen den bereits spielenden Personenkreis ansprechen, handelt es sich hierbei um verhaltenspräventive Ansätze der selektiven und/oder indizierten Art. Nahezu alle Evaluationsstudien basieren auf Querschnittsdaten; als Spielmedium wird – mit wenigen Ausnahmen – auf das Automatenspiel zurückgegriffen. Allerdings variiert der Inhalt der Präventionsbotschaften mitunter erheblich. Zudem stehen vereinzelnd Detailaspekte wie die Vermittlungsform oder die Platzierung der Informationen im Fokus der Wirksamkeitsüberprüfungen. Die folgende Befunddarstellung beginnt mit experimentell angelegten Forschungsstudien im Labor (14 Treffer) und endet mit Forschungsstudien, die die Lebenswirklichkeit bzw. Feldbedingungen berücksichtigen (7 Treffer).

Zuerst ist eine Publikation von Ladouceur und Sévigny (2003) aus Kanada anzuführen, bei der Präventionsbotschaften nach 15 Einzelspielen beim Automatenspiel (Video Lottery Terminals) auf dem Bildschirm erschienen. Die fünf verschiedenartigen Informationen bezogen sich auf den Themenbereich „Wahrscheinlichkeit und Kontrollillusionen beim Glücksspiel" und dauerten jeweils sieben Sekunden an. Das Interventionsziel bestand in der Verringerung der Spielintensität, und als Zielgruppe wurden aktive Automatenspieler*innen definiert. Dabei umfasste die randomisierte Kontrollgruppenstudie neben der obligatorischen Kontrollgruppe (KG) gleich zwei Experimentalgruppen: EG1 (Information) sowie EG2 (reine Spielpause). Um mögliche Effekte bestimmen zu können, sollten die Proband*innen an einem Automatenspiel mit vorab festgelegten Gewinn- und Verlustsequenzen teilnehmen. Zur Effektmessung ließen sich somit Spielverhaltensdaten heranziehen (Anzahl der Spiele mit einem Maximum von 200). Insgesamt setzte sich das Sample aus 30 Personen zusammen (73,3% männlich, Durchschnittsalter: 38,3 Jahre), die sich jeweils zu gleichen Anteilen auf die drei Untersuchungsbedingungen verteilten. Mittelwertsvergleiche deuten einen Interventionseffekt an, da in der KG weitaus mehr gespielt wird als in den beiden EGs. Aufgrund extrem kleiner Fallzahlen, der sehr begrenzten Outcome-Messung mit nur einer Variablen und des Fehlens von konkreten Informationen über die Studiendurchführung kann mit diesem Ergebnis jedoch kein Generalisierungsanspruch verbunden werden.

Eine zweite Publikation stammt aus den USA und fand bereits im Abschnitt zu den Aufklärungsvideos weiter oben Erwähnung (vgl. Steenbergh et al. 2004). Hintergrund ist ein Forschungsdesign mit zwei Experimentalgruppen (EGs), wobei im Folgenden primär auf die EG1 und damit dem audiovisuellen Warnhinweis zu den Gewinnchancen beim Roulette bzw. zu allgemeinen Glücksspiel-Risiken mit einer Länge von 22 Sekunden Bezug genommen wird (Steenbergh et al. 2004). Weitere methodische Eckpfeiler waren ein computerbasiertes Roulettespiel, die zufällige Zuordnung der Proband*innen zu den Untersuchungsbedingungen sowie eine Prä-/Post-Befragung direkt vor und nach einer aktiven Spielteilnahme. Während die Kontrollgruppe (KG) ein neutrales Video zur Geschichte des Glücksspiels anschaute, erfolgte in der EG1 zusätzlich die Präsentation des besagten Warnhinweises. Die EG2 umfasste neben jenem Warnhinweis auch ein Video zur Bedeutung von Limitierungen bzw. irrationalen Glücksspiel-Annahmen (s. o.). Von den 101 glücksspielerfahrenen Student*innen, die insgesamt an dieser Untersuchung teilnahmen, bildeten n = 35 die EG1. Die Ergebnisse zeigen, dass die Personen in beiden EGs direkt nach der Intervention ein größeres glücksspielbezogenes Wissen aufweisen als die Mitglieder der KG. Zwischen beiden EGs besteht diesbezüglich jedoch kein Unterschied. Im Gegensatz dazu reicht der alleinige Warnhinweis (EG1) offenbar nicht aus, um ähnliche Veränderungen auch in den Bereichen kognitive Verzerrungen sowie Limitsetzung (Zeit) zu erzielen. Die Vermischung von Intervention (Warnhinweis plus neutrale Videoinformation) und KG (neutrale Videoinformation), geringe Fallzahlen und das Fehlen von Follow-up-Erhebungen schränken die Aussagekraft der Studie derweil deutlich ein.

In ähnlicher Weise gingen May et al. (2005) mit einem computerbasierten Roulettespiel und einer präventiven Botschaft in Form eines Kurzvideos zu seiner Zufallsabhängigkeit bzw. Nicht-Beeinflussbarkeit vor. Ziel dieser Intervention war die Verringerung von Kontrollillusionen und damit zusammenhängend die Reduzierung des Spielverhaltens. Aufgrund der Kürze des Videos mit 23 Sekunden wurde diese Studie der Aufklärungskategorie „Informationen an Spielgeräten" zugeordnet. Das randomisierte Kontrollgruppendesign inkludierte neben der Experimentalgruppe (EG) gleich zwei Kontrollgruppen (KG1: Kurzvideo zur Induktion von Kontrollillusionen; KG2: neutrale Botschaft). Zur Stichprobe zählten 101 Psychologie-Studierende im Durchschnittsalter von knapp 21 Jahren (56% weiblich), davon gehörten n = 38 der EG an. Alle Proband*innen nahmen an dem computerbasierten Roulettespiel mit einem vorab determinierten Spielablauf teil. Die Beendigung der Spielaktivität war jederzeit möglich, ein automatischer Abbruch erfolgte spätestens nach 45 Minuten. Eine Besonderheit dieses Forschungsansatzes stellte die Outcome-Messung während der Spielsession dar, die sowohl verbale Daten über die Methode des „Lauten Denkens" als auch objektive Daten über die Aufzeichnung des Spielverhaltens berücksichtigte. Erwartungsgemäß fällt der Anteil glücksspielbezogener irrationaler Verbalisierungen in der EG geringer aus als in den beiden KGs. Demgegenüber zeigt die statistische Analyse von insgesamt sechs Parametern des Spielverhaltens (u. a. Spieleinsätze, Gewinne, Verluste) keine signifikanten Gruppenunterschiede an. Die Hauptlimitationen dieser Studie ergeben sich aus der Tatsache, dass es sich im Kern um eine Grundlagenforschung handelt. Entsprechend finden sich zum einen nur rudimentäre Informationen zur Intervention, zum anderen wird auf eine Diskussion der Befundrelevanz für die Präventionspraxis verzichtet. Weitere Schwächen beziehen sich auf die selektive Stichprobe mit jeweils kleinen Subgruppen und den Verzicht auf Datenerhebungen im Längsschnitt.

Im Fokus der Evaluation von Cloutier et al. (2006) stand ebenfalls die Korrektur kognitiver Verzerrungen bzw. die Verringerung der Spieldauer durch eine Aufklärungsmaßnahme: So sollte die Wirkung von Präventionsbotschaften in Form von Pop-up-Fenstern, die vor Spielbeginn und während der Spielaktivität erschienen, untersucht werden. Während zu Spielbeginn generell Zufallsprozesse beim Automatenspiel bzw. die Unmöglichkeit, den nächsten Spielausgang vorherzusagen, Erwähnung fanden, erinnerten die immer nach jeweils 15 Einzelspielen zufällig ausgewählten Präventionsbotschaften explizit an den Themenbereich der kognitiven Verzerrungen (Dauer: jeweils 7 Sek.). Das Untersuchungsdesign beinhaltete neben der Experimentalgruppe (EG) eine Kontrollgruppe (KG), bei der anstelle der Präventionsbotschaften für 7 Sekunden das Wort „Pause" auf dem Bildschirm eingeblendet wurde. Als Stichprobe dienten Studierende einer kanadischen Universität mit hohen Ausprägungen im Bereich der Kontrollillusion. Die Zuordnung zu den beiden Untersuchungsbedingungen erfolgte zufällig, beide Subgruppen umfassten 20 Personen (EG: 50% männlich, Durchschnittsalter: 22,2 Jahre). Ferner sah das experimentelle Vorgehen ein zeitlich nicht begrenztes Spielen an Video Lottery Terminals mit identisch programmierten Sequenzen in beiden Untersuchungsbedingungen und einem Startkapital von 20 kanadischen Dollar vor. Selbstberichten zufolge verringert sich das Ausmaß der Kontrollillusionen in beiden Untersuchungsbedingungen deutlich. Veränderungen im Spielverhalten (Anzahl der Spiele) sind hingegen nicht erkennbar. Neben gängigen Limitationen, wie etwa die kleine, hochselektive Stichprobe oder die ausschließliche Effektbestimmung im Querschnitt, weist das Studiendesign zusätzliche gravierende Mängel auf, die das Heranziehen der Befunde für Präventionsbelange nahezu obsolet machen. In erster Linie zu nennen ist hier die Praxisinkompatibilität der Intervention (regelmäßiges Einblenden von Botschaften bereits nach 15 Einzelspielen) und die Unmöglichkeit, zu bestimmen, welche Komponenten der Intervention den Effekt auf der kognitiven Ebene hervorgerufen haben.

Eine weitere Publikation aus den USA greift auf sehr ähnliche Elemente experimentell angelegter Evaluationsforschung zurück (Floyd et al. 2006). Auch hier ging es im Kern um den Abbau von irrationalen Glücksspiel-Annahmen bzw. die Förderung eines kontrollierten Spielverhaltens mit Hilfe von insgesamt fünf verschiedenen Warnhinweisen, die während der Teilnahme an einem PC-gestützten Roulettespiel auf dem Bildschirm gezeigt wurden. Inhaltlich standen die Themen Glück und Zufall sowie kognitive Verzerrungen im Vordergrund. Mitglieder der Experimentalgruppe (EG) sahen zunächst vor Spielbeginn ein kurzes Aufklärungsvideo zu irrationalen Annahmen beim Glücksspiel. Das Studiendesign gab für die EG des Weiteren das Erscheinen eines ersten Warnhinweises nach drei Einzelspielen vor, danach folgte die Präsentation der Präventionsbotschaften nach dem Zufallsprinzip, nicht jedoch später als nach sechs Einzelspielen. In der Kontrollbedingung wurde lediglich ein Video zur Geschichte des Roulettespiels ohne Präventionsbezug gezeigt. Die maximale Spieldauer betrug 40 Minuten. Beide Untersuchungsgruppen umfassten jeweils 60 glücksspielerfahrene Studierende, die zusammengenommen ein mittleres Alter von 24,6 Jahren aufwiesen (43% männlich). Die Ergebnisse einer Einmal-Befragung nach Spielende bestätigen ein signifikant geringeres Ausmaß an irrationalen Glücksspiel-Annahmen in der EG. Darüber hinaus hatte die EG zum Spielende mehr Spielgeld auf dem Konto als die Kontrollgruppe. Zwar weisen diese Befunde im Sinne der Prävention grundsätzlich in die gewünschte Richtung. Unklarheiten im Hinblick auf ihre Nachhaltigkeit sowie geringe Effektstärken trüben den positiven Gesamteindruck aber ein Stück weit. Schließlich bleibt auch bei dieser Interventionsstudie offen, auf welchen Einzelmaßnahmen (Video und/oder bestimmte Warnhinweise) die Veränderungen basieren.

Einen anderen Schwerpunkt setzte die Evaluation von Monaghan und Blaszczynski (2007). Jene Studie ging der Annahme nach, ob die dynamische Präsentation von Warnhinweisen einer statischen Präsentation überlegen ist. Dabei spiegelte die statische Intervention (EG1) die gesetzlichen Vorgaben des australischen Bundestaates New South Wales wider, nach denen Spielautomaten (EGMs) Informationen zu Gewinnwahrscheinlichkeiten aufweisen mussten. Konkret lautete die Präventionsbotschaft, als Sticker fest links oben auf dem Bildschirm der Spielgeräte platziert, wie folgt: „Die Chance, den maximalen Preis zu gewinnen, beträgt generell 1:1 Million". Die dynamische Intervention (EG2) erfolgte mit identischem Inhalt, der alle drei Minuten für 15 Sekunden in der Mitte des Bildschirms erschien. Mit einer randomisierten Testung der beiden Interventionsarten gegeneinander und einer Einmal-Befragung der

Proband*innen im Anschluss an eine 10-minütige Spielsession sollten differentielle Effekte bestimmt werden. Abermals setzte sich das Sample ausschließlich aus Studierenden zusammen (n = 92, 75% weiblich, Durchschnittsalter: 19,3 Jahre). Die Ergebnisse deuten in konsistenter Weise an, dass sich die Mitglieder der EG2 tatsächlich besser an den Inhalt des Warnhinweises erinnern konnten. Dies gilt sowohl ohne bzw. mit Abrufhilfe als auch hinsichtlich des genauen Textes. Bei der Befundinterpretation ist allerdings einschränkend unter anderem auf die geringe ökologische Validität des experimentellen Settings (z. B. kurze Spieldauer, Spielen mit Spielgeld, mehrheitlich Studierende ohne aktuelle Glücksspielerfahrung als Teilnehmer*innen) und das generelle Fehlen von Spielverhaltensdaten zu verweisen. Ob die dynamische Präsentation von Warnhinweisen langfristig zu Verhaltensänderungen führen kann, lässt sich an dieser Stelle demzufolge nicht beantworten.

Im Rahmen einer Evaluationsstudie aus Australien wurde erneut auf den oben beschriebenen statischen Warnhinweis zur Wahrscheinlichkeit eines Höchstgewinns beim Automatenspiel (EGMs) Bezug genommen (Monaghan et al. 2009). Dieses Mal diente jene Standardinformation gewissermaßen als Kontrollgruppe (EG2), die einer alternativen Informationsbotschaft ebenfalls statischer Art gegenübergestellt wurde. Jener Warnhinweis betonte die beim Automatenspiel wirkenden Zufallsprozesse bzw. die Unabhängigkeit/Nicht-Beeinflussbarkeit der einzelnen Spielausgänge (EG1) und zielte somit im Kern auf die Modifizierung kognitiver Verzerrungen ab. Zur Stichprobe zählten insgesamt 93 Psychologie-Studierende, die mehrheitlich weiblich (78,5%) und im Mittel knapp 20 Jahre alt waren. Die Gruppenzuordnung erfolgte per Losverfahren. Alle Proband*innen spielten für zehn Minuten mit Spielgeld an „echten" Automaten mit einer Ausschüttungsquote von 91%. Schriftliche Befragungen vor und nach der Spielteilnahme im Sinne einer Prä-/Post-Messung stellten die Datenbasis dar. Die statistischen Analysen verweisen allerdings ausnahmslos auf „Null-Befunde": Sowohl im Verlauf als auch zwischen den beiden EGs ergeben sich keine signifikanten Effekte. Im Einzelnen haben beide Informationsbotschaften weder einen Einfluss auf Denkprozesse während der Spielteilnahme noch auf die Einschätzung von Gewinnwahrscheinlichkeiten bzw. auf irrationale Überzeugungen zum Zeitpunkt der Post-Befragung. Ohnehin sind gravierende methodische Limitationen, wie die hochselektive Gelegenheitsstichprobe (inklusive des deutlichen Frauen-Überhangs), der Verzicht auf eine echte Kontrollgruppe und die kurze Spieldauer, bei der Befundeinordnung zu beachten. Hinzu kommt, dass einige Ergebnisse aufgrund einer offenbar fehlerbehafteten Darstellungsweise nicht in angemessener Weise zu interpretieren sind.

Ebenso dem experimentellen Paradigma verhaftet ist eine Evaluationsstudie von Jardin und Wulfert (2009) aus den USA. Bei diesem Forschungsansatz ging es um die Frage, ob ein immer wiederkehrender, inhaltlich unveränderter Hinweis auf den Zufallseinfluss beim Glücksspiel in Form eines Pop-up-Fensters im Zuge einer computerbasierten Glücksspielsimulation („Lucky Wheel") zu einem weniger riskanten Spielverhalten führt. Diese Informationsbotschaft, die nach jedem dritten Einzelspiel erschien, hatte folgenden Wortlaut: „Du kannst den Ausgang bei diesem Spiel nicht beeinflussen". Die Spielabläufe waren vorab programmiert; auf lange Sicht verloren die Proband*innen jedoch ihren gesamten Spieleinsatz in Form von Spielgeld. Es stand ihnen frei, die Spielaktivitäten jederzeit abzubrechen. Das Forschungsdesign umfasste neben der Experimentalgruppe (EG) eine Kontrollgruppe (KG1) mit neutraler Information und eine reine Kontrollgruppe (KG2) ohne Intervention. Zur Datenanalyse wurden im Wesentlichen Spielverhaltensdaten herangezogen. An der Untersuchung nahmen 104 College-Studierende der Psychologie im Alter von durchschnittlich 19,3 Jahren teil, davon waren 51% weiblichen Geschlechts. Teststatistische Überprüfungen bestätigen für die EG – im Vergleich zu beiden KGs – sowohl einen niedrigeren Geldeinsatz als auch eine geringere Anzahl an Spielen. Darüber hinaus steht den Mitgliedern der EG bei Beendigung der Spielaktivitäten mehr Geld zur Verfügung. Verschiedene Limitationen relativieren diese Erfolg versprechenden Befunde allerdings maßgeblich. Hierzu gehören in erster Linie die selektive Stichprobe, die geringe ökologische Validität des Forschungsansatzes im Allgemeinen (z. B. Spielen mit Spielgeld) sowie die fragwürdige Praxisübertragbarkeit der Intervention mit dem Erscheinen eines Warnhinweises nach jedem dritten Spiel im Speziellen.

An die weiter oben beschriebenen Vorgängerstudien direkt anknüpfend erweiterten Monaghan und Blaszczynski (2010) ihr Forschungsdesign, um zugleich die spezifischen Präventionseffekte der Vermittlungsform eines Warnhinweises (statisch vs. dynamisch) und dessen Inhalt (Sachinformation vs. Selbsteinschätzung) bestimmen zu können. Eine erste Teilstudie wurde unter Laborbedingungen unter Hinzuziehung eines computergestützten Automatenspiels (EGM) durchgeführt. Dabei inkludierte der Faktor „Vermittlungsform" einerseits einen statischen Warnhinweis rechts oben auf dem Bildschirm. Andererseits erschien dieser Warnhinweis in der dynamischen Variante als Pop-up-Fenster alle drei Minuten für 15 Sekunden in der Mitte des Bildschirms. Der Faktor „Inhalt" wies derweil drei Abstufungen auf: (1) reine Sachinformationen, wie etwa: „Alle Spielausgänge sind zufallsbasiert", (2) Selbsteinschätzungen, wie etwa „Weißt Du, wie lange Du schon spielst? Denke doch einmal über einer Pause nach" und (3) eine Kontrollgruppe mit einer Spielpause ohne weitere

Informationen. Alle Interventionen standen im Zeichen der Schadensminimierung bzw. der Förderung einer verantwortungsbewussten Spielteilnahme. Weiterhin sah das Forschungsdesign drei Messzeitpunkte mit einer Baseline- sowie zwei Post-Erhebungen direkt im Anschluss an die Spielteilnahme (Post1) und zwei Wochen später über den Postweg (Post2) vor. Die Response Rate zur zweiten Post-Erhebung betrug 91%. Die Zuweisung der insgesamt 127 Proband*innen zu den einzelnen Untersuchungsbedingungen erfolgte zufallsgesteuert. Das Sample setzte sich aus regelmäßigen Automatenspieler*innen zusammen, die mehrheitlich männlich (76,4%) waren und ein Durchschnittsalter von 20,3 Jahren aufwiesen. Von den Teilnehmenden zeigten 15,6% nach dem CPGI ein problematisches Spielverhalten. Schließlich sei noch zu erwähnen, dass während des Experiments mit Spielgeld gespielt wurde, wobei die maximale Spieldauer 10 Minuten betrug. Bezogen auf die Vermittlungsform belegen Chi-Quadrat-Tests abermals die generelle Überlegenheit dynamischer Warnhinweise für die Post1-Messung (Wissens- bzw. Einstellungsebene). Allerdings lässt sich dieser Mehrwert nach zwei Wochen nur noch für einzelne Merkmale (z. B. das Outcome „Erinnerung ohne Abrufhilfe“) beobachten. Bezogen auf den Inhalt gehen von Botschaften, die zur Selbsteinschätzung anregen sollen, die größten Positiveffekte aus (Wissens- bzw. Einstellungsebene). Dies gilt hier in der Regel auch für die Post2-Messung. Zudem finden die Ergebnisse in Interaktionsanalysen grundsätzliche Bestätigung. Trotz des elaborierten Forschungsdesigns sind verschiedenartige methodische Aspekte, wie die kurze Spieldauer, die selektive Stichprobe oder die statistischen Analysen, die vornehmlich auf einzelnen Items basieren, kritikwürdig. Daneben verhindert der fehlende Nachweis von Positivauswirkungen auf kognitiver Ebene sowie im tatsächlichen Verhalten (Glücksspielteilnahme) eine bessere Interventionsbewertung.

Auch Jardin und Wulfert (2012) präsentierten die Ergebnisse einer weiteren Evaluationsstudie zur präventiven Wirksamkeit von Pop-up-Fenstern mit Sachinformationen zu den Zufallseinflüssen beim Glücksspiel. Ihr Vorgehen unter erneuter Hinzuziehung einer computerbasierten Glücksspielsimulation („Lucky Wheel“) glich einerseits zwar in den Grundzügen der Vorgängerstudie (vgl. Jardin & Wulfert 2009). Andererseits ließen sich zumindest drei zentrale Abweichungen erkennen: (1) Dieses Mal wurden nach jedem fünften Einzelspiel inhaltlich verschiedene Botschaften zum Zufallseinfluss beim Glücksspiel gezeigt (insgesamt 8 Botschaften, u. a.: „Du kannst bei einem Glücksspiel nichts vorhersagen“); (2) die Zielgruppe bestand aus Individuen mit hoher Spielintensität bzw. glücksspielbezogenen Problemen; (3) das randomisierte Kontrollgruppendesign umfasste neben der Experimentalgruppe gleich drei Kontrollgruppen (KG1: inkorrekte Informationen zu den Zufallseinflüssen beim Glücksspiel,

KG2: neutrale Informationen, KG3: keine Informationen). Bei diesem Experiment betrug die durchschnittliche Spieldauer 15 Minuten. Zur Stichprobe zählten 80 regelmäßige Glücksspieler*innen, die nach dem SOGS mehrheitlich als problematisch oder wahrscheinlich pathologisch spielend eingestuft werden konnten (75% männlich, Durchschnittsalter: 44 Jahre). Die Analyse der Spielverhaltensdaten verweist darauf, dass die Mitglieder der EG weniger Geld einsetzen (vs. KG1 und KG2) und im Ganzen auch weniger spielen (vs. alle KGs). Außerdem steht dieser Subgruppe bei Spielbeendigung mehr Geld zur Verfügung als den anderen Subgruppen. Ob die Häufigkeit des Erscheinens eines Pop-up-Fensters nach jedem fünften Einzelspiel praxistauglich ist, darf allerdings bezweifelt werden. Eine weitere Einschränkung repräsentiert die starke inhaltliche Variation der Intervention, die letztendlich keinen Rückschluss auf die Güte einzelner Präventionsbotschaften zulässt.

Eine Sonderrolle nimmt in diesem Kapitel die Untersuchung von Stewart und Wohl (2013) aus Kanada ein. Als Intervention diente eine Pop-up-Nachricht, die im Zuge eines virtuellen Automatenspiels beim Erreichen eines selbstgewählten finanziellen Limits (max. 20CAD) eingeblendet wurde. Entsprechend bewegte sich der Forschungsansatz an der Schnittstelle von Verhältnis- und Verhaltensprävention. Das übergeordnete Interventionsziel bestand in der Förderung eines kontrollierten Spielverhaltens. Elementare Versatzstücke dieses Forschungsdesigns waren eine Experimentalgruppe (EG), die mit der Pop-up-Nachricht konfrontiert wurde, eine Kontrollgruppe (KG) ohne Pop-up-Nachricht, ein nicht näher spezifizierter Randomisierungsprozess, eine Einmal-Befragung der Proband*innen direkt nach Erscheinen der Pop-up-Nachricht (EG) bzw. nach Spielende (KG) und das Spielen mit Echtgeld unter Laborbedingungen bzw. vorab festgelegten Spielabläufen. Dabei setzte sich die Stichprobe aus 59 glücksspielerfahrenen Studierenden im Alter von M = 20,8 Jahren zusammen. Hierunter befanden sich mehrheitlich Männer (73%) und zu 24% Personen mit einem pathologischen Spielverhalten nach den DSM-IV-Kriterien. Von den wenigen hier relevanten Befunden ist hervorzuheben, dass sich die EG häufiger an die selbstgewählten finanziellen Limits hält als die KG. Im Gegensatz dazu besteht beim Endguthaben kein Gruppenunterschied. Insgesamt lässt die Aussagekraft dieser Studie vor allem aufgrund ihrer Anlage als Grundlagenforschung, des sehr kurzen Untersuchungszeitraumes sowie der Verwischung von Selbstlimitierung und Pop-up-Information zu wünschen übrig. Daher ist der präventive Mehrwert der Intervention als niedrig zu bewerten.

Ebenfalls einen besonderen Stellenwert kann der Untersuchung von Wohl et al. (2013b) zugeschrieben werden, da gleich zwei verschiedenartige Interventionen im Mittelpunkt standen. Zum einen ging es bei jener Evaluation um eine pädagogische Animation in Form eines 9-minütigen Videos, zum anderen erneut um ein Pop-up-Fenster, das an das Erreichen eines selbstgewählten Einsatzlimits erinnern sollte. Zur näheren Beschreibung des experimentell angelegten Forschungsdesigns sei daher auf den Abschnitt „Videos" verwiesen. Dasselbe gilt für die Intervention „Pop-up-Erinnerung", die bereits weiter oben bei Stewart und Wohl (2013) ausführlich dargestellt wurde. Zusammengenommen sind Positiveffekte sowohl in Bezug auf das Bewusstsein, das Einsatzlimit erreicht zu haben (Wissensebene) als auch im Hinblick auf das tatsächliche Festhalten an jenen Einsatzlimits (Verhaltensebene) messbar. Aufgrund der schon genannten Limitationen, wie der kleinen Stichprobe, der Ein-Punkt-Erhebung im Querschnitt und der dünnen Auswahl an Outcome-Variablen, bleibt die Aussagekraft der Studie indessen sehr begrenzt.

Aus den USA stammt ein weiterer, als innovativ zu bezeichnender Evaluationsansatz aus dem Bereich der selektiven Verhaltensprävention. Broussard und Wulfert (2015) gingen in einem Glücksspiel-Labor der Frage nach, ob ein sogenannter „Digital Slot Machine Accelerator" Veränderungen im Spielverhalten hervorrufen kann. Hierbei handelte es um ein Computerprogramm, das die durchschnittliche Ausschüttungsquote einer Slot Machine auf lange Sicht in graphischer und numerischer Form abbildete. Hauptziele dieser Intervention waren die Verringerung der Spieldauer und die Förderung einer realistischeren Einschätzung von Gewinnwahrscheinlichkeiten. Das Forschungsdesign umfasste zwei Experimentalgruppen (EGs), wobei EG1 ein 10-minütiges Spiel am „Digital Slot Machine Accelerator" und EG2 das Austeilen eines Handouts mit detaillierten Informationen zu Spielabläufen, Gewinnwahrscheinlichkeiten und Zufallsprozessen sowie Testfragen zur Wissenskontrolle vorsah. Hinzu kam eine Kontrollgruppe (KG), die mit einem Handout konfrontiert wurde, das glücksspielirrelevante Informationen und die besagten Testfragen beinhaltete. Die Datenerhebung erfolgte dabei direkt vor und nach der Intervention; der relativ komplexe Untersuchungsablauf setzte sich im Wesentlichen aus folgenden Komponenten zusammen: Prä-Messung (Selbstberichte), jeweilige Intervention nach zufälliger Zuordnung der Proband*innen zu den Untersuchungsbedingungen, computerbasiertes Automatenspiel mit einem programmierten Spielablauf und insgesamt 263 Einzelspielen (bei Einzelspiel 157 wurde die maximale Gewinnhöhe erreicht) sowie einem äußerst kurzen Post-Interview. An der Studie nahmen 90 College-Studierende im Durchschnittsalter von 19,6 Jahren teil, darunter befanden sich jeweils 45 Frauen und Männer. Zunächst deuten die statistischen Analysen an, dass die Einschätzungen der Gewinnwahrscheinlichkeiten in beiden EGs nach der Intervention niedriger ausfallen als zur Prä-Messung. Dies gilt insbesondere für die EG1. Weiterhin spielen Mitglieder der EG1 deutlich weniger als die Mitglieder der beiden anderen Untersuchungsbedingungen. Schließlich berichtet diese Subgruppe konsistent dazu eher davon, dass die Intervention tatsächlich einen Einfluss auf die Beendigung der Spielaktivitäten ausübt. Unter methodischen Gesichtspunkten fallen bei dieser Studie in erster Linie das Fehlen einer Langzeitperspektive und die sehr knapp gehaltene Outcome-Messung negativ ins Gewicht. Daneben bleibt vollkommen offen, wie der Einsatz eines „Digital Slot Machine Accelerators“ in der Praxis aussehen könnte.

Den Abschluss der experimentell angelegten Vorgehensweisen zur Überprüfung der Wirksamkeit von Aufklärungsmaßnahmen verkörpert die US-amerikanische Studie von Ginley et al. (2016). Als Intervention fungierten insgesamt fünf Warnhinweise mit Bezugnahme auf verschiedenartige irrationale Überzeugungen rund um das Thema Glücksspiel, wie etwa: „Das nächste Spiel hat nichts mit dem vorherigen Spiel zu tun“. Alle Warnhinweise wurden mindestens zweimal innerhalb von 20 Minuten während einer Automatenspielsimulation in Form von Pop-up-Benachrichtigungen gezeigt. Ein Weiterspielen war nur durch das aktive Drücken eines Buttons möglich. Mit diesem Eingriff sollte die Spielintensität verringert bzw. einer verantwortungsbewussten Spielteilnahme Vorschub geleistet werden. Forschungstechnisch handelte es sich um eine randomisierte Kontrollgruppenstudie mit zwei Faktoren: (1) Gewinnszenarium mit einer Ausschüttungsquote von 250% versus Verlustszenarium mit einer Ausschüttungsquote von 45% sowie (2) Experimentalgruppe (EG) mit den fünf Warnhinweisen versus Kontrollgruppe (KG) mit leeren Pop-up-Fenstern einschließlich der Instruktion „Button drücken“. Die Spieldauer betrug mindestens 20 Minuten, wobei in einem universitären Kasino-Labor mit Spielgeld gespielt wurde. Darüber hinaus fand eine Datenerhebung zu zwei Messzeitpunkten statt: Im Vorfeld der Intervention vor Ort und eine Woche später über den Postweg. Zur Datenanalyse standen einerseits Selbstangaben und andererseits Spielverhaltensdaten, die im Zuge der Intervention automatisiert erfasst wurden, zur Verfügung. Das Baseline-Sample bestand aus 154 Studierenden im mittleren Alter von 22,7 Jahren (59,7% weiblich). Zum zweiten Messzeitpunkt konnten noch 118 Personen erreicht werden (RR = 76,6%). Auf der Verhaltensebene zeigt sich, dass die Gesamtanzahl der Spiele in der EG-Gewinnsituation am kleinsten und in der KG-Verlustsituation am größten ausfällt. Daneben nimmt das Spielverhalten der Proband*innen in der EG-Gewinnsituation weniger stark an Geschwindigkeit zu als in der KG-Verlustsituation. Ähnliche Unterschiede lassen sich in Bezug auf die Einsatzhöhe pro Spiel festhalten: Auch hier steigt der Einsatz in der EG-Gewinnsituation vergleichsweise wenig stark an. Interessanterweise verringert sich die Einsatzhöhe in der EG-Verlustsituation sogar. Schließlich verweist die Post-Befragung auf signifikante Gruppenunterschiede im Bereich der kognitiven Verzerrungen, da die beiden KGs höhere Ausprägungen aufweisen als die beiden EGs. Zusammengenommen implizieren diese Befunde differenzierte Effekte von Warnhinweisen in Abhängigkeit des Gewinn- bzw. Verlusterlebens. Abgesehen von Inkonsistenzen bei der Ergebnisdarstellung erschwert vor allem die selektive und heterogen besetzte Stichprobe die Studieneinordnung. Da zudem die präventive Botschaft einzelner Warnhinweise bzw. deren Verortung als irrationale Überzeugung unklar bleibt (z. B. „Hast Du Spaß? Oder verlierst Du einfach nur Geld?"), resultiert die finale Bewertung der Intervention im Prädikat „mittel".

Den Übergang zu Evaluationsstudien im Felde bildet das bereits vorgestellte Vorgehen von Monaghan und Blaszczynski (2010) mit der parallelen Überprüfung der Präventionseffekte von Vermittlungsform (statisch vs. dynamisch) und Inhalt (Sachinformation vs. Selbsteinschätzung). Während Teilstudie 1 im Labor umgesetzt wurde, stellte Teilstudie 2 eine Replikation in vivo mit quasi identischen Interventionsparametern, Messzeitpunkten und Abläufen dar. Die Rekrutierung der Proband*innen erfolgte in zwei Clubs in Sydney (Australien). Dabei fand die Durchführung der Untersuchung unter Hinzuziehung des computergestützten Automatenspiels (EGM) direkt in den Spielstätten etwas abseits des eigentlichen Spielgeschehens statt. Entsprechend wurde dieser Forschungsansatz hier – trotz seines experimentellen Charakters – als Feldstudie eingeordnet. Der Stichprobe gehörten 124 regelmäßige Automatenspieler*innen im Durchschnittsalter von 44,1 Jahren an (71,8% männlich). Zur Baseline-Erhebung nahmen 55,9% aller verfügbaren Spieler*innen teil, die Response Rate zur Post-Erhebung zwei Wochen später betrug 62,1%. Ähnlich wie im Labor deuten Chi-Quadrat-Tests auch in diesem Setting bei nahezu allen Outcome-Items günstigere Effekte für Warnhinweise dynamischer Art an. Dieser Umstand gilt für die Messung direkt im Anschluss an die Intervention, in der Regel jedoch nicht mehr zwei Wochen später. Weiterhin scheinen Botschaften, die zur Selbsteinschätzung anregen sollen, nach 14 Tagen besser erinnert zu werden. Abgesehen von der verbesserten ökologischen Validität greifen im Prinzip dieselben Kritikpunkte wie im Laborsetting, so dass der Interventionsnutzen in der Gesamtheit abermals als niedrig zu bewerten ist.

Einen innovativen Forschungsansatz präsentierten Gallagher et al. (2011) mit Warnhinweisen auf dem Bildschirm von Video Lottery Terminals in der realen Glücksspielumgebung. Mit dieser Intervention sollten Veränderungen des Spielverhaltens, von kognitiven Verzerrungen und des glücksspielbezogenen Problemstatus hervorgerufen werden. Konkret machte dieser etwa 25 Sekunden lange Warnhinweis die beim Automatenspiel wirkenden Zufallsprozesse im Wortlaut wie folgt zum Thema: „Warnung: Gewinnausschüttungen sind zufallsbasiert und können nicht vom Spielenden beeinflusst werden. Fast-Gewinne sind immer Verluste". Jene Botschaft erschien alle 15 Sekunden auf denjenigen Geräten, die gerade nicht aktiv bespielt wurden. Die Studie basierte auf einem 2x3-Mixed-Model-Design mit den Faktoren „Glücksspielstatus" (problematisch vs. nicht-problematisch) und „Zeit" (2 Wochen Prä-Messung vs. 2 Wochen Intervention vs. 2 Wochen Post-Messung) sowie Selbstberichtsdaten in schriftlicher Form. Dabei setzte sich die Gelegenheitsstichprobe aus 54 Automatenspieler*innen aus einer Kleinstadt Kanadas, rekrutiert über Bars und Zeitungsanzeigen, zusammen (59,3% männlich). Das Durchschnittsalter belief sich auf 40,1 Jahre, und die Hälfte des Samples wies eine Glücksspielproblematik auf (nach PGSI). Ausgewählte Ergebnisse verweisen tatsächlich in die gewünschte Richtung: So ist zum einen nachweisbar, dass sich die Spieldauer während der Intervention im Vergleich zur Prä-Messung verringert. Zum anderen sinkt das Ausmaß kognitiver Verzerrungen zur Post-Messung – allerdings nur in der Gruppe der Problemspieler*innen. Bei der Befundeinordnung müssen methodische Limitationen, wie die kleinen Fallzahlen, Berücksichtigung finden. Außerdem ist nicht gesichert, ob die Studienteilnehmer*innen die Intervention auf aktuell nicht-bespielten Automaten überhaupt wahrgenommen haben.

Zwei weitere Feldstudien kommen aus Österreich und beziehen sich auf das Online-Automatenspiel einer nationalen Glücksspiel-Website. Zunächst untersuchten Auer et al. (2014), ob das Erscheinen eines Pop-up-Fensters nach 1.000 aufeinanderfolgenden Einzelspielen innerhalb einer Spielsession (d. h. nach etwa 50–66 Minuten) zu Verhaltensänderungen führen kann. Die recht einfach gehaltene informative Botschaft lautete hier wie folgt: „Sie haben nun 1.000 Slotspiele getätigt. Wollen Sie weiterspielen?" inklusive einer Ja-/Nein-Option. Zur Effektbestimmung wurden zwei unterschiedliche Stichproben vor und nach Einführung der Intervention herangezogen. Die Auswahl der Subgruppen fand nach dem Zufallsprinzip statt. Beide Datensätze umfassten 400.000 Spielsitzungen, was insgesamt ungefähr 200.000 Personen entsprach. Als zentrales Outcome diente die Anzahl der Spielsitzungen, die nach 1.000 aufeinanderfolgenden Einzelspielen beendet wurden. Die Auswertungen zeigen, dass vor Einführung der Intervention fünf Sitzungen (0,1%) bei genau dieser Grenze abbrachen. Nach Integration des Pop-up-Fensters stieg dieser Wert auf 45 Sitzungen (1,1%) an. Ähnliche Unterschiede sind zwischen Spiel 990 und 1.010 nicht zu erkennen. Unter methodischen Gesichtspunkten lassen sich vor allem das Fehlen von soziodemographischen Basisangaben und von Längsschnittdaten bemängeln. Analytisch erscheinen die ausschließlich deskriptive Befundlage und die äußerst geringe Effektgröße wenig überzeugend. Bezogen auf die Intervention fallen an dieser Stelle schließlich das relativ späte Erscheinen der Botschaft (nach etwa

60 Min.) und die wenig attraktive Darstellungsweise der Botschaft negativ ins Gewicht.

Eine Erweiterung dieses Forschungsansatzes repräsentiert die Originalarbeit von Auer und Griffiths (2015b). Während die methodischen Eckpfeiler nahezu identisch mit der Vorgängerstudie waren, betraf eine wesentliche Abweichung den Inhalt der Intervention. In Ergänzung zu der rein sachlichen Information mit dem Hinweis auf das Erreichen der 1.000er Grenze wurden weitere Sätze im Sinne des normativen Feedbacks (Verweis auf die Seltenheit derart langer Spielsessions), in Bezug auf einen möglichen kognitiven Irrtum (Unabhängigkeit der Gewinnwahrscheinlichkeit von der Spieldauer) sowie zur Beendigung der Spielsession („Spielpausen einzulegen hilft oftmals, und Sie können die Dauer der Spielpause selbst festlegen“) formuliert. Erneut fußte die Datenanalyse auf einem Prä-Post-Vergleich unter Hinzuziehung von zwei unterschiedlichen Stichproben. Dieses Mal handelte es sich um zwei repräsentative Zufallsstichproben, deren Ziehung drei Monate vor bzw. nach Einführung der Intervention in 2013 erfolgte. Beide Samples setzten sich aus jeweils 800.000 Spielsitzungen zusammen, was gleichzusetzen war mit insgesamt etwa 70.000 Online-Automatenspieler*innen. Ferner ist zu beachten, dass die Prä-Messung zu einem Zeitpunkt geschah, als die reine Sachinformation bereits zur Verfügung stand. Wiederum erhöht sich der Anteil der Spielabbrüche zur Post-Messung auf einem – absolut gesehen – mäßigen Niveau: So wurden vor Schaltung der erweiterten Intervention beim Erreichen der 1.000er Grenze 0,7% aller Sitzungen von 71 verschiedenen Personen beendet, nach ihrer Einbettung betrug dieser Anteil immerhin 1,4% (= 139 Personen). Ähnliche Effekte kurz vor bzw. nach 1.000 aufeinanderfolgenden Einzelspielen lassen sich nicht beobachten. Neben den schon diskutierten Schwächen der Vorgängerstudie bedarf es der Erwähnung von zwei weiteren Limitationen. Zum einen kann nicht ausgeschlossen werden, dass dieselben Personen sowohl mit der Standardinformation (Prä-Messung) als auch mit der erweiterten Information (Post-Messung) konfrontiert wurden. Zum anderen bleibt offen, welche Einzelbestandteile der Botschaft sich als handlungswirksam erweisen.

Zwei weitere Evaluationsstudien aus Australien beschäftigten sich mit den Effekten von dynamischen Warnhinweisen auf dem Bildschirm von Automaten (EGMs). Beide Publikationen basieren auf demselben Forschungsprojekt, wobei einerseits die Bestimmung des bestmöglichen Inhalts (Gainsbury et al. 2015a) und andererseits die Ermittlung der optimalen Platzierung (Gainsbury et al. 2015b) im Fokus stand. Mit diesen Warnhinweisen sollte ein kontrolliertes bzw. verantwortungsbewusstes Spielverhalten gefördert werden. Grundlage der Intervention waren insgesamt acht verschiedene dynamische Warnhinweise, die im Zuge der ersten Untersuchung (Gainsbury et al. 2015a) eine Unterteilung nach inhaltlichen Gesichtspunkten erfuhren: Während vier Warnhinweise Botschaften mit Sachinformationen darstellten (Statements), zielten die anderen vier Botschaften, als Fragen formuliert, auf die Selbsteinschätzung bzw. Reflektion des eigenen Spielverhaltens ab (Self-Appraisal). Die Warnhinweise erschienen abwechselnd in Form von Pop-ups auf dem Bildschirm der Automaten, in der Regel alle 15 Minuten für 15 Sekunden. Im Rahmen eines naturalistischen Forschungsdesigns erfolgte eine einmalige Face-to-face-Befragung von Automatenspieler*innen vor Ort zum Einfluss der Warnhinweise auf ihre Denk- und Verhaltensweisen. Zur Stichprobe zählten 667 Personen im Durchschnittsalter von 45,1 Jahren, darunter 71,5% Männer sowie 7,8% Problemspieler*innen (nach PGSI). Die Rekrutierung fand in fünf Spielstätten (Bars, Hotels) in der Region Brisbane statt. Quantitative Datenanalysen belegen, dass sich knapp die Hälfte der Befragten (43,5%) an einen Warnhinweis erinnert. Es überwiegen dabei die „Selbsteinschätzungs-Botschaften" mit 136 Nennungen (vs. 71 Nennungen von Sachinformationen). Beiden Inhaltsformen wird außerdem ein ähnlich großer Nutzen zugeschrieben. Auch wenn die Umsetzung eines derartigen Forschungsprojektes im Felde prinzipiell zu begrüßen ist, bleibt der Erkenntnisgewinn in diesem Fall aus folgenden Gründen sehr begrenzt: Erstens wurden wichtige Drittvariablen nicht kontrolliert (z. B. die Interventionsdauer bei den Teilnehmenden). Zweitens erweist sich die Repräsentativität der Ergebnisse als spekulativ. Drittens sind die nahezu ausschließlich deskriptiven Analysen auf Itemebene nur schwer einzuordnen. Viertens erscheint die Differenzierung in Botschaften mit Sachinformationen auf der einen Seite und Selbsteinschätzungs-Botschaften auf der anderen Seite wenig trennscharf.

In der Parallelpublikation berichteten Gainsbury et al. (2015b) ebenfalls von dieser Feldstudie, allerdings ohne die einzelnen Warnhinweise inhaltlich im Detail vorzustellen. Vielmehr wurde der Frage nachgegangen, wie die Platzierung eines Warnhinweises auf den Spielgeräten optimalerweise auszusehen hat. Dabei fanden zwei Varianten Berücksichtigung: Botschaften in der Mitte der Automaten sowie Botschaften oben bzw. unten auf den Automaten. Alle anderen Studienparameter blieben unverändert. Die nahezu ausschließlich deskriptiv angelegte Datenanalyse verweist zusammengenommen darauf, dass die Spielfreude bei etwa einem Fünftel des Samples laut Selbstauskunft durch die Warnhinweise zumindest geringfügig negativ beeinträchtigt wird. Darüber hinaus erfahren die in der Mitte positionierten Warnhinweise hinsichtlich ihrer Nützlichkeit eine bessere Bewertung als die Alternativvariante. Hierzu passt, dass sich 74,5% der Befragten an die Warnhinweise in der Mitte des Bildschirms erinnern konnten; bei den oben bzw. unten platzierten Botschaften waren es lediglich 22,1%. Im Gegensatz dazu finden sich auf der Verhaltensebene keine entsprechend auffälligen Gruppenunterschiede. Zusammenfassend greifen hier im Kern dieselben Limitationen wie bei Gainsbury et al. (2015a), was eine eher schwache Evidenzgüte impliziert.

Schließlich evaluierten Palmer du Preez et al. (2016) in methodisch durchaus vergleichbarer Weise die Effekte von seit 2009 gesetzlich vorgeschriebenen Pop-up-Informationen an Spielautomaten (EGMs) in Neuseeland. Hier bestand die Intervention eigentlich aus einer Kombination aus verhaltens- und verhältnispräventiven Elementen, da das Erscheinen des Pop-ups an eine längere Spielpause von 45 Sekunden gekoppelt war. Inhaltlich bezog sich die Pop-up-Information auf die Rückmeldung ausgewählter Spielparameter, wie Spieldauer, Einsatzhöhe und Nettogewinn/-verlust. Dieser Eingriff stand im Zeichen der Schadensminimierung und beabsichtigte in erster Linie die Förderung eines verantwortungsbewussten Spielverhaltens bzw. von wohlinformierten Entscheidungsprozessen. Die Datenerhebung fußte auf einer telefonischen Querschnittsbefragung von 460 Automatenspieler*innen aus zwei Städten Neuseelands. Zum Sample gehörten vorrangig Männer (56%) und Personen im Alter zwischen 20 und 44 Jahren (44%). Ihre Rekrutierung erfolgte in der Nähe relevanter Spielstätten (d. h. Kasinos und Pubs). Häufigkeitsauszählungen belegen, dass 57% der Befragten eine derartige Pop-up-Information wahrgenommen haben. Für 25% dieser Subgruppe ist jene Intervention mit einem negativen Einfluss auf die Spielfreude verbunden. Genauso viele Personen bekunden positive Auswirkungen auf die Kontrolle ihres Spielverhaltens. Weiterhin würden 50% die Information lesen, 10% ihr allgemeines Glücksspielverhalten reflektieren, 9% weniger spielen, 6% ihre Glücksspielsitzung beenden, 2% sich externe Hilfe suchen und 1% aber auch vermehrt zocken (alles Wahrscheinlichkeitsaussagen). Zu guter Letzt scheint eine statistische Assoziation zwischen der attribuierten Beendigung der Glücksspielsitzung und geringeren Geldausgaben zu existieren. Im Ganzen lassen sich diese Befunde nur mit erheblichen Einschränkungen interpretieren. Abgesehen von einigen methodischen Defiziten (Fehlen einer Kontrollgruppe, kleine Fallzahlen, die unter Umständen mangelhafte Validität von Selbstberichten etc.) bringt die nicht eindeutige Operationalisierungsweise ein weiteres Deutungsproblem mit sich.

Gesamtbewertung der Evidenz

Übergeordnetes Ziel von Informationen an Spielgeräten ist es, im Zuge des Spielgeschehens über die mit Glücksspielen verbundenen Risiken aufzuklären und Verhaltensmodifikationen anzustoßen. Mehrheitlich handelt es sich bei den eingeschlossenen Evaluationsstudien um Warnhinweise in Form von Pop-ups, die glücksspielrelevante Informationen vermitteln. Inhaltlich dominiert in diesem Kontext die Bezugnahme auf kognitive Verzerrungen unterschiedlicher Art. Adressaten sind naturgemäß aktive Glücksspieler*innen, so dass sich die Interventionen ungeachtet ihrer konkreten Ausgestaltung ausnahmslos der selektiven und/oder indizierten Verhaltensprävention zuordnen lassen. Einer relativ großen Anzahl an Treffern steht eine bestenfalls mäßige Evidenzlage gegenüber. Während die experimentell angelegten Untersuchungen primär an einer geringen ökologischen Validität kranken, achten Feldstudien zumeist nicht auf die Kontrolle relevanter Dritt- oder Störvariablen (sofern überhaupt möglich). Daneben mangelt es an Längsschnittdaten und der Wirksamkeitsüberprüfung im Zeitverlauf. Obwohl derartige eng umschriebene Aufklärungsmaßnahmen ohne Zweifel zu einem umfassenden Präventionsansatz dazugehören, dürften die damit einhergehenden Effekte auf der Verhaltensebene ohnehin nicht allzu groß ausfallen. Die bisher vorliegenden Studien (s. Tab. 3.8.4) verweisen in der Gesamtbetrachtung dementsprechend auf eher geringe Positivwirkungen. Empfehlenswert ist dennoch vor allem eine dynamische Vermittlung der Warnhinweise.

Tabelle. 3.8.4: Evidenz evaluierter Interventionen – Aufklärung (Informationen an Spielgeräten)

Studie	**Intervention**	**Präventionsart**	**Positive Effekte**	**Forschungsdesign**	**Bewertung der Intervention***
Ladouceur 2003	verschiedenartige Informationen an Spielautomaten zum Themenbereich „Wahrscheinlichkeit und Kontrollillusion“	selektive Verhaltensprävention	Verhalten	randomisierte Kontrollgruppenstudie mit einer Einmal-Messung (Post)	niedrig
Steenbergh 2004	elektronischer Warnhinweis zu den Gewinnchancen beim Roulette und zu den Risiken des Glücksspiels	selektive, indizierte Verhaltensprävention	Wissen	randomisierte Kontrollgruppenstudie mit einer Prä- und Post-Befragung	niedrig

(*fortgeführt*)

Tabelle. 3.8.4: Fortsetzung

Studie	Intervention	Präventionsart	Positive Effekte	Forschungsdesign	Bewertung der Intervention*
May 2005	präventive Botschaft in Form eines Kurzvideos zur Zufallsabhängigkeit bzw. Nicht-Beeinflussbarkeit eines computerbasierten Roulettespiels	selektive Verhaltensprävention	Einstellung	randomisierte Kontrollgruppenstudie unter Berücksichtigung verschiedener Arten von Querschnittsdaten (erhoben während der Spielsession)	niedrig
Cloutier 2006	verschiedenartige Informationen rund um den Themenbereich „kognitive Verzerrungen" vor und während der Spielaktivitäten	selektive Verhaltensprävention	Einstellung	randomisierte Kontrollgruppenstudie mit Pre- und Post-Messung	keine
Floyd 2006	verschiedenartige Warnhinweise zu den Themen „Glück und Zufall" bzw. „kognitive Verzerrungen", präsentiert während der Spielaktivitäten	selektive, indizierte Verhaltensprävention	Einstellung Verhalten	Kontrollgruppendesign mit einer Einmal-Befragung nach Spielende (Post)	mittel
Monaghan 2007	statischer vs. dynamischer Warnhinweis zur Wahrscheinlichkeit des Höchstgewinns beim Automatenspiel	selektive Verhaltensprävention	Wissen	randomisierte Testung von zwei Interventionen gegeneinander mit einer Einmal-Messung (Post)	niedrig
Monaghan 2009	statische Warnhinweise beim Automatenspiel zu (1) Zufallsprozessen und (2) der Wahrscheinlichkeit eines Höchstgewinns	selektive Verhaltensprävention	keine Effekte	randomisiertes Kontrollgruppendesign mit 2 Interventionsgruppen, Befragung direkt vor und nach der Spielteilnahme (Prä-Post-Vergleich)	keine

Tabelle. 3.8.4: Fortsetzung

Studie	**Intervention**	**Präventionsart**	**Positive Effekte**	**Forschungsdesign**	**Bewertung der Intervention***
Jardin 2009	immer wiederkehrender, inhaltlich unveränderter Hinweis auf den Zufallseinfluss beim Glücksspiel in Form eines Pop-up-Fensters	selektive Verhaltensprävention	Verhalten	Kontrollgruppendesign mit Erfassung des Spielverhaltens und einer Einmal-Befragung (Post) direkt nach der Spielteilnahme	niedrig
Monaghan 2010	Variation der Vermittlungsform (statischer vs. dynamischer Warnhinweis) sowie des Inhalts eines Warnhinweises (Sachinformation vs. Selbsteinschätzung)	selektive Verhaltensprävention	Wissen bzw. Einstellung	2 (Form) x 3 (Inhalt)-Untersuchungsdesign mit zufälliger Probandenzuordnung, Baseline- und Post-Befragungen direkt im Anschluss der Spielteilnahme sowie zwei Wochen später (Untersuchung im Labor)	niedrig
Jardin 2012	inhaltlich verschiedene, immer wiederkehrende Botschaften zum Zufallseinfluss beim Glücksspiel in Form eines Pop-up-Fensters	indizierte Verhaltensprävention	Verhalten	randomisierte Kontrollgruppenstudie mit Erfassung des Spielverhaltens und einer Einmal-Befragung (Post) direkt nach der Spielteilnahme	niedrig
Stewart 2013	Pop-up-Nachricht bei Erreichen eines selbstgewählten finanziellen Limits	selektive, indizierte Verhältnis- und Verhaltensprävention	Verhalten	randomisiertes Kontrollgruppendesign mit einer Einmal-Befragung direkt nach Erscheinen der Pop-up-Nachricht (EG) bzw. nach Spielende (KG)	niedrig

(*fortgeführt*)

Tabelle. 3.8.4: Fortsetzung

Studie	Intervention	Präventionsart	Positive Effekte	Forschungsdesign	Bewertung der Intervention*
Wohl 2013b	Pop-up-Fenster bei Erreichen eines selbstgewählten finanziellen Limits	selektive Verhaltensprävention	Wissen Verhalten	experimentelles Studiendesign mit einer Einmal-Befragung direkt nach Erscheinen des Pop-up-Fensters (EG) bzw. nach Spielende (KG)	niedrig
Broussard 2015	Computerprogramm, das die durchschnittliche Ausschüttungsquote einer Slot Machine in graphischer und numerischer Form darstellt („Digital Slot Machine Accelerator")	selektive Verhaltensprävention	Einstellung Verhalten	randomisierte kontrollierte Studie mit Datenerhebungen direkt vor und nach der Intervention	niedrig
Ginley 2016	5 Warnhinweise mit Bezugnahme auf verschiedene irrationale Überzeugungen rund um das Glücksspiel, die jeweils mindestens zweimal innerhalb von 20 Minuten als Pop-up-Nachricht erscheinen	selektive Verhaltensprävention	Einstellung Verhalten	randomisierte Kontrollgruppenstudie mit zwei Faktoren: Gewinn- vs. Verlustsituation und EG (Warnhinweise) vs. KG (keine Intervention), Baseline- und Post-Erhebung (eine Woche später)	mittel
Monaghan 2010	Variation der Vermittlungsform (statischer vs. dynamischer Warnhinweis) sowie des Inhalts eines Warnhinweises (Sachinformation vs. Selbsteinschätzung)	selektive Verhaltensprävention	Wissen bzw. Einstellung	2 (Form) x 3 (Inhalt)-Untersuchungsdesign mit zufälliger Probandenzuordnung, Baseline- und Post-Befragungen direkt im Anschluss der Spielteilnahme sowie zwei Wochen später (Untersuchung im Felde)	niedrig

Tabelle. 3.8.4: Fortsetzung

Studie	**Intervention**	**Präventionsart**	**Positive Effekte**	**Forschungsdesign**	**Bewertung der Intervention***
Gallagher 2011	Warnhinweis auf dem Bildschirm von Automaten im Felde mit Informationen zu Zufallsprozessen (ca. 25 Sek.)	selektive, indizierte Verhaltensprävention	Einstellung Verhalten	2 x 3 Mixed-Model mit den Faktoren Glücksspielstatus (problematisch vs. nicht-problematisch) und Zeit (2 Wochen Prä, 2 Wochen Intervention, 2 Wochen Post), schriftliche Befragung von Automatenspielern	niedrig
Auer 2014	Pop-up-Fenster nach 1.000 aufeinanderfolgenden Online-Automatenspielen mit der Frage, ob ein Weiterspielen gewünscht sei (Sachinformation)	selektive Verhaltensprävention	Verhalten	Datenvergleich von zwei unterschiedlichen Stichproben vor und nach Einführung der Intervention, Nutzung von Spielverhaltensdaten	niedrig
Auer 2015b	Pop-up-Fenster nach 1.000 aufeinanderfolgenden Online-Automatenspielen mit verschiedenen Komponenten (u. a. Sachinformation, normatives Feedback, kognitiver Irrtum)	selektive Verhaltensprävention	Verhalten	Datenvergleich von zwei unterschiedlichen Stichproben vor und nach Einführung der Intervention, Nutzung von Spielverhaltensdaten	niedrig
Gainsbury 2015a	8 dynamische Warnhinweise auf dem Bildschirm von Automaten im Felde unterteilt nach inhaltlichen Gesichtspunkten (Sachinformation vs. Selbsteinschätzung), die i.d.R. alle 15 Minuten für 15 Sekunden erscheinen	selektive, indizierte Verhaltensprävention	Akzeptanz Wissen	naturalistisches Design: Einmal-Befragung (Face-to-face) von Automatenspielern vor Ort	niedrig

(fortgeführt)

Tabelle. 3.8.4: Fortsetzung

Studie	Intervention	Präventionsart	Positive Effekte	Forschungsdesign	Bewertung der Intervention*
Gainsbury 2015b	dynamische Warnhinweise auf dem Bildschirm von Automaten im Felde unterteilt nach ihrer Platzierung (in der Mitte vs. oben bzw. unten), die i.d.R. alle 15 Minuten für 15 Sekunden erscheinen	selektive, indizierte Verhaltensprävention	Akzeptanz Wissen Verhalten	naturalistisches Design: Einmal-Befragung (Face-to-face) von Automatenspielern vor Ort	niedrig
Palmer du Preez 2016	Pop-up-Informationen an EGMs mit Rückmeldung ausgewählter Spielparameter, verbunden mit einer Spielpause (45 Sek. nach max. 30-minütiger Spielbeteiligung)	selektive Verhaltens-und Verhältnisprävention	Verhalten	telefonische Einmal-Befragung von Automatenspielern (Querschnittsbefragung)	niedrig

*siehe die Erläuterungen unter der Tabelle 3.1.

3.9 Schulbasierte Prävention

Studien, die die Effekte von schulischen Präventionsmaßnahmen gemessen haben, gibt es vergleichsweise viele: Insgesamt wurden 16 entsprechende Originalarbeiten gefunden. Vier Evaluationen beziehen sich auf Videos; die anderen Studien basieren auf (mehr oder weniger) interaktiven Programmen. Dabei handelt es sich bei vier Maßnahmen um kurze Unterrichtseinheiten (bis zu 90 Minuten) und bei acht um umfassendere Programme (mindestens 4 Stunden). Darunter befindet sich auch eine webbasierte Intervention. Glücksspielbezogene Maßnahmen im Bereich des schulischen Settings zielen grundsätzlich auf die Vermittlung von Wissen sowie die Herstellung von gewünschten Einstellungen im Sinne universeller Verhaltensprävention ab. Gelegentlich geht es auch um die Veränderung von Verhaltensweisen, zum Beispiel in Richtung kontrolliertes Spielen oder Spielabstinenz bis zur Volljährigkeit. Umfassende Programme können zudem die Stärkung von Lebenskompetenzen beinhalten. Die Zielgruppen sind hierbei Kinder und Jugendliche ab 11 Jahren. Eine einzige Maßnahme – sie wird in diesem Kapitel als letzte vorgestellt – wurde für Studierende (Alter > 18 Jahre) konzipiert.

Die ersten drei Evaluationsstudien behandeln allesamt das in Kanada produzierte Video „Lucky". In humorvoller Weise wurden hierin in 20 Minuten Informationen zu den Themen Gewinnchancen, Zufall und Kontrollillusionen gegeben. Damit sollte der Entwicklung und Verfestigung fehlerbehafteter Annahmen über das Glücksspiel vorgebeugt werden. Ferland et al. (2002) untersuchten in einem randomisierten Forschungsdesign mit schriftlichen Befragungen eine Woche vor und direkt nach der Intervention bestimmte Präventionseffekte. Das Studiendesign fußte auf drei verschiedenen Experimentalgruppen und einer Kontrollgruppe: In der Experimentalgruppe 1 (EG1, n = 118) wurde ausschließlich das Video gezeigt (französisch sprachige Version). In der EG2 (n = 106) fand alternativ eine 40-minütige Informationseinheit zum Thema Glücksspiel mit Diskussion und Nachfragen statt. In der EG3 (n = 105) wurde die Informationseinheit durchgeführt und das Video gezeigt. In der Kontrollgruppe (KG, n = 95) gab es überhaupt keine Intervention. Insgesamt beteiligten sich 424 Schüler der Klassenstufen 7 und 8 aus der Stadt Quebec an der Studie (53,3% männlich, Durchschnittsalter: 13,1 Jahre). Bei der Auswertung der Befragungsergebnisse ergeben sich signifikante Zeit-Gruppen-Interaktionseffekte: Das glücksspielbezogene Wissen und dementsprechende Einstellungen stellen sich nach der Intervention in allen drei Experimentalgruppen besser als in der Kontrollgruppe dar. Der gleiche positive Befund gilt für die fehlerbehafteten Annahmen über die Gewinnchancen und den über Zufall beim Glücksspiel. Darüber hinaus schneidet die EG3 besser ab als die EG1. Als wichtigste Defizite der Studie können angesehen werden, dass keine mittel- und langfristigen Effekte erhoben worden sind und nur eine eingeschränkte Outcome-Messung stattfand.

Bei der zweiten „Lucky"-Studie wurden die Effekte des gleichen Videos bei Schüler*innen der Klassenstufe 5 und 6 untersucht (Lavoie & Ladouceur 2003). Diese waren im Durchschnitt 11,5 Jahre alt (Anteil männlich: 50,2%) und kamen ebenfalls aus Quebec Stadt. Insgesamt konnten 273 Schüler in diese Evaluation eingeschlossen werden. Der Untersuchungsaufbau unterschied sich von der erst genannten Studie nur darin, dass es keine Experimentalgruppe gab, bei der ausschließlich die Informationseinheit durchgeführt worden ist (s. obige EG2). Die beiden anderen Experimentalgruppen – Unterrichtseinheit und Video (n = 105); ausschließlich Video (n = 73) – sowie die Kontrollgruppe (n = 95) waren strukturell identisch. Auch hier zeigen sich in den beiden Experimentalgruppen positive Effekte beim glücksspielbezogenen Wissen und den Einstellungen bezüglich der

Gewinnchancen bei Glücksspielen. Bei der Kontrollgruppe gibt es diese nicht. Es gelten hier die gleichen Limitierungen wie bei der erstgenannten Evaluation.

Es existierte auch eine englische Version von „Lucky". Diese Fassung wurde ebenfalls mittels einer randomisierten Kontrollgruppenstudie evaluiert; erneut mit einer Prä-Post-Messung eine Woche vor und direkt nach der Intervention und den gleichen Outcome-Kriterien (Ladouceur et al. 2004). Das Design bestand hier aber ausschließlich aus zwei Gruppen: In der Experimentalgruppe wurde das Video gezeigt; in der Kontrollgruppe fand keine Intervention statt. Die Evaluation wurde mit Schüler*innen der Klassenstufe 7 und 8 aus Quebec Stadt und New-Brunswick durchgeführt. Dabei umfasste das Ausgangssample 506 Schüler (51,8% männlich, Durchschnittsalter: 12,8 Jahre). Von diesen haben 371 Personen zu beiden Erhebungszeitpunkten die Fragebögen vollständig ausgefüllt (EG: n = 204, KG: n = 167). Nach den Befragungsresultaten, die auf der Post-Messung basieren (Prä-Werte wurden als Kovariate kontrolliert), schneidet die Video-Gruppe beim Wissen und den Einstellungen über Glücksspiele besser ab als die Kontrollgruppe. Auch die Aussagekraft dieser Studie wird durch ihre sehr kurzfristige und begrenzte Outcome-Messung deutlich eingeschränkt.

Neben „Lucky" gibt es noch ein zweites Video, das in Kanada produziert worden ist. Mit dem 20-minütigen „Gambling Stories" wurde das primäre Ziel verfolgt, Wissen in Bezug auf Glücksspiele im Allgemeinen und pathologische Glücksspieler*innen im Speziellen zu vermitteln. Die Zielgruppe waren Jugendliche um die 16 Jahre. Auch dieses Video wurde von der Forschergruppe um Ladouceur evaluiert (Ladouceur et al. 2005). Methodisch kam eine schriftliche Eingangs- und Follow-up-Befragung einem Monat nach der Intervention sowie eine nicht-randomisierte Gruppenzuordnung zum Tragen, bei der in der Experimentalgruppe (EG) das Video gezeigt wurde und in der Kontrollgruppe (KG) keine Intervention stattfand. Befragt wurden 568 Schüler (53% weiblich) der Klassen 11 und 12 von drei High Schools aus Quebec Stadt. Die Fallzahl für die EG betrug 361 Personen (Durchschnittsalter: 16,0 Jahre); diejenige für die KG 207 Personen (15,8 Jahre). Die Evaluationsergebnisse fallen derart aus, dass sich in der Experimentalgruppe ein Wissenszuwachs in Bezug auf Glücksspiele und in Bezug auf pathologisches Spielverhalten sowie eine Verringerung von stereotypischen Ansichten über pathologische Glücksspieler*innen ergibt. Ferner bekunden in der EG signifikant weniger Personen als in der KG die Absicht, im folgenden Jahr Glücksspiele zu spielen. Als Limitationen der Studie können im Kern folgende drei Aspekte benannt werden: 1.) es hat keine Randomisierung der Gruppen stattgefunden; 2.) es liegt ein nur kurzes Follow-up vor; 3.) es wurden keine direkten Veränderungen auf der Verhaltensebene gemessen.

Wie schon oben erwähnt, liegen zu insgesamt vier schulischen Kurzprogrammen Evaluationsergebnisse vor. Die erste Arbeit bezog sich auf eine Unterrichtseinheit, die sich an Schüler*innen der 5. und 6. Klassenstufe richtete, von externen Glücksspielexpert*innen durchgeführt wurde und einen zeitlichen Rahmen von etwa 60 Minuten umfasste. Sie bestand aus drei spielerischen Übungen: 1.) die Auslosung, 2.) das Würfelspiel und 3.) Lotto „5 aus 42". Mit einem randomisierten Kontrollgruppendesign untersuchte Ladouceur et al. (2003) ihre Wirkungen. Dazu wurden Schüler*innen aus Quebec Stadt (Kanada) direkt vor und nach der Intervention schriftlich befragt. Es wurde in zwei Schritten vorgegangen. In einer ersten Phase wurde die Intervention (n = 82) gegen eine Kontrollgruppe (übliche Schulstunde; n = 71) getestet. Hierbei ergaben sich positive Wissens- und Einstellungseffekte zugunsten der Experimentalgruppe. In einer zweiten Phase wurde die Intervention (n = 139) mit zwei anderen Maßnahmen verglichen: a.) mit Teilen des schulbasierten Programms „Count Me Out", vermittelt von geschulten Lehrkräften (n = 95) sowie b.) dem gleichen (Teil-)Programm, jedoch vermittelt von Glücksspielexpert*innen (n = 122). Das Ergebnis der Evaluation: Beim Wissen schneidet die eigentliche Interventionsgruppe gegenüber den anderen beiden „Count Me Out"-Gruppen signifikant besser ab; bei den Einstellungsparametern ergeben sich Vorteile nur gegenüber der Lehrkräfte-Variante. Mehrere Schwächen schränken die Aussagekraft dieser Untersuchung ein: Zum einen werden nur spärliche Informationen zu den jeweiligen Stichproben gegeben. Ferner wird der Auswahlprozess der Schulen nicht näher beschrieben und es bleibt offen, warum keine Untersuchungsgruppe „Intervention durchgeführt von Lehrkräften" gebildet worden ist.

Ein weiteres, einstündiges Kurzprogramm wurde ebenfalls in Kanada – diesmal in der Provinz Ontario – evaluiert (Turner et al. 2008a). Inhalte dieser schulbasierten Maßnahme waren eine Glücksspielsimulation (Würfelspiel), eine Gruppendiskussion, ein interaktiver Vortrag und zwei Sketche mit Jugendlichen als Schauspieler. Damit wurde insbesondere das Ziel verfolgt, einen rationalen Umgang mit Zufallsprozessen zu fördern und adaptive Coping-Strategien zu stärken. Die Alterspanne der Zielgruppe reichte von der 5. bis zur 12. Klassenstufe. Das Forschungsdesign sah eine Prä- und Post-Befragung unmittelbar nach der Intervention (nur Feedback zum Programm) sowie eine Follow-up-Erhebung nach zwei Monaten vor. Es existierten eine (nicht-randomisierte) Experimentalgruppe (n = 212) und eine Kontrollgruppe (n = 162), die sich aus Schüler*innen von 18 unterschiedlichen Schulen (5. bis 12. Klassenstufe) zusammensetzten. Aus den Ergebnissen der Evaluation kann zunächst eine hohe Akzeptanz der Maßnahme abgeleitet werden: 93% der Schüler*innen halten das Programm für eine gute Idee und 92% finden es inhaltlich interessant; 82% nehmen an, dass es einige Personen davon abhalten könnte, glücksspielbezogene Probleme zu entwickeln. Darüber hinaus zeigt sich in der Experimentalgruppe zum Follow-up eine signifikante Zunahme des Wissens um Zufallsprozesse bei Glücksspielen. Dagegen bleibt das entsprechende Niveau in der Kontrollgruppe nahezu konstant. Einschränkend ist anzumerken, dass kaum Informationen zur Stichprobe und Zuordnung in die beiden Untersuchungsgruppen gegeben werden. Ferner stellt sich die Frage nach der Angemessenheit der Intervention, weil die Altersspanne der Zielgruppe extrem breit ist.

Noch kürzer ist die schulbezogene Maßnahme, die Taylor et al. (2009) in den USA untersucht haben. Hierbei handelte es sich um eine 45-minütige Intervention („Don't Gamble Away our Future") für Heranwachsende im Alter von 8 bis 18 Jahren aller Schularten – also auch hier eine altersmäßig sehr weit streuende Maßnahme. Diese beinhaltete konzeptionell einen Vortrag, Übungen und Diskussionen (inklusive CD-ROM und Informationsmaterialien) und wurde durch geschulte Lehrkräfte im Sinne eines Multiplikatorenansatzes vermittelt. Um die Effekte dieser Kurzintervention zu erfassen, fand eine Querschnittsbefragung direkt vor und nach der Intervention statt. Daran haben sich insgesamt 8.455 Schüler*innen (davon 52% weiblich) beteiligt, die aus ganz unterschiedlichen Schulsettings kamen (Grundschule: 19,7%, Junior High School: 30,6%, High School: 56,7%, Jugendstrafanstalt: 1,9%). Eine Kontrollgruppe sah das Design nicht vor. Auch die Effektmessung wurde nur sehr eingeschränkt vorgenommen: Danach ist das Wissen über Glücksspiele und ihren möglichen negativen Folgen nach der Kurzintervention höher als vorher. Dieser Effekt ist besonders ausgeprägt in Grundschulen sowie bei männlichen Schüler*innen.

In Deutschland wurde das Glücksspielmodul des schulischen Curriculums „Vernetzte www.Welten" evaluiert, dessen Zielgruppe Schüler*innen der 6. und 7. Klassenstufe sind (Walther et al. 2013). In dieser 90-minütigen Einheit standen – unter Einsatz von interaktiven Methoden – die folgenden Inhalte im Fokus: Entwicklung von pathologischem Glücksspiel, strukturelle Gefährdungsmerkmale von Glücksspielen, Gewinnwahrscheinlichkeiten, Trugschlüsse beim Glücksspielen und das Geschäftsmodell der Glücksspielindustrie. Die Unterrichtseinheit wurde von fortgebildeten Lehrkräften durchgeführt (Multiplikatorenmodell). In einer Kontrollgruppenstudie mit blockweiser Randomisierung nach Schultyp und Klassenstufe sind die Wissens-, Einstellungs- und Verhaltenseffekte dieser Intervention untersucht worden. Es fand eine schriftliche Prä- und Post- sowie eine Follow-up-Erhebung statt (im Durchschnitt sieben Wochen nach der Intervention). An den Befragungen haben sich insgesamt 2.109 Schüler*innen von allen Schultypen aus dem Bundesland Schleswig-Holstein beteiligt

(50,4% männlich, Durchschnittsalter: 12,0 Jahre). Die Auswertung erfolgte ad personam als echtes Längsschnittpanel. Die Analysegruppen bestanden aus 888 Experimental- und 1.221 Kontrollschüler*innen. Es wurden Gruppen-Zeit-Interaktionseffekte gemessen. Dabei ergeben sich beim glücksspielbezogenen Wissen und entsprechenden Einstellungen in signifikanter Weise positive Veränderungen in der Experimentalgruppe. In der Kontrollgruppe fielen diese nicht so ausgeprägt (Wissen) bzw. gleichbleibend (Einstellungen) aus. Auch beim Glücksspielverhalten, das hier in einer von wenigen Studien gemessen worden ist, zeigen sich solch positive Wirkungen: In der Experimentalgruppe nimmt es leicht ab, in der Kontrollgruppe steigt es hingegen leicht an. Bei den festgestellten Effekten bleibt es offen, ob diese auf die Glücksspieleinheit allein oder auf das gesamte, vier Module umfassende Unterrichtsprogramm zurückzuführen sind. Ferner handelte es sich um eine sehr junge Befragungsgruppe, so dass die Validität der Angaben zum Glücksspielverhalten zu hinterfragen ist.

Im Folgenden werden die umfassenden Unterrichtsprogramme vorgestellt (insgesamt 8 Evaluationsstudien). Begonnen wird mit einem glücksspielbezogenen Lebenskompetenzprogramm aus Kanada, das 6x70-minütige Einheiten plus einer Zusammenfassungs-Einheit beinhaltete. Es wurde von Lehrkräften in einem Zeitraum von sechs bis sieben Wochen durchgeführt. Dabei konnten die Einheiten in den regulären Unterricht integriert werden. Das Programm wies drei – zumindest teilweise interaktive – Schwerpunktthemen auf: Wissensvermittlung über den Zufall beim Glücksspiel, Förderung von Lebenskompetenzen, Stärkung der Selbstkontrolle/-wirksamkeit. Turner et al. (2008b) haben die Effekte dieses Programms mit einer randomisierten Kontrollgruppenstudie evaluiert. Die Randomisierung fand auf der Schulebene statt; die Zuteilung der Klassen in Experimental- oder Kontrollgruppe wurde in Absprache mit dem Direktor bzw. verantwortlichen Lehrkräften vorgenommen. Das Forschungsdesign sah eine schriftliche Prä-Post-Messung mit einem Follow-up einen Monat nach dem Abschluss der Maßnahme vor. Die Wirkungen des Programms wurden an High-School-Schüler*innen der Klassen 10 und 12 (15–18 Jahre) aus der Provinz Ontario überprüft. Insgesamt rekrutierte sich die Stichprobe aus 201 Schüler*innen (67,2% weiblich) – die beiden Untersuchungsgruppen umfassten jeweils etwa 100 Schüler*innen (EG: n = 100; KG: n = 101). Die statistische Analyse der Befragungsangaben ergab zusammenfassend das folgende Ergebnis (Gruppe-Zeit-Interaktionseffekte): Die Experimentalgruppe verfügt nach der Intervention über ein signifikant besseres Wissen in Bezug auf die Zufälligkeit von Ereignissen als die Kontrollgruppe. Das gleiche Ergebnis ergibt sich für die Selbstkontroll-Fähigkeiten und Problemlösekompetenzen. Zu den Einschränkungen dieser Studie gehört, dass die Randomisierung auf der Schulebene vorgenommen wurde, dass ein Überhang an weiblichen Studienteilnehmenden bestand und dass keine Langzeiteffekte erhoben wurden sind.

Auch bei der nächsten evaluierten Maßnahme ging es neben den glücksspielbezogenen Zielsetzungen um die Stärkung von Lebenskompetenzen bei Jugendlichen. Das interaktive Unterrichtsprogramm „Stacked Deck" bestand aus fünf Basis-Einheiten – jeweils ca. 100 Minuten in einem 2-Wochen-Zeitraum – plus einer optionalen Booster-Einheit, die mindestens vier Wochen nach Abschluss des Standardprogramms stattgefunden hat. Folgende inhaltlichen Bereiche fanden Berücksichtigung: 1. Geschichte und Formen des Glücksspiels, 2. Abhängigkeitspotential der verschiedenen Glücksspiele/Anzeichen problematischen Glücksspiels/Risikofaktoren 3. Trugschlüsse des Glücksspiels, 4. Förderung von Lebenskompetenzen (auch in Bezug auf das Glücksspiel), 5. Wissensquiz (optional). Methodisch kam ein Mix aus Präsentationsfolien, Video, Gruppendiskussionen, Übungen und Spielen zur Anwendung. Evaluiert wurde die Maßnahme in den Jahren 2003 bis 2005, eine dazugehörige Originalarbeit wurde jedoch erst Jahre später veröffentlicht (Williams et al. 2010). Die Forschergruppe untersuchte die Effekte des Programms mit Hilfe einer teilrandomisierten Kontrollgruppenstudie mit insgesamt drei Untersuchungsgruppen: die Experimentalgruppe 1 (EG1) bestand aus dem Standardprogramm; die Experimentalgruppe 2 (EG2) aus dem Standardprogramm plus der Booster-Einheit; in der Kontrollgruppe (KG) wurde keine Intervention durchgeführt. Die Randomisierung erfolgte auf der Schulebene mit einem prozentualen Schlüssel von 75% Experimental- zu 25% Kontrollschüler*innen. Die beiden Experimentalgruppen EG1 und EG2 wurden untereinander nicht randomisiert. Zu Beginn der ersten Einheit erfolgte eine schriftliche Eingangsbefragung, die Follow-up-Erhebung drei bis sieben Monate nach dem Programmende (Ø 4,1 Monate). Diese große Zeitspanne im Follow-up stellt ein Defizit im Untersuchungsdesign dar, da dadurch Aussagen zur Nachhaltigkeit des Programms erschwert werden. An der Befragung beteiligt haben sich insgesamt 1.686 Schüler*innen im Durchschnittsalter von 16,0 Jahren. Dabei handelte es sich zu 53% um männliche Personen. Die Fallzahlen für die drei Untersuchungsgruppen gestalteten sich folgendermaßen: EG1: n = 911; EG2: n = 342; KG: n = 433. Diese ungleichen Fallzahlen können als weitere Schwäche der Studie angesehen werden. Nichtsdestotrotz weisen die ermittelten Interventionseffekte auf die Evidenz des Unterrichtsprogramms hin: Es zeigt sich eine signifikante Zunahme des glücksspielbezogenen Wissens und entsprechender Einstellungen in der EG1 und EG2. Beide Bereiche stellen sich zum Follow-up-Zeitpunkt in der EG2 noch besser als in der EG1. In der KG kommt es hier zu keinen Veränderungen. Bei den Lebenskompetenzen ergeben sich ebenfalls positive Effekte zugunsten der beiden Experimentalgruppen. Ebenso bei den Verhaltensparametern: Der Anteil der Glücksspieler*innen sowie die Spielfrequenz (Anzahl der Spieltage in den letzten 90 Tagen) entwickeln sich bei diesen Gruppen in die gewünschte Richtung, jedoch nicht bei der KG.

Aus Italien kommt ein Präventionsprogramm, das einen Schwerpunkt auf die Korrektur von abergläubischen und fehlerhaften Vorstellungen beim Glücksspiel legte. Es wurde von externen Expert*innen in zwei wöchentlichen Einheiten (jeweils 2 Stunden) durchgeführt. Wie bei der vorgenannten Maßnahme kamen vielfältige Methoden wie Power-Point-Folien, Video, Spielen, Übungsaufgaben, Diskussionen und schriftliche Zusammenfassungen zum Nachlesen zum Einsatz. Eine Evaluationsstudie hierzu haben Donati et al. (2014) vorgelegt. Mit Hilfe einer randomisierten Kontrollgruppe (KG) untersuchte die Arbeitsgruppe die Wissens-, Einstellungs- und Verhaltenseffekte dieser Intervention. Neben der Prä-Post-Messung (zwei Wochen vor und eine Woche nach der Intervention) führten sie eine Follow-up-Messung sechs Monate nach der Intervention durch, die sich aber ausschließlich auf die Experimentalgruppe (EG) bezog. An der Evaluation waren zwei Schulen aus Tuscany beteiligt. Die EG (Präventionsprogramm) bestand aus 145 Schüler*innen, die Kontrollgruppe (ohne Intervention) aus lediglich 36 Schüler*innen. Die EG hatte einen Anteil von 65% männlichen Personen; ihr Durchschnittsalter betrug 16,0 Jahre. Darunter befanden sich 69 Nicht-Problemspieler*innen und 48 Risikospieler*innen (nach SOGS-RA). Die KG wies ähnliche demographische Merkmale wie die EG auf (58% männlich, Durchschnittsalter: 15,9 Jahre). Die statistische Analyse weist die (gewünschten) Prä-Post-Effekte nach: Danach nimmt das glücksspielspezifische Wissen in der EG zu, in der KG nicht. In der EG gehen die falschen Vorstellungen über den Zufall und die finanziellen Gewinnchancen bei Glücksspielen sowie abergläubische Vorstellungen signifikant zurück. Bei den Nicht-Problemspieler*innen ist diese Abnahme deutlicher als bei den Risikospieler*innen. Bei der KG gibt es keine Veränderungen. Wird die Follow-up-Messung hinzugezogen, bleiben in der EG die genannten Parameter gegenüber der Post-Befragung stabil (sowohl in der Gesamtgruppe als auch beim Vergleich „Nicht-Problemspieler*innen" und „Risikospieler*innen"). Ferner sinken der Anteil aktueller Glücksspieler*innen (von 86% auf 73%) sowie derjenige der Risikospieler*innen (von 41% auf 28%) zwischen der Eingangs- und Follow-up-Befragung in signifikanter Weise. Zu diesen eindeutigen Ergebnissen müssen jedoch einige Limitationen formuliert werden: Es bestehen extrem unterschiedliche Fallzahlen in der EG und der sehr kleinen KG. Ebenso hat ein Follow-up nur in der EG stattgefunden. Ferner gab es höhere Verlustraten bei den Teilnehmenden in den Post- und Follow-up-Erhebungen.

Ein inhaltlich breit ausgerichtetes Lebenskompetenzprogramm wurde in der Glücksspielhochburg Macau evaluiert (Luk et al. 2011). Die glücksspielspezifische Zielsetzung dieser Maßnahme bestand darin, die Lebenskompetenzen von Jugendlichen vor dem Hintergrund der Zulassung des Glücksspiels (seit 2002) zu stärken. Das Kernprogramm umfasste insgesamt zehn Stunden und wurde von geschulten Personen (u. a. Lehrkräfte und Sozialarbeiter*innen) durchgeführt. Die Evaluation des Programmes fand an zwei weiterführenden Schulen statt, die einen unterschiedlichen sozioökonomischen und religiösen Hintergrund aufwiesen. Die Erhebungen waren als Querschnittsbefragungen direkt vor und nach der Intervention angelegt. Das Durchschnittsalter der befragten Schüler*innen betrug 13,7 Jahre. Insgesamt haben sich von den beiden Schulen 232 Jugendliche (62,5% männlich) an den Erhebungen beteiligt. Hinsichtlich möglicher glücksspielbezogener Effekte des Programms wurde ausschließlich überprüft, inwieweit sich bei den Schüler*innen die Verhaltensintention verändert, an Glücksspielen teilzunehmen. Die Evaluation zeigt, dass diese nach dem Programm sogar größer ist als vorher. Hierbei ist jedoch zu berücksichtigen, dass diese geringfügige Outcome-Messung, das Fehlen einer Kontrollgruppe sowie die selektive Auswahl der Schulen die Aussagekraft der Studie stark einschränken.

In Rumänien wurde ein umfassendes Präventionsprogramm mit rational-emotiver Ausrichtung entwickelt, das methodisch mit der interaktiven Software „Amazing Château“ (stammt aus Kanada, englische Variante) kombiniert wurde. Inhaltlich ging es in ihm schwerpunktmäßig um Gewinnchancen und Zufall im Glücksspiel sowie den damit verbundenen Kontrollillusionen. Das Programm umfasste zehn wöchentliche Einheiten je 50 Minuten. Durchgeführt wurde es von einem Psychologen und einem Psychiater. Das Forschungsdesign sah – randomisiert – zwei Experimentalgruppen (EG) und eine Kontrollgruppe (KG) vor: EG1 = Programm mit interaktiver Software („Amazing Château“); EG2 = Programm ohne interaktiver Software; KG = ohne Intervention (freie Diskussion) (Lupu & Lupu 2013). Insgesamt fanden im Längsschnitt fünf Erhebungen statt. Es gab eine Prä-, eine Post- und drei Follow-up-Messungen (3, 6 und 12 Monate nach der Maßnahme). Die Stichprobe rekrutierte sich aus 12- und 13-Jährigen der Klassenstufe 6, die alle fließend englisch sprachen (48% davon männlich). Die Fallzahlen für die drei Untersuchungsgruppen waren sehr klein (n = 23 bis 28), was eine deutliche Schwäche der Untersuchung ausmacht. Eine Stärke ist hingegen, dass von der Post- bis zur dritten Follow-up-Befragung eine hundertprozentige Wiedererreichung der Schüler*innen gelang. Bei den Ergebnissen zeigt sich, dass das Wissen über Glücksspiele und kognitive Verzerrungen in allen drei Follow-up-Befragungen in beiden Experimentalgruppen größer ist als in der Kontrollgruppe. Dabei ist der Wissensstand in der EG1 immer besser als in der EG2. So beträgt beispielsweise die Anzahl richtiger Antworten beim Follow-up 3 in der EG1 29, in der EG2 sind es 21 bei insgesamt 38 Fragen. Dass sich die Effektmessung ausschließlich auf die Wissensdimension bezieht, ist als ein weiteres Defizit der Evaluation zu benennen.

Die nächste hier zu nennende Evaluationsstudie bezieht sich auf das gleiche Präventionsprogramm aus Rumänien mit einer identischen Zielgruppe (Klassenstufe 6). Die Studie wurde ebenfalls mit drei Untersuchungsgruppen (EG mit und ohne „Amazing Château", KG) und ähnlich geringen Fallzahlen (N = 24 bis 29) durchgeführt (Todirita & Lupu 2013). Der Unterschied zur vorgenannten Studie liegt darin, dass sie keine Follow-up-Erhebungen beinhaltete. Die Auswertung ergibt auch hier – direkt nach der Intervention – Wissensvorteile der beiden Experimentalgruppen gegenüber der Kontrollgruppe, wobei die Gruppe mit der interaktiven Software noch besser abschneidet als die ohne. Die Anzahl richtiger Antworten bei insgesamt 38 Fragen lauten: EG1 = 28, EG2 = 23, KG = 19. Es gelten die gleichen Limitationen wie bei der vorgenannten Studie.

Erstmals wurde ein webbasiertes Präventionsprogramm mit personalisiertem Feedback zum Spielverhalten und entsprechenden Verhaltenstipps in Italien evaluiert (Canale et al. 2016). Dieses konnte auch im schulischen Kontext eingesetzt werden, richtete sich im Sinne selektiver und indizierter Prävention aber gezielt an jugendliche (Problem-)Glücksspieler*innen. Die Maßnahme war konzipiert als ein vierwöchiges interaktives Trainingsprogramm zu den Themenfeldern Glück und Fähigkeiten, Glück und Zufall, kognitive Verzerrungen sowie Gewinnwahrscheinlichkeiten. Zu ihren Effekten wurde eine randomisierte Studie mit zwei Interventionsgruppen durchgeführt: Die eine Gruppe (EG1) nutzte das webbasierte Programm (inklusive personalisiertem Feedback); in der anderen Gruppe (EG2) fand ausschließlich das personalisierte Feedback statt. Beide Interventionen wurde jeweils in sechs Klassen von Schüler*innen der 9. Klassenstufe einer einzigen Schule mit Hilfe einer schriftlichen Online-Befragung evaluiert (Erhebungen vor und 2 Monate nach der Intervention). Die EG1 bestand bei der Nachbefragung aus 95 Schüler*innen (58,9% männlich, Durchschnittsalter: 15,0 Jahre). Darunter befanden sich 31 Jugendliche, die mindestens einmal die Woche spielten („häufige Spieler"). Die EG2 setzte sich aus 73 Personen (57,5% männlich, Durchschnittsalter: 15,0 Jahre) zusammen, von denen 23 häufige Spieler*innen waren. Unter allen 168 Schüler*innen gab es einen Anteil von 8,3% Problemspielenden (nach SOGS-RA, bezogen auf die letzten 30 Tage). Nach den Ergebnissen der Effektmessung geht in der EG1 der Anteil von Jugendlichen mit glücksspielbezogenen Problemen nach der Intervention signifikant zurück. Bei der EG2 ist es diesbezüglich zu keiner Veränderung gekommen. Ähnliches gilt für den Anteil häufiger Spieler*innen und die Spielfrequenz (letzte 30 Tage). Hierbei ist aber zu beachten, dass es sich um einen kurzen Beobachtungszeitraum von nur zwei Monaten handelt. Ferner konnten bei anderen Zielvariablen keine statistisch bedeutsamen Veränderungen festgestellt werden, zum Beispiel bei Geldeinsätzen und glücksspielrelevanten Einstellungen.

Das letzte evaluierte Programm, das in diesem Kapitel vorgestellt werden soll, gehört im engeren nicht zum schulischen Setting, da es sich an die Zielgruppe der erwachsenen Studierenden (Universität) richtet. Es wird hier aber trotzdem einbezogen, weil es eine deutliche inhaltliche und strukturelle Nähe zu schulbasierten verhaltensbezogenen Interventionen aufweist. Das Programm bestand aus fünf Einheiten (jeweils 50 Minuten) mit Beispielen und Übungen zur Wahrscheinlichkeitsrechnung aus dem Bereich des Glücksspiels, die in eine Einführungsvorlesung zur Statistik bzw. Mathematik integriert wurden. Eine Einheit bezog sich auf Trugschlüsse beim Glücksspiel, vier stellten interaktive Übungen zu spezifischen Gewinnchancen bei einzelnen Glücksspielen dar. Ferner wurde ein ergänzender Text zu Gewinnwahrscheinlichkeiten beim Glücksspiel eingesetzt. Das Ziel dieser Maßnahme war die Verbesserung des statistischen Wissens bei Glücksspielen, damit weniger bzw. kontrollierter gespielt wird. Die Effekte wurden mit der Hilfe von gleich zwei (nicht-randomisierten) Kontrollgruppen überprüft (Williams et al. 2006). Bei der einen Kontrollgruppe (KG1) erfolgte eine standardmäßige Einführungsvorlesung zur Statistik oder Mathematik, bei der anderen Kontrollgruppe (KG2) eine standardmäßige Einführungsvorlesung zur Geschichte oder Soziologie. Insgesamt 470 Studierende in einem Durchschnittsalter von 20,8 Jahren (55% weiblich) beteiligten sich an der schriftlichen Eingangsbefragung. Darunter befanden sich 71% Studierende mit Glücksspielerfahrung bezogen auf die letzten 6 Monate. Bei 8,5% lagen moderate oder schwere Glücksspielprobleme (nach CPGI) vor. Die Fallzahlen für die drei Untersuchungsgruppen gestalteten sich wie folgt: EG: n = 198; KG1: n = 134; KG2: n = 138. Die Beteiligungsquote an der Follow-up-Befragung sechs Monate nach Abschluss der Vorlesung betrug 74%. Es wurden Gruppen-Zeit-Interaktionseffekte im Längsschnitt über diesen Zeitraum gemessen: Danach zeigt sich bei der Experimentalgruppe ein signifikanter Zuwachs von mathematischen Kenntnissen über das Glücksspiel sowie über Trugschlüsse beim Glücksspiel. Bei den beiden Kontrollgruppen kommt es nicht zu solchen Verbesserungen. Beim Verhalten konnten jedoch keine Effekte zugunsten der Experimentalgruppe nachgewiesen werden. Die fehlende Randomisierung und mangelnde Informationen darüber, wie die Unterschiede (u. a. Geschlecht, Spielverhalten) in den drei Untersuchungsgruppen bei den statistischen Auswertungsverfahren berücksichtigt worden sind, schränken die Aussagekraft der Studie ein.

Gesamtbewertung der Evidenz

Es konnten insgesamt 16 Evaluationen, die schulbasierte Programme und Projekte zum Gegenstand haben, in die Literaturanalyse einbezogen werden. Interventionen im schulischen Setting verfolgen zumeist das Ziel der universellen Verhaltensprävention. Konkret stehen dabei der Zuwachs des glücksspielbezogenen Wissens und die Förderung glücksspielkritischer bzw. -rationaler Einstellungsmuster im Vordergrund (z. B. realistische Annahmen über Gewinnchancen). Einige von ihnen setzen auch direkt am Glücksspielverhalten der Zielgruppe an. Die evaluierten Interventionen reichen von kurzen Einheiten, über umfassende Unterrichtsprogramme bis hin – im Einzelfall – zu webbasierten Projekten (s. Tab. 3.9). Bei vielen dieser Maßnahmen konnten positive Wissens- und Einstellungseffekte nachgewiesen werden. Verhaltensbezogene Wirkungen besitzen hier eine nachgeordnete Bedeutung; sie sind auch häufig gar nicht explizites Ziel der Programme, da in den zum Teil sehr jungen Zielgruppen Glücksspiele um Geld eher selten praktiziert werden. Ein großes Defizit dieser Studien ist es, dass sie sich – mit einer Ausnahme – auf einen (sehr) kurzen Beobachtungszeitraum beziehen. Die besten Effekte zeigen hierbei noch die umfassenden Unterrichtsprogramme, die konzeptionell glücksspielbezogene Inhalte mit der Förderung von Lebenskompetenzen verbinden. Insgesamt ist die Güte der Effekte von schulbasierten Interventionen im niedrigen bis mittleren Bereich anzusiedeln.

Tabelle. 3.9: Evidenz evaluierter Interventionen – Schulbasierte Prävention

Studie	Intervention	Präventionsart	Positive Effekte	Forschungsdesign	Bewertung der Intervention*
Ferland 2002	Video „Lucky" zu den Themen Gewinnchancen, Zufall, Kontrollillusionen (20 Min.); französische Version	universelle Verhaltensprävention	Wissen Einstellung	Befragung von Schülern Prä und Post, Experimental- und Kontrollgruppen (randomisiert)	niedrig
Lavoie 2004	Video „Lucky" zu den Themen Gewinnchancen, Zufall, Kontrollillusionen (20 Min.); französische Version	universelle Verhaltensprävention	Wissen Einstellung	Befragung von Schülern Prä und Post, Experimental- und Kontrollgruppen (randomisiert)	niedrig

(*fortgeführt*)

Tabelle. 3.9: Fortsetzung

Studie	Intervention	Präventionsart	Positive Effekte	Forschungsdesign	Bewertung der Intervention*
Ladouceur 2004	Video „Lucky" zu den Themen Gewinnchancen, Zufall, Kontrollillusionen (20 Min.); englische Version	universelle Verhaltensprävention	Wissen Einstellung	Befragung von Schülern Prä und Post, Experimental- und Kontrollgruppen (randomisiert)	niedrig
Ladouceur 2005	Video „Gambling Stories" zu den Themen Wissen & Einstellung (20 Min.)	universelle Verhaltensprävention	Wissen Einstellung	Befragung von Schülern Prä, Post und Follow-up (1 Monat), Experimental- und Kontrollgruppen	niedrig
Ladouceur 2003	kurze, interaktive Unterrichtseinheit (60 Min.)	universelle Verhaltensprävention	Wissen Einstellung	Befragung von Schülern Prä und Post, Experimental- und Kontrollgruppen (randomisiert)	niedrig
Turner 2008a	kurze, interaktive Unterrichtseinheit (60 Min.)	universelle Verhaltensprävention	Akzeptanz Wissen	Befragung von Schülern Prä, Post und Follow-up (2 Monate), Experimental- und Kontrollgruppen	niedrig
Taylor 2009	kurze, interaktive Unterrichtseinheit (45 Min.); Multiplikatorenkonzept	universelle Verhaltensprävention	Wissen	Befragung von Schülern Prä und Post (ohne Kontrollgruppe)	niedrig
Walther 2013	kurze, interaktive Unterrichtseinheit (90 Min.); Multiplikatorenkonzept	universelle Verhaltensprävention	Wissen Einstellung Verhalten	Befragung von Schülern Prä, Post und Follow-up (7 Wochen), Experimental- und Kontrollgruppen (randomisiert)	mittel
Turner 2008b	interaktives Unterrichtsprogramm; 6 x 70-minütige Einheiten	universelle Verhaltensprävention	Wissen Einstellung (Lebenskompetenzen)	Befragung von Schülern Prä, Post und Follow-up (1 Monat), Experimental- und Kontrollgruppen (randomisiert)	mittel

Tabelle. 3.9: Fortsetzung

Studie	Intervention	Präventionsart	Positive Effekte	Forschungsdesign	Bewertung der Intervention*
Williams 2010	interaktives Unterrichtsprogramm „Stacked Deck"; 5 x 100-minütige Einheiten plus optionaler Booster-Einheit	universelle Verhaltensprävention	Wissen Einstellung Verhalten (Lebenskompetenzen)	Befragung von Schülern Prä und Follow-up (3 bis 7 Monate), Experimental- und Kontrollgruppen (randomisiert)	mittel
Donati 2014	interaktives Unterrichtsprogramm, 4 x 60-minütige Einheiten	universelle Verhaltensprävention	Wissen Einstellung Verhalten	Befragung von Schülern Prä, Post und Follow-up (6 Monate), Experimental- und Kontrollgruppen (randomisiert)	mittel
Luk 2011	Lebenskompetenzprogramm; 10 Stunden	universelle Verhaltensprävention	keine Effekte	Befragung von Schülern Prä und Post (ohne Kontrollgruppe)	keine
Lupu 2013	interaktives Unterrichtsprogramm, 10 x 50-minütige Einheiten	universelle Verhaltensprävention	Wissen	Befragung von Schülern Prä, Post und drei Follow-up-Messungen (3, 6 und 12 Monate), Experimental- und Kontrollgruppen (randomisiert)	niedrig
Todirita 2013	interaktives Unterrichtsprogramm, 10 x 50-minütige Einheiten	universelle Verhaltensprävention	Wissen	Befragung von Schülern Prä und Post, Experimental- und Kontrollgruppen (randomisiert)	niedrig
Canale 2016	webbasiertes Programm, über 4 Wochen	selektive, indizierte Verhaltensprävention	Verhalten	Befragung von Schülern Prä und Follow-up (2 Monate), Experimentalgruppen (randomisiert)	mittel
Williams 2006	Unterrichtsprogramm für Studierende, 5 x 50-minütige Einheiten integriert in Statistik/Mathe-Vorlesung	universelle, selektive Verhaltensprävention	Wissen Einstellung	Befragung von Studierenden Prä und Follow-up (6 Monate), Experimental- und Kontrollgruppen	niedrig

*siehe die Erläuterungen unter der Tabelle 3.1.

3.10 Personalisiertes Feedback

Im Allgemeinen stützt sich die Maßnahme des personalisierten Feedbacks auf die Präventionsidee, über die individuelle Rückmeldung von Konsummustern Verhaltensänderungen hervorzurufen. Diese Form der Kurzintervention soll die Zielpersonen in die Lage versetzen, ihr eigenes Spielverhalten besser zu reflektieren bzw. im Vergleich zu einer bestimmten Referenzgruppe angemessen bewerten und entsprechend anpassen zu können. Zwar variiert die konkrete inhaltliche Ausgestaltung von personalisierten Feedbackmaßnahmen in der Praxis mitunter erheblich. Ungeachtet dessen lassen sie sich jedoch grundsätzlich dem Spektrum der selektiven und/oder indizierten Verhaltensprävention zuordnen. Zugleich erfolgt die Rückmeldung des Spielverhaltens in der Regel glücksspielformübergreifend bzw. zumindest auf ein breiteres Marktsegment bezogen (z. B. alle Online-Glücksspiele eines Internetanbieters). Im Ganzen liegen sieben Evaluationsstudien zur Wirksamkeit des personalisierten Feedbacks vor, die mehrheitlich auf Längsschnittdaten fußen. Es können experimentelle Forschungsansätze im Offline-Bereich (4 Publikationen) von Feldstudien mit objektiven Spielverhaltensdaten im Online-Bereich (3 Publikationen) unterschieden werden.

Aus den USA stammte eine experimentell angelegte Untersuchung im Querschnitt mit 136 glücksspielerfahrenen College-Studierenden (55% männlich, Durchschnittsalter: 19 Jahre). Die randomisierte kontrollierte Studie (Celio & Lisman 2014) umfasste neben der Experimentalgruppe (EG) mit einem personalisierten normativen Feedback eine Kontrollgruppe (KG), bei der glücksspielunabhängige Sachinformationen präsentiert wurden. Als Messzeitpunkte dienten eine Baseline-Erhebung unmittelbar vor der Intervention sowie Post-Erhebungen direkt danach bzw. eine Woche später. Dabei inkludierte die Datenerhebung sowohl Selbstberichte (u. a. zur Wahrnehmung des Ausmaßes der Glücksspielaktivitäten in der Peer-Gruppe) als auch zwei PC-gestützte Tests zum Risikoverhalten. Die Intervention enthielt insgesamt drei Informationseinheiten: (1) eine Rückmeldung über das eigene Spielverhalten, (2) ein Feedback zur individuellen Einschätzung darüber, wie viel in der Peer-Gruppe gespielt wird und (3) Fakten zum tatsächlichen Ausmaß der Spielaktivitäten in der Peer-Gruppe. Übergeordnetes Ziel dieser Maßnahme war es, Fehlwahrnehmungen über das Ausmaß der Nachfrage nach Glücksspielen einer Bezugsgruppe zu korrigieren, was wiederum der Kontrolle des eigenen Spielverhaltens dienlich sein sollte. In der Gesamtbetrachtung verweisen die Studienbefunde in die gewünschte Richtung: Zum einen schätzen die Teilnehmer*innen der EG die Glücksspielaktivitäten der Peers nach der Intervention realistischer ein (d. h.

nach den Selbstangaben nehmen Glücksspielhäufigkeit, jährliche Geldausgaben für Glücksspiele und größter Verlust pro Tag auf Seiten der Peers ab). Zum anderen deuten die Verhaltenstests einen weniger starken bzw. überhaupt keinen Anstieg des Risikoverhaltens in der EG an. Als Hauptlimitationen lassen sich das Fehlen von Längsschnittdaten und die wenig transparente Darstellung des „Norm-Samples" (als Basiseinheit des normativen Feedbacks) anführen, die die Aussagekraft der Studie jeweils deutlich einschränken.

Eine weitere Untersuchung zum Nutzen des personalisierten normativen Feedbacks wurde in Kanada durchgeführt und richtete sich an erwachsene Problemspieler*innen (Cunningham et al. 2012). Wichtige methodische Eckpfeiler dieser randomisierten kontrollierten Studie waren zwei Experimentalgruppen (EG1: personalisiertes normatives Feedback, EG2: personalisiertes Feedback ohne die normativen Daten einer repräsentativen Vergleichsgruppe) und eine Kontrollgruppe (Wartelistengruppe, hier fand die Intervention 6 Monate später statt) sowie vier Messzeitpunkte: Neben der Baseline-Erhebung mittels telefonischer Interviews erfolgten die weiteren Datenerhebungen mittels schriftlicher Befragungen 3, 6 und 12 Monate nach der Intervention. Zu dieser Intervention zählten insgesamt vier Komponenten: (1) Angaben zum eigenen Spielverhalten im Vergleich zu einer repräsentativen Gruppe kanadischer Spieler*innen gleichen Geschlechts, (2) Informationen zum eigenen glücksspielbezogenen Problemstatus, (3) Informationen zu den eigenen glücksspielbedingten kognitiven Verzerrungen und (4) Tipps für Techniken, weniger riskant zu spielen. Als Ziel wurde die Verringerung der Spielhäufigkeit bzw. die Förderung eines kontrollierten Spielverhaltens ausgegeben. Der Stichprobe gehörten 209 Problemspieler*innen an (PGSI-Wert ≥ 3). Hiervon waren 52,6% männlich, das Durchschnittsalter belief sich auf 46,6 Jahre. Nach zwölf Monaten konnten noch 69,9% des initialen Samples erreicht werden. Die Evaluationsergebnisse verweisen auf einzelne signifikante Interaktionseffekte von Gruppe und Zeit auf der Verhaltensebene: So verringert sich die Anzahl der Spieltage in der EG2 kontinuierlich bis zum 12-Monats-Follow-up. Ein entsprechender Rückgang konnte für die EG1 nur zwischen dem 3-Monats- und dem 6-Monats-Zeitraum beobachtet werden. In der Gesamtschau legen die Befunde somit überraschenderweise nahe, dass mit dem personalisierten normativen Feedback keine wesentlichen Positiveffekte verbunden sind. Wohl aber scheint ein Nutzen von personalisierten Feedback-Interventionen im Allgemeinen (ohne Hinzuziehung der normativen Daten einer Vergleichsgruppe) auszugehen. Trotz des elaborierten Studiendesigns werfen vor allem die Selektivität der Stichprobe und das Fehlen einer echten Kontrollgruppe zum 12-Monats-Follow-up Fragen nach der Allgemeingültigkeit der Ergebnisse auf.

Martens et al. (2015) publizierten empirische Daten aus den USA zum präventiven Nutzen des personalisierten Feedbacks. Die hier im Fokus stehende Maßnahme in Form einer Druckvorlage umfasste unter anderem Informationen (1) zum eigenen Spielverhalten im Vergleich zum geschätzten und tatsächlichen Spielverhalten einer Referenzgruppe (Studierende derselben Universität), (2) zum eigenen glücksspielbezogenen Problemstatus, (3) zu selbstidentifizierten Risikosituationen und deren Vermeidung sowie (4) zu selbstberichteten Glücksspiel-Mythen bzw. kognitiven Verzerrungen. Hauptintention der Intervention war die Verringerung der Spielhäufigkeit bzw. die Reduzierung glücksspielbezogener Probleme; als Zielgruppe wurden College-Student*innen mit „Glücksspiel-Belastungen" definiert. Die Studienanlage sah drei Untersuchungsgruppen vor, und zwar eine Experimentalgruppe (EG1, n = 111) mit dem personalisierten Feedback, eine zweite Experimentalgruppe (EG2, n = 113) mit reinen Sachinformationen zum Thema Glücksspielsucht und eine Kontrollgruppe (KG, n = 109) ohne Intervention im klassischen Sinne (nur Datenerhebung). Die Gruppenzuordnung der zu etwa 60% männlichen Proband*innen fand offenbar zufällig statt (Durchschnittsalter in allen Subgruppen: ca. 22 Jahre). Alle über E-Mail rekrutierten Teilnehmer*innen hatten in den letzten 60 Tagen am Glücksspiel teilgenommen und wiesen zudem zumindest erste Anzeichen einer Glücksspielproblematik auf. Für die Analysen standen Selbstberichtsdaten zur Verfügung, die zur Baseline und im 3-Monats-Follow-up (nahezu ohne Stichprobenausfälle) schriftlich erhoben worden sind. Von den zahlreichen möglichen Gruppenunterschieden fallen im Längsschnitt lediglich zwei signifikant aus: Zum einen berichten die Mitglieder der EG1 im Vergleich zur KG von geringeren Geldeinsätzen für Glücksspiele. Damit einher geht zum anderen eine deutlich niedrigere glücksspielbezogene Symptombelastung nach CPGI in der EG1 (vs. KG). Zwischen EG1 und EG2 ließen sich jedoch keine statistisch bedeutsamen Differenzen ermitteln. Im Übrigen waren Positiveffekte sogar in der KG zu beobachten. Ferner erschweren die unzureichende Beschreibung der Datenerhebung zum Follow-up und die oberflächliche Darstellung der Intervention die Befundeinordnung in substanzieller Weise. Insbesondere bleibt offen, wie diese Maßnahme in Form einer Druckvorlage konkret in die Praxis umgesetzt werden kann.

Eine vierte Evaluationsstudie aus den USA richtete sich ebenfalls an College-Studierende mit glücksspielbezogenen Problemen (Neighbors et al. 2015). Im Fokus stand eine Intervention in Form eines personalisierten normativen Feedbacks, das computerbasiert erfolgte und insgesamt etwa 5 Minuten andauerte. Die Komponenten des Feedbacks beinhalteten (1) das eigene

Spielverhalten, (2) die Einschätzung des Spielverhaltens einer Peer-Gruppe (hier: College-Student*innen desselben Geschlechts), (3) das tatsächliche Spielverhalten der Peer-Gruppe und (4) die Einordnung des eigenen Spielverhaltens im Vergleich zu den Peers (Referenzquelle: Repräsentativerhebung von Studierenden derselben Universität). Als proximales Präventionsziel wurde die Korrektur von Fehlwahrnehmungen bezüglich des Spielverhaltens der Peer-Gruppe vorgegeben (d. h. Korrektur sozialer Normen), weiterführend sollte dadurch eine Reduzierung von Glücksspielproblemen eintreten. Das Untersuchungsdesign folgte den Standards einer randomisierten kontrollierten Studie und fußte auf einer Experimental- (EG: geschlechtsspezifisches personalisiertes normatives Feedback) sowie einer Kontrollbedingung (KG: glücksspielirrelevante Sachinformationen). Daneben waren drei Messzeitpunkte vorgesehen, wobei die Baseline-Befragung in schriftlicher Form vor Ort an der Universität stattfand und die Datenerhebungen zum 3-Monats- bzw. 6-Monats-Follow-up jeweils als Online-Befragungen konzipiert wurden. Die Stichprobe setzte sich aus 252 College-Student*innen zusammen, die nach SOGS zumindest erste Anzeichen einer Glücksspielproblematik zeigten (d. h. SOGS-Wert ≥ 2). Knapp 60% des ethnisch heterogen besetzten Samples waren männlich, das Durchschnittsalter betrug 23,1 Jahre. Knapp 90% der Proband*innen lieferten Daten zu allen drei Messzeitpunkten. Die Evaluationsbefunde verweisen gleich in mehrfacher Hinsicht auf Positiveffekte: Bezogen auf das Glücksspielverhalten lässt sich in der EG eine Verringerung der Geldverluste (zu beiden Follow-ups) und eine Minimierung glücksspielbedingter Belastungen nach SOGS (nur nach drei Monaten) beobachten. Darüber hinaus sind Interventionseffekte auch auf der Ebene sozialer Normen evident: So reduzieren sich sowohl die wahrgenommenen Geldverluste als auch die wahrgenommenen Geldgewinne der Peer-Gruppe in der EG deutlich. Im Ganzen erweist sich diese gut durchdachte Studie als sehr aussagekräftig. Erwähnenswerte Mängel beziehen sich allenfalls auf die ausschließliche Verwendung von Selbstberichtsdaten, die selektive Stichprobe (College-Student*innen) und die weitgehend unklar gebliebene Einbindung des Präventionstools in die Praxis.

Ein zweiter Evidenzstrang setzt auf die Analyse von objektiven Spielverhaltensdaten (Informationen aus Datenbanken) und kompensiert damit ein Stück weit die grundsätzlich mit Selbstangaben verbundenen Limitationen. In diesem Zusammenhang werteten Auer und Griffiths (2015a) die Realdaten eines Online-Glücksspielanbieters aus, bei dem das Präventionstool mentor zum Einsatz kam. Mentor beinhaltete im Kern ein personalisiertes Feedback zum

Spielverhalten, das von den Kund*innen freiwillig genutzt werden konnte. Einzelne Elemente umfassten Rückmeldungen via Pop-up-Fenster zu Gewinnen, Verlusten, der Spielzeit, der Anzahl der Spieltage und der Anzahl nachgefragter Spielformen sowie damit korrespondierende Informationen zum Spielverhalten eines durchschnittlichen Lotto- bzw. Kasinospielers zu Vergleichszwecken. Das Hauptziel der Intervention war die Förderung eines kontrollierten Spielverhaltens, als Zielgruppe ließen sich alle Online-Glücksspieler*innen definieren. Zusammengenommen bezog sich der Untersuchungszeitraum auf einen Monat, wobei jeweils die 14 Tage vor und 14 Tage nach der Registrierung bei mentor im Fokus standen (Verlaufsdaten). Vorauszuschicken ist zudem, dass nur etwa 10% der täglich aktiven Spieler*innen auf mentor zurückgriffen (ca. 3% aller Spieler*innen). Die Kernanalysen basierten auf einer Experimentalgruppe (EG), die mentor in Anspruch nahmen (n = 1.015), und einer hinsichtlich ausgewählter Merkmale gematchten Kontrollgruppe (KG) von aktiven Spieler*innen ohne mentor-Erfahrung (n = 15.216). Statistische Gruppenvergleiche bestätigen, dass die Nutzung von mentor nachfolgend zu einer Verringerung sowohl der Spielzeit als auch des theoretischen Verlustes (Einsatzhöhe x Hausvorteil) führt und damit tatsächlich gewünschte Verhaltensänderungen hervorruft. Allerdings bringt diese Evaluationsstudie markante Schwächen mit sich. Hierzu zählen in erster Linie der sehr kurze Untersuchungszeitraum, die Selektivität der Stichprobe in Form einer kleinen Subgruppe von Kund*innen eines einzigen Online-Glücksspielanbieters, die stark variierenden Größen beider Untersuchungsgruppen sowie die ermittelten Effektstärken, die ausnahmslos als gering einzustufen sind.

Einen etwas höheren Komplexitätsgrad weist in diesem Kontext eine zweite Evaluationsstudie von Auer und Griffiths (2016) auf, die sich auf Online-Glücksspieler*innen sowie verschiedene Feedbackvarianten bezieht. Der Fokus lag dieses Mal auf Online-Kund*innen des norwegischen Glücksspielanbieters Norsk Tipping (Gesamtpopulation: n = 69.631). Während die methodischen Eckpfeiler mit der Analyse von Spielverhaltensdaten (Zeitfenster hier: 7 Tage vor und 7 Tage nach der Intervention) stark an die Vorgängerstudie von Auer und Griffiths (2015a) erinnerten, wichen Intervention und Forschungsdesign davon ab. So standen verschiedene Arten von Informationen zur Überprüfung an: (1) ein personalisiertes Feedback zu den eigenen Spielverlusten/Monat, (2) ein normatives Feedback mit personalisierten Daten zu den eigenen Spielverlusten/Monat inklusive Vergleich mit einem Durchschnittsspielenden sowie (3) allgemeine Handlungsempfehlungen vornehmlich über die Präventionstools von Norsk Tipping. Im Zuge eines randomisierten Kontrollgruppendesigns wurden insgesamt fünf Experimentalgruppen (EGs) und eine

Kontrollgruppe (KG) gebildet. Es fand eine Zufallsauswahl von n = 17.442 aktiven Spieler*innen statt, die in dem Monat vor Studiendurchführung einen Nettoverlust aufwiesen (69,1% männlich; Durchschnittsalter: 40,5 Jahre). Hiervon nahmen schließlich n = 5.528 (RR: 31,7%) an der Untersuchung teil. Die Evaluationsbefunde verweisen darauf, dass die Proband*innen der EGs (in den Analysen zusammengefasst) ihr Spielverhalten im Vergleich zur KG in signifikanter Weise verringern. Diese Beobachtung gilt für alle Outcome-Variablen (theoretischer Verlust, Einsatzhöhe, Nettoverlust). Auf deskriptiver Ebene sind die größten Veränderungen im Hinblick auf den theoretischen Verlust in derjenigen EG erkennbar, die personalisiertes Feedback und allgemeine Handlungsempfehlungen kombiniert. Im Ganzen lassen sich eine Vielzahl an Studienlimitation anführen, die unter anderem den sehr kurzen Untersuchungszeitraum, die geringen Effektgrößen, den nicht näher beschriebenen Randomisierungsprozess, die Unklarheit über die jeweiligen Größen der Subgruppen und die Selektivität des Samples (nur Kund*innen einer einzigen Glücksspielwebsite) umfassen. Hauptkritikpunkt ist aber die Zusammenlegung der EGs im Rahmen der statistischen Analysen, was eine differenzierte Wirkungsaussage verhindert. Es bleibt letztlich unklar, welche präventiven Effekte von welcher Interventionsart ausgehen.

Eine weitere Evaluationsstudie, die empirische Daten zum Nutzen des personalisierten Feedbacks präsentiert, kommt aus Schweden (Wood & Wohl 2015). Erneut fußte der Studienansatz auf der Analyse von Online-Spielverhaltensdaten im Zeitverlauf. Dieses Mal standen Kund*innen von Svenska Spel im Zentrum, die auf freiwilliger Basis das Präventionstool Playscan nutzten. Playscan lieferte ein personalisiertes Feedback zum Spielverhalten mit Hilfe eines Ampelsystems: Grün bedeutete ein unproblematisches Spielverhalten, gelb verwies auf ein riskantes Spielverhalten und rot zeigte ein problematisches Spielverhalten an. Die algorithmische Beurteilung des Risikostatus erfolgte auf der Grundlage eines 10-wöchigen Beobachtungszeitraums. Dabei lag der Fokus auf einzelnen Glücksspielen (d. h. kein spielformübergreifendes Feedback). Hauptziel war die Förderung einer verantwortungsbewussten Spielteilnahme bzw. die Veränderung riskanter Spielmuster. Ähnlich wie bei Auer und Griffiths (2015a) wurde die Experimentalgruppe mit Interventionserfahrung einer in Bezug auf relevante Merkmale gematchten Kontrollgruppe (KG) ohne Interventionserfahrung gegenübergestellt. Ferner umfasste das Forschungsdesign drei Messzeitpunkte, und zwar in der Woche des Feedbacks (Prä), in der Nachfolgewoche (Post) und 24 Wochen später (Follow-up). Zur Stichprobe zählten n = 779 Individuen (89,1% männlich) aus einer Population von insgesamt 1,5 Millionen registrierten Spieler*innen. Davon nahmen 65.000 Personen Playscan in Anspruch. Die gematchte KG setzte sich ebenfalls aus n = 779 Individuen zusammen. Die Ergebnisse verweisen auf Positiveffekte mit Blick auf die Einzahlungssumme und das Einsatzvolumen. So verringern die Proband*innen mit grünem Feedback ihre Einzahlungen sowohl zum Post- als auch zum Follow-up-Messzeitpunkt. Dasselbe gilt für Spieler*innen mit gelbem Feedback zum Follow-up. Über alle Subgruppen hinweg kann zur Post-Erhebung auch ein „Weniger" an Spieleinsätzen verzeichnet werden. Zum Follow-up ist es wiederum die Subgruppe mit gelbem Feedback, die entsprechende Positiveffekte vorweist. Interessanterweise scheint die Intervention damit am ehesten für Risikospieler*innen (gelbes Feedback) zu greifen. Aufgrund der Selektivität der Stichprobe (freiwillige Nutzung von PlayScan, Rekrutierung über eine einzige Onlinewebsite etc.) muss der Generalisierungsanspruch der Befunde ungewiss bleiben. Ebenfalls lässt sich die Güte des Feedbacks aufgrund von fehlenden Informationen nur rudimentär beurteilen.

Gesamtbewertung der Evidenz
Dieses Kapitel nimmt Bezug auf sieben Evaluationsstudien, die sich im internationalen Kontext mit dem Nutzen des personalisierten Feedbacks als Spielerschutzmaßnahme beschäftigt haben. Generell ist das personalisierte Feedback als Kurzintervention der selektiven und/oder indizierten Verhaltensprävention zuzuordnen. Im weiteren Sinne lassen sich alle aktiven Glücksspieler*innen als Zielgruppe definieren. Dabei liefern sowohl experimentell angelegte Forschungsstudien mit Selbstberichtsdaten als auch die Analyse von objektiven Spielverhaltensdaten wertvolle Hinweise auf die Wirksamkeit des personalisierten Feedbacks auf der Verhaltensebene. Auch wenn bei der Mehrheit der Untersuchungen gravierende methodische Mängel nicht zu leugnen sind, ist jeweils eine Studie jedes Forschungsstrangs mit einer hohen bzw. mittleren Evidenzgüte assoziiert (s. Tab. 3.10). Ähnlich wie bei den Sperrprogrammen (s. Kap. 3.4) gestaltet sich eine direkte Gegenüberstellung der einzelnen Publikationen aufgrund der inhaltlichen Heterogenität der umgesetzten Maßnahmen allerdings als schwierig. Bei der Bewertung wäre daher auf jeden Fall darauf zu achten, was personalisiertes Feedback im Einzelfall genau meint. Weiterhin fällt ausnahmslos die Selektivität der Stichproben auf, die eine weiterführende Befundgeneralisierung streng genommen nicht erlauben. Zusammenfassend kann festgehalten werden, dass personalisiertes Feedback zwar eine vielversprechende Präventions- bzw. Interventionsmaßnahme darstellt, jedoch noch wichtige offene Fragen insbesondere zu den Wirkmechanismen und Effektgrößen existieren. Zum jetzigen Zeitpunkt ist die Güte der Effekte von personalisierten Feedbackmaßnahmen demzufolge im niedrigen bis mittleren Bereich anzusiedeln.

Tabelle. 3.10: Evidenz evaluierter Interventionen – Personalisiertes Feedback

Studie	Intervention	Präventionsart	Positive Effekte	Forschungsdesign	Bewertung der Intervention*
Celio 2014	personalisiertes normatives Feedback: eigenes Spielverhalten, Einschätzung des Spielverhaltens der Peers und tatsächliches Spielverhalten der Peers	selektive, indizierte Verhaltensprävention	Einstellung Verhalten	randomisierte kontrollierte Studie mit zwei Messzeitpunkten: (1) Baseline-Erhebung plus Intervention und Post-Erhebung; (2) weitere Post-Erhebung eine Woche später	niedrig
Cunningham 2012	personalisiertes normatives Feedback: eigenes Spielverhalten im Vergleich zu einer Referenzgruppe, eigener glücksspielbezogener Problemstatus, eigene glücksspielbedingte kognitive Verzerrungen und generelle Tipps für ein weniger riskantes Spielverhalten	indizierte Verhaltensprävention	Verhalten	randomisierte kontrollierte Studie mit vier Messzeitpunkten: Baseline-Erhebung sowie Follow-ups nach 3, 6 und 12 Monaten	niedrig
Martens 2015	personalisiertes Feedback: u. a. eigenes Spielverhalten im Vergleich zum geschätzten und tatsächlichen Spielverhalten einer Referenzgruppe, eigener glücksspielbezogener Problemstatus, selbstidentifizierte Risikosituationen sowie deren Vermeidung und selbstberichtete Glücksspiel-Mythen bzw. kognitive Verzerrungen	indizierte Verhaltensprävention	Verhalten	randomisierte kontrollierte Studie mit zwei Messzeitpunkten: Baseline-Erhebung und 3-Monats-Follow-up	niedrig

(fortgeführt)

Tabelle. 3.10: Fortsetzung

Studie	**Intervention**	**Präventionsart**	**Positive Effekte**	**Forschungsdesign**	**Bewertung der Intervention***
Neighbors 2015	personalisiertes normatives Feedback: eigenes Spielverhalten, Einschätzung des Spielverhaltens der Peers, tatsächliches Spielverhalten der Peers und Einordnung des eigenen Spielverhaltens im Vergleich zu den Peers	indizierte Verhaltensprävention	Einstellung Verhalten	randomisierte kontrollierte Studie mit drei Messzeitpunkten: Baseline-Erhebung und 3-Monats- sowie 6-Monats-Follow-up	hoch
Auer 2015	personalisiertes Feedback (mentor): Gewinne, Verluste, Spielzeit, Anzahl der Spieltage, Anzahl nachgefragter Spielformen und Informationen zum Spielverhalten eines durchschnittlichen Lotto-/Kasinospielers	selektive, indizierte Verhaltensprävention	Verhalten	Kontrollgruppen-Design mit Spielverhaltensdaten (Verlaufsdaten 14 Tage vor und 14 Tage nach der Intervention)	niedrig
Auer 2016	(personalisiertes) Feedback in verschiedenen Varianten	selektive, indizierte Verhaltensprävention	Verhalten	randomisiertes Kontrollgruppen-Design mit Spielverhaltensdaten (Verlaufsdaten 7 Tage vor und 7 Tage nach der Intervention)	niedrig
Wood 2015	personalisiertes Feedback zum Spielverhalten mittels eines Ampelsystems (Playscan)	selektive, indizierte Verhaltensprävention	Verhalten	Kontrollgruppen-Design mit Spielverhaltensdaten im Längsschnitt (3 Messzeitpunkte: Prä = in der Woche des Feedbacks, Post = Nachfolgewoche, Follow-up = 24 Wochen später)	mittel

*siehe die Erläuterungen unter der Tabelle 3.1.

3.11 Telefonberatung

Das Ziel von Telefonberatung ist es, ein Unterstützungs- und Informationsangebot für problematische und pathologische Glücksspieler*innen und deren Angehörige zu schaffen. Eine zentrale Aufgabe bildet dabei die Vermittlung in weiterführende Hilfeeinrichtungen. Im Kontext des vorliegenden Reviews lässt sich die Telefonberatung als eine Maßnahme der indizierten Verhaltensprävention einstufen. Es konnten nur zwei Studien gefunden werden, die ein solches Angebot evaluiert haben.

Die eine Originalarbeit stammt aus Australien (Shandley & Moore 2008). Dort gab es ein anonymes telefonisches Beratungsangebot („Gambler's Helpline") mit dem Selbstverständnis, eine erste Kontaktstelle für Weitervermittlungen an andere Hilfeangebote (z. B. ambulante Beratung, Selbsthilfe, Schuldnerberatung) zu sein. Die Evaluation wurde auf der Grundlage von telefonischen Interviews mit Anrufer*innen durchgeführt. Dabei hat eine Post-Befragung direkt nach dem ersten Kontakt zur Telefonberatung stattgefunden; die Follow-up-Erhebung erfolgte einen Monat später. Die Zufriedenheit mit dem Angebot wurde mit Hilfe des FUQIC erhoben („Follow Up Questionnaire Interpersonal Counselling"), der aus drei Items besteht (s. u.). An den Post-Interviews haben sich 90 Personen beteiligt. Das waren 35% von allen angefragten Anrufenden. Darunter befanden sich 63,3% weibliche Personen und 71,1% Glücksspieler*innen, die alle ein problematisches Glücksspielverhalten aufwiesen. Für 64,4% war es der erste Kontakt zur Gambler's Helpline. Beim Follow-up konnten 56 der Teilnehmenden wieder erreicht werden (62,5% weiblich; 75,0% Glücksspielende). Von diesen – so ein erstes Ergebnis der Evaluation – haben 42 einen Weitervermittlungsvorschlag erhalten (z. B. ambulante Beratung, Selbsthilfe), von denen wiederum 66,7% auch einen Termin vereinbart haben. Die Auswertung des FUQIC (Post) ergibt zufriedenstellende Akzeptanzwerte: 66,7% stimmen vollkommen mit der Aussage überein, dass sie sich „vom Berater verstanden fühlen" (Item 1). Bei der Aussage „die Beratung war hilfreich" (Item 2) triff dies auf 50,0% der Befragten zu; bei der Aussage „zufrieden mit der Beratung" (Item 3) auf 64,4%. Ferner zeigen sich bei der Lebensqualität (n = 42) in allen zehn abgefragten Lebensbereichen (z. B. Familie, Gesundheit) signifikante Verbesserungen beim Follow-up gegenüber der Post-Befragung. Zahlreiche Limitierungen schränken die Aussagekraft der Evaluation aber ein: Zum einen wurden Auswertungen vorgenommen, die nicht zwischen den Subgruppen Glücksspieler*innen und Angehörige differenzieren. Zum anderen fehlen wichtige Informationen zum telefonischen Beratungsangebot (z. B. Erreichbarkeitszeiten, Profession der Berater*innen).

Es wurden auch keine Angaben zur Entwicklung des Spielverhaltens erhoben. Schließlich handelt es sich um einen kurzen Beobachtungszeitraum mit kleinen Fallzahlen.

Die zweite Evaluation betraf eine Telefonberatung in der Provinz Quebec in Kanada (Ferland et al. 2013). Hierbei handelte es sich um eine kostenfreie, anonyme und rund um die Uhr geschaltete Helpline für Personen mit Glücksspielproblemen und deren Angehörige. Die Evaluationsmethodik bestand aus 115 Testanrufen bei der Helpline. Diese wurden nach standardisierten Skripten zu variierenden Uhrzeiten von geschulten Student*innen durchgeführt (im Zeitraum Januar bis März 2009). Damit sollte die Angemessenheit der erteilten Informationen und Ratschläge in drei Bereiche überprüft werden: Weitervermittlung (n = 56), Information (n = 48), Unterstützung (n = 11). Die Gespräche wurden aufgenommen, in einem Erfassungsbogen dokumentiert und systematisch ausgewertet. Nach den Ergebnissen der Auswertung erhalten 87% aller Anrufe einen positiven Angemessenheitswert. Für die drei getesteten Bereiche ergeben sich die folgenden Werte: Informationen (77,1%), Weitervermittlung (92,9%), Unterstützung (100%). Bei der Frage nach der Weitervermittlung schneiden die Testgespräche bei den Glücksspielenden signifikant besser ab als bei den Angehörigen (100% versus 75%). Die Ergebnisse können jedoch – im Sinne sozialer Erwünschtheit – dadurch beeinflusst sein, dass die Berater*innen Kenntnis von der Studie und dem Untersuchungszeitraum hatten (nicht jedoch von den konkreten Anrufzeiten). Des Weiteren fehlt eine Angabe zu der Anzahl der getesteten Berater*innen – so bleibt die Bezugsgrundlage unklar. Die letzte methodische Einschränkung betrifft den Umstand, dass die Bestimmung des „Angemessenheits-Wertes“ nicht näher erläutert wird.

Gesamtbewertung der Evidenz

Die Telefonberatung stellt eine Maßnahme der indizierten Verhaltensprävention dar, weil sie sich (auch) an problematische Glücksspieler*innen richtet. Insgesamt liegen zu dieser Angebotsform nur zwei Evaluationsstudien vor (s. Tab. 3.11). In der einen Studie wurden die Akzeptanz der Beratung sowie kurzfristige Veränderungen in der Lebensqualität der Anrufenden erfasst. In der anderen Studie wurde mit Hilfe von Testanrufen die Angemessenheit der Reaktionen der Berater*innen untersucht. Dieses Vorgehen kann als eine Überprüfung der Umsetzung ihres Aufgabenspektrums angesehen werden. Bei beiden Studien fallen die Evaluationsergebnisse positiv aus. Zu den (kurz- bis langfristigen) Auswirkungen der Beratung auf Verhaltensparametern machen die Studien jedoch keine Aussagen. Deshalb führt der (ungenügende) Erkenntnisstand zu einer Bewertung dieser Interventionsform als niedrig.

Tabelle. 3.11: Evidenz evaluierter Interventionen – Telefonberatung

Studie	Intervention	Präventionsart	Positive Effekte	Forschungsdesign	Bewertung der Intervention*
Shandley 2008	anonymes telefonisches Beratungsangebot für problematische/ pathologische Glücksspieler und Angehörige; Verständnis als erste Kontaktstelle („Clearingstelle“)	indizierte Verhaltensprävention	Akzeptanz (Lebensqualität)	Befragung von Klienten/ Kunden Post und Follow-up (1 Monat)	niedrig
Ferland 2013	kostenfreie, anonyme und vertrauliche Helpline für Personen mit Glücksspielproblemen und deren Angehörige	indizierte Verhaltensprävention	Umsetzung: 87% aller Fälle	Testanrufe	niedrig

*siehe die Erläuterungen unter der Tabelle 3.1.

3.12 Erkennen von und Intervenieren bei Problemspieler*innen

Das Erkennen von und Intervenieren bei Problemspieler*innen ist eine wichtige Maßnahme der indizierten Verhaltensprävention. Auch bei Personalschulungen spielen diese beiden Aufgaben als Lernziele eine bedeutsame Rolle (s. Kap. 3.3). Es wurden insgesamt vier Evaluationsstudien gefunden, die diese Maßnahmen unabhängig von Personalschulungen untersucht haben.

In den schweizerischen Kasinos gab es ein Monitoring zum Erkennen von und Intervenieren bei Problemspieler*innen. Dieses System – genannt ReGaTo („Responsible Gambling Tool“) – sah eine von den Kasinomitarbeiter*innen vorgenommene EDV-gestützte Erfassung von Früherkennungskriterien und einen differenzierten Interventionskatalog vor. Es wurde in 17 von 19 Kasinos in der Schweiz eingesetzt. Die 20 verschiedenen Kriterien differierten nach starken und leichten Auffälligkeiten im Spielverhalten (7 A- und 13 B-Kriterien). In Abhängigkeit von den Kriterien sollten verschiedene Maßnahmen ergriffen werden, beispielsweise die gezielte Beobachtung von Gästen, ein Gespräch führen oder eine Empfehlung für eine Spielersperre aussprechen. Das System wurde im Rahmen der Grundausbildung oder einer spezifischen Weiterbildungsmaßnahme geschult. Die Evaluation bestand aus der Auswertung von ReGa-To-Daten von sechs Kasinos aus dem Jahr 2006 (Häfeli & Lischer 2010). Die Stichprobe umfasste 1.543 Früherkennungsfälle mit 2.234 Merkmalen. Danach werden leichte Auffälligkeiten (B-Kriterien) häufiger dokumentiert als starke (A-Kriterien); das Verhältnis beträgt 85,7% zu 14,3%. Das am häufigsten erfasste B-Kriterium lautet „regelmäßiger Spieler" (27,3%); bei den A-Kriterien ist dies „bestätigte Hinweise Dritter" (35,1%). Beim Kriterium „regelmäßiger Spieler" erfolgt in 4,2% der Fälle eine Intervention. Von allen im Jahr 2006 gesperrten Spieler*innen (n = 1.759) sind nur 16,6% vom Früherkennungssystem erfasst worden. In der Studie werden insgesamt betrachtet nur ganz wenige Ergebnisse präsentiert. Ferner fehlen soziodemographische und spielbezogene Angaben über die Auswertungsgruppe. Es wird auch keine Validierung der Erkennungsmerkmale bzw. Interventionsschritte im engeren Sinne vorgenommen. Insgesamt bleibt somit die Bedeutung der Befunde für die Praxis gering.

Delfabbro et al. (2012) haben im Bundesstaat South Australia überprüft, inwieweit das Personal in Spielstätten mit Poker Machines (Automatenspiel) Problemspieler*innen identifizieren kann. Dazu haben sie eine Einmalbefragung von Gästen und eine sich anschließende erfahrungsgestützte Fremdbeurteilung (Erfassungsbogen) durch das Personal durchgeführt. Die Untersuchung fand in sieben Spielstätten mit jeweils ca. 30 Spielgeräten zu verschiedenen Wochentagen und Tageszeiten statt. Insgesamt wurden 303 Gäste befragt (64,4% Frauen, Durchschnittsalter: 53 Jahre). Darunter befanden sich 8,6% Problemspieler*innen (nach PGSI). Nicht alle Gäste waren dem Personal bekannt; nur bei einem Teil konnte deshalb eine Fremdbeurteilung abgegeben werden. Danach werden von den 22 Problemspieler*innen acht Personen weitgehend richtig identifiziert (36,4%), d. h. als Personen, bei denen zumindest eine Glücksspielproblematik vermutet werden kann. Ferner hat das Personal von 147 nicht oder wenig riskant spielenden Gästen 132 Personen (weitgehend) richtig erkannt (89,8%). Als Limitierung dieser Studie lässt sich vor allem festhalten, dass unklar bleibt, auf welcher Erfahrungs- und Wissensbasis die Einschätzung des Personals überhaupt erfolgte. So werden keine Angaben zur Berufsdauer und zum Schulungsstand des Personals präsentiert.

In Deutschland wurde ebenfalls das Intervenieren bei Problemspieler*innen in Spielhallen überprüft (Meyer et al. 2015a). Als angemessene Reaktionen galten hier unter anderem: Ansprechen, Verhaltenstipps, Ausgabe von Informationsmaterialien, Empfehlung für und Einrichten von Spielersperren. Die Evaluierung wurde mittels Testbesuche in Bremer Spielhallen durchgeführt.

Hierbei sind von geschulten Personen ein Problemspielverhalten simuliert und die Reaktionen des Spielstättenpersonals erfasst worden. Das Alter der geschulten Testspieler*innen betrug 20 bis 29 Jahre. Es handelte sich um 13 männliche und 16 weibliche Student*innen. Jede Person suchte ausschließlich eine Spielhalle auf (n = 29 Testbesuche). Das Hauptergebnis der durchgeführten Testbesuche ist, dass lediglich in sechs von 112 Fällen (5%) das Personal auf erkennbare Merkmale problematischen Spielverhaltens angemessen reagiert hat. In 19 von 29 Fällen (66%) kam es nach der expliziten Ansprache der Spielersperre durch den Testspielenden entweder zum Ignorieren oder zu wissentlicher oder unwissentlicher Fehlinformation. Letztendlich konnte in 18 Fällen (62%) eine Spielersperre, ein Hausverbot oder ein anderweitiges Sperrabkommen abgeschlossen werden. Zur Einordnung diesen (negativen) Ergebnissen ist einschränkend zu formulieren, dass es sich um eine kleine Stichprobe handelt (Pilotstudie nur in einem Bundesland) und somit die Repräsentativität der Ergebnisse unklar bleibt.

Tomei und Zumwald (2016) veröffentlichten kürzlich eine weitere Studie aus der Schweiz. Hierbei ging es um das Erkennen und Intervenieren bei Problemspieler*innen, die in Restaurants und Bars Geldspielautomaten (VLTs) spielen. Es wurde eine schriftliche Einmalbefragung von Besitzern und Angestellten von Restaurants und Bars mit VLTs durchgeführt. Daran beteiligten sich 177 Personen, die mindestens seit sechs Monaten über Erfahrungen in einem Betrieb mit VLTs verfügten (56,5% Männer, Durchschnittsalter: 45,3 Jahre). Nach den Ergebnissen der Befragung sehen sich fast alle Befragten (meistens) in der Lage, Problemspieler*innen unten ihrer Kundschaft zu erkennen (96,7%). Von denjenigen, die ein problematisches Spielverhalten erkannt haben, intervenieren 31,3% jedoch nicht. Unter den Angestellten tun dies Männer signifikant häufiger als Frauen (69,5% zu 50,1%). Angestellte Frauen geben hierfür an erster Stelle an, dass sie Angst vor negativen Reaktionen des Gastes haben, wenn sie intervenieren (89,2%). Auch bei dieser Studie stellt sich die Frage nach der Verallgemeinerbarkeit der Ergebnisse, weil es sich um kein repräsentatives Sample handelt, denn beispielsweise erfolgte ein Ausschluss nicht-französisch sprechender Personen. Ferner wurde das Verhalten nur sehr pauschal abgefragt und nicht die verschiedenen Interventionsoptionen erfasst.

Gesamtbewertung der Evidenz

Zum Erkennen von und Intervenieren bei Problemspieler*innen liegen bisher nur wenige empirische Erkenntnisse vor. Es ist hier ein großer Forschungsbedarf zu konstatieren. Die einbezogenen Evaluationsstudien – vier an der Zahl – zeigen, dass schon auf der Ebene des Erkennens deutliche Probleme bestehen (s. Tab. 3.12). Dabei ist dieses eine Voraussetzung für ein angemessenes

Intervenieren, um eine potentielle Maßnahme indizierter Verhaltensprävention erfolgreich zur Anwendung zu bringen. Darüber hinaus kann zu den Auswirkungen unterschiedlicher Interventionsoptionen (z. B. Ansprache, Sperrempfehlung, Ausgabe von Informationen) bisher überhaupt keine Aussage getroffen werden. Insgesamt führen deshalb der ungenügende Erkenntnisstand sowie die bisherigen Evaluationsbefunde zu einer aktuell eher schlechten Bewertung dieser Interventionsart.

Tabelle. 3.12: Evidenz evaluierter Interventionen – Erkennen von und Intervenieren bei Problemspieler*innen

Studie	Intervention	Präventionsart	Positive Effekte	Forschungsdesign	Bewertung der Intervention*
Häfeli 2010	Erkennen und Intervenieren bei Problemspielern; EDV-gestützte Erfassung von Früherkennungskriterien und Interventionen	indizierte Verhaltensprävention	Umsetzung: 16,6% der gesperrten Spieler vom Früherkennungssystem erfasst	Auswertung von Daten eines Früherkennungssystems (Kasinos)	keine
Delfabbro 2012	Erkennen von Problemspielern	indizierte Verhaltensprävention	Umsetzung: 36,4% der Problemspieler werden richtig identifiziert	Einmalbefragung von Gästen und anschließende erfahrungsgestützte Fremdbeurteilung durch das Personal (Automatenspiel)	niedrig
Meyer 2015a	Intervenieren bei Problemspielern	indizierte Verhaltensprävention	Umsetzung: bei 5% der Fälle angemessen reagiert	Testbesuche in Spielhallen	keine
Tomei 2016	Erkennen und Intervenieren bei Problemspielern	indizierte Verhaltensprävention	Umsetzung: 96,7% erkennen meistens Problemspieler; von diesen intervenieren 31,3% nicht.	Einmalbefragung von Besitzern und Angestellten von Restaurants und Bars (Automatenspiel)	niedrig

*siehe die Erläuterungen unter der Tabelle 3.1.

4. Diskussion

4.1 Allgemeine Befundeinordnung

Übergeordnetes Ziel des vorliegenden systematischen Reviews war es, die aktuellen Erkenntnisse zur Wirksamkeit von Spieler- und Jugendschutzmaßnahmen, ausgehend von den gesetzlichen Bestimmungen des Staatsvertrages, lege artis zusammenzufassen und evidenzgestützte Implikationen für seine Weiterentwicklung aufzuzeigen. Das methodische Vorgehen ist dabei gleich in dreifacher Hinsicht als innovativ zu bezeichnen: Erstens garantierte die inhaltliche Breite der Literaturrecherche, dass tatsächlich alle relevanten Maßnahmen mit potentiellem präventivem Mehrwert in das Blickfeld gerieten. Zweitens fußte die regelgeleitete Literaturrecherche bewusst auf technisch eng formulierten Einschlusskriterien. Dieser Schritt diente generell dazu, einer willkürlichen Studienauswahl entgegenzuwirken bzw. den Forschungsprozess mit einer hohen Transparenz auszustatten und damit die Ergebnisse prinzipiell reproduzierbar zu machen. Darüber hinaus sollten a priori nur diejenigen Primärstudien ausgewählt werden, die sich bereits einer Art Qualitätskontrolle unterzogen hatten (so mussten die Originalarbeiten in peer-reviewten Fachzeitschriften veröffentlicht sein). Drittens zeichnete sich dieses Vorgehen durch seine Aktualität aus (Literaturauswahl bis einschließlich 2016). Aufgrund dessen lässt sich diesem systematischen Review, auch im internationalen Vergleich, durchaus ein Alleinstellungsmerkmal attestieren.

Insgesamt fällt die Bewertung des wissenschaftlichen Kenntnisstandes sowohl unter quantitativen als auch unter qualitativen Gesichtspunkten mäßig bis zufriedenstellend aus. Die Tabelle 4.1 fasst alle identifizierten Primärstudien nach Interventionsart und Evidenzgüte zusammen, wobei noch einmal erwähnt werden soll, dass schon bei einer Bewertung mit „niedrig" vereinzelnd positive Outcomes einer Intervention vorliegen (z. B. hohe Akzeptanz). Trotz der Breite der Literaturrecherche ließen sich zusammengenommen 115 Primärstudien mit geeigneten empirischen Befunden finden; aufgrund des exponentiellen Zuwachses an Fachpublikationen im Glücksspielbereich in den letzten Jahren (vgl. Meyer & Bachmann 2017) waren hier deutlich mehr Studien erwartet worden. Aus der Übersichtstabelle geht hervor, dass bei zwei verhältnispräventiven Maßnahmen – Verfügbarkeitsreduktion und Spielersperre – die Effekte aufgrund der Befunde in den Einzelstudien zusammenfassend mit „mittel" bewertet werden können. Fünf weitere Maßnahmen gelten in der Zusammenschau als „niedrig/mittel" wirksam: Personalschulungen, Aufklärungsvideos, Aufklärungsprogramme bzw. -projekte für Erwachsene, schulbasierte Präventionsansätze und personalisiertes Feedback. Bei allen anderen

Interventionen ist die Güte der bisher nachgewiesenen Effekte niedriger. Für einzelne Bereiche, wie etwa Werberestriktionen oder Rauchverbote, existieren bislang überhaupt keine Wirksamkeitsüberprüfungen. Auch wenn in der jüngsten Vergangenheit in diesem Kontext eine steigendende Studienanzahl zu verzeichnen war (s. Tab. 2.6), bleiben zum Teil erhebliche Forschungsdefizite erkennbar (vgl. für ähnliche Feststellungen mit Drawson et al. 2017 oder Ladouceur et al. 2017). Als positives Gegenbeispiel lassen sich die Forschungsaktivitäten zur schulbasierten Glücksspielsucht-Prävention (mit 16 Treffern) anführen. Nicht umsonst haben sich schon vier aktuelle Übersichtsarbeiten (Keen et al. 2017; Kourgiantakis et al. 2016; Ladouceur et al. 2013; Oh et al. 2017) genau mit diesem Gegenstand beschäftigen können.

Tabelle. 4.1: Bewertung aller Interventionen im Überblick*

Verhältnisprävention	keine	niedrig	mittel	hoch	insgesamt
Verfügbarkeitsreduktion	-	3	4	-	mittel
Alterskontrollen	3	1	-	-	keine/niedrig
Personalschulungen	-	4	2	1	niedrig/mittel
Spielersperre	-	3	5	1	mittel
Technischer Spielerschutz	3	6	5	-	niedrig
Pre-Commitment	1	6	1	-	niedrig
Responsible Gambling Tools	-	3	-	-	niedrig
Verhaltensprävention					
Aufklärung					
- **Öffentliche Kampagnen und Informationsmaterialien**	-	5	-	-	niedrig
- **Videos**	-	2	2	-	niedrig/mittel
- **Programme und Projekte für Erwachsene**	-	2	2	-	niedrig/mittel
- **Informationen an Spielgeräten**	2	17	2	-	niedrig
Schulbasierte Prävention	1	10	5	-	niedrig/mittel
Personalisiertes Feedback	-	5	1	1	niedrig/mittel
Telefonberatung	-	2	-	-	niedrig
Erkennen von und Intervenieren bei Problemspieler*innen	2	2	-	-	keine/niedrig

*Bewertung der Intervention = Effekte unter Berücksichtigung der Qualität des Forschungsdesigns und der Interventionsart. „Niedrig" = Studien, bei denen (zumindest) Akzeptanz und Nutzung der entsprechenden Intervention nachgewiesen worden sind. „Hoch" = Studien, bei denen Verhaltenseffekte in einem hochwertigen Forschungsdesign mit randomisierten Kontrollgruppen nachgewiesen worden sind. „Mittel" = In diese Kategorie fallen Originalarbeiten, die sich zwischen den beiden Polen „niedrig" und „hoch" bewegen. Hierzu zählen beispielsweise Studien, bei denen Wissens- und/oder Einstellungseffekte in einem Forschungsdesign mit methodischen Schwächen nachgewiesen worden sind.

Unter quantitativen Gesichtspunkten ist ferner festzuhalten, dass verhältnismäßig viele Originalarbeiten aus Kanada stammen (vgl. Tab. 2.5). Ein Grund hierfür dürfte in der dort vorherrschenden hohen Verfügbarkeit des Glücksspiels bzw. den mannigfaltigen Spielanreizen im Allgemeinen (vgl. Smith 2013) und der damit gekoppelten Notwendigkeit einer effektiven Präventionspraxis zur Minimierung glücksspielbedingter Folgeschäden liegen (einschließlich entsprechender Förderstrukturen für Forschungsprojekte). Aus Deutschland flossen fünf Primärstudien (4,3% aller Treffer) in die jeweiligen Bewertungen mit ein. Dieser Umstand deckt sich mit einer aktuellen Übersichtsarbeit zu Evaluationen aus Deutschland, die zwischen 2010 und 2016 veröffentlicht wurden (unter Berücksichtigung der sog. grauen Literatur; s. Kalke & Buth 2018). Auch dort erwiesen sich insgesamt nur 11 Primärstudien als relevant. Offenbar steckt die glücksspielbezogene Evaluationsforschung hierzulande, wie Kalke und Buth (2018) schlussfolgern, tatsächlich noch in den Kinderschuhen.

Wird der Blick darüber hinaus auf qualitative Aspekte erweitert, ergibt sich ebenfalls ein eher durchwachsenes Bild. So bringen lediglich drei Originalarbeiten unter Beachtung des Forschungsdesigns und der Interventionsart eine Evidenzgüte mit sich, die nach den vorliegenden strengen Kriterien und unter Beachtung der hier im Fokus stehenden Fragestellung als hoch gilt. Damit ist Ladouceur et al. (2017) grundsätzlich zuzustimmen, die den internationalen Forschungsstand als „im Entstehen begriffen“ ansehen und daher von der Formulierung von sehr konkreten und umfassenden Good-Practice-Strategien oder -Prinzipien zum jetzigen Zeitpunkt weitgehend abraten. Ladouceur et al. (2017) listen selbst 29 Primärstudien auf, darunter bemerkenswerterweise nur eine einzige Quelle aus Deutschland (Hayer & Meyer 2011b zur Online-Selbstsperre). Vor diesem Hintergrund ist explizit auch für den nationalen Kontext die Forderung nach weiteren, möglichst qualitativ hochwertigen Evaluationsstudien zu stellen, deren Ergebnisse im Idealfall in peer-reviewten Fachzeitschriften zu platzieren sind, um sich im Vorfeld einer Veröffentlichung einer fachkritischen Prüfung zu unterziehen. Ergebnisdeterminierte Stellungnahmen oder Auftragsgutachten (z. B. Haucap et al. 2017; Peren 2017), die mitunter bereits im Titel eine objektive „faktenbasierte Evaluierung des Glücksspielstaatsvertrages“ bzw. alternativlose Denkansätze („zu Fakten gibt es keine Alternative“) suggerieren, erweisen sich aufgrund ihrer Einseitigkeit und ihren zum Teil gravierenden methodischen wie inhaltlichen Mängeln als wenig dienlich für einen konstruktiven Fachdiskurs in Bezug auf eine evidenzgestützten Weiterentwicklung des Staatsvertrages. Insgesamt bleibt zu hoffen, dass sich die nationale wie internationale Forschungslandschaft zukünftig sowohl quantitativ (Studienanzahl) als auch qualitativ (Studiengüte) weiter verbessert.

4.2 Bereichsspezifische Befundeinordnung

Ungeachtet dessen bleibt festzuhalten, dass eine Erfolg versprechende Suchtpräventionspraxis immer eine multidimensionale und multifunktionale Aufgabe verkörpert, die im Sinne eines Policy-Mix sowohl verhältnis- als auch verhaltenspräventive Elemente umfasst. Die hier vorliegenden empirischen Ergebnisse (vgl. Tab. 4.1) bestätigen für den Glücksspielbereich die Notwendigkeit, ebenfalls auf beide Stoßrichtungen zu setzen. Zunächst kann an dieser Stelle aus dem Spektrum der Verhältnisprävention der Nutzen von Verfügbarkeitsreduktionen hervorgehoben werden (vgl. Williams et al. 2012). Offenbar bringen sowohl Begrenzungen der Griffnähe und Verfügbarkeit von Glücksspielen im Allgemeinen als auch die Heraufsetzung von Altersgrenzen im Speziellen einen suchtpräventiven Mehrwert mit sich. Diese Befunde decken sich mit langjährigen Erfahrungen etwa aus dem Alkoholbereich, nach denen sich insbesondere diejenigen strukturellen Interventionen als effektiv erwiesen haben, die auf eine Verfügbarkeitseinschränkung abzielen (wie z. B. die gesetzliche Erhöhung des Mindestalters für den Kauf und Konsum für Alkohol; vgl. die Übersichtsarbeit von Kraus et al. 2008). Ähnlich argumentiert Hanewinkel (2008), der Restriktionen im Hinblick auf die Abgabe und den Vertrieb von Tabakwaren zu den wichtigsten Handlungsstrategien der Tabakkontrollpolitik zählt (z. B. die Heraufsetzung des legalen Bezugsalters für Tabakprodukte oder die Einschränkung ihrer Griffnähe durch Kartennutzung beim Kauf über Zigarettenautomaten). Zudem finden sich in der grauen Glücksspiel-Literatur weitere empirische Hinweise auf Positiveffekte von Verfügbarkeitsreduktionen (vgl. etwa mit der Studie von Corporate Research Associates [2006] aus Nova Scotia, Kanada, nach der eine relativ umfangreiche Reduzierung des Gesamtbestandes der Video Lottery Terminals um 30% zu einer deutlichen Verringerung der Spielteilnahme führte). Allerdings sei einschränkend angemerkt, dass alle hier inkludierten Primärstudien auf Forschungsdesigns basieren, die zum einen kurz- bis mittelfristig angelegt waren und zum anderen keine echten Kontrollgruppen vorsahen. Wissenschaftlich abgesicherte Aussagen zur Nachhaltigkeit jener Effekte unter Berücksichtigung möglicher Verlagerungen der Glücksspielaktivitäten in andere Marktsegmente lassen sich somit nur bedingt treffen. Trotz dieser Einschränkungen stellt sich aus der Perspektive der Suchtforschung zusammenfassend nicht mehr die Frage ob, sondern vielmehr in welcher Form die Verfügbarkeit von Glücksspielen zu begrenzen ist. Maßnahmen, die das Spielangebot einschränken, sind daher an sich zu begrüßen, wenngleich sich das im Staatsvertrag verankerte Instrument von Mindestabständen bzw. seine konkrete Umsetzung auf Landesebene sicherlich als diskussionswürdig erweist (Hayer 2017).

Ferner sollte hierzulande – aufgrund der besonderen Vulnerabilität Jugendlicher für die Entwicklung glücksspielbezogener Probleme (Hayer 2012) – das generelle Teilnahmeverbot für Minderjährige beibehalten und regelmäßig überprüft werden. Auch wenn der Forschungsstand in Sachen Alterskontrolle als defizitär anzusehen ist, verweisen empirische Erkenntnisse aus dem Alkoholbereich darauf, dass das sogenannte „Mystery Shopping" die Verkaufspraxis langfristig tatsächlich verändern kann (z. B. Erickson et al. 2013; Scheuber et al. 2008). Gerade die Ausarbeitung von Mindeststandards für ihre Umsetzung und damit die Präzisierung der im Staatsvertrag ohnehin verankerten Testkäufe bzw. Testspiele mit minderjährigen Personen (§ 4, Abs. 3) dürfte zu einer Akzeptanzerhöhung beim Verkaufspersonal beitragen.

Ein weiterer, zu umfassenden Präventionsprogrammen obligatorisch dazugehöriger Bereich bezieht sich auf Personalschulungen und die damit verbundene Idee, geeignete strukturelle Rahmenbedingungen für einen „gelebten Spielerschutz" (u. a. für Prozesse der Früherkennung und Frühintervention) vor Ort zu schaffen. Auf den ersten Blick scheinen die empirischen Befunde der Primärstudien sehr vielversprechend auszufallen, da sie in konsistenter Weise auf Wissenszuwächse bei den Zielpersonen verweisen. Allerdings fußen diese Effektivitätsüberprüfungen nahezu ausnahmslos auf Selbstberichten, so dass sozial erwünschte Antworttendenzen insbesondere bei Post-Befragungen in zeitlicher Nähe zur Intervention nicht auszuschließen sind. Ohnehin stellen Outcomes wie ein zusätzlicher Wissenserwerb oder Einstellungsmodifikationen bestenfalls die Voraussetzungen für die eigentliche Zielvariable dar, die in Verhaltensänderungen auf Seiten des Personals bzw. in einem noch weiteren Verständnis in Verhaltensänderungen auf Seiten der Problemspieler*innen besteht. Es muss daher zum jetzigen Zeitpunkt offen bleiben, ob der Transfer der in den Personalschulungen erworbenen Kompetenzen in zeit- und situationsstabiles, praxisrelevantes Verhalten tatsächlich erfolgt (vgl. Hayer et al., 2018). Spätestens an dieser Stelle sind auch bestehende Interessenkonflikte und damit das Spannungsverhältnis zwischen ökonomischen Interessen – und hier konkret die Sicherung des eigenen Arbeitsplatzes – auf der einen Seite und substanziellen Bemühungen um den Spielerschutz (einhergehend mit möglichen Umsatzeinbußen) auf der anderen Seite anzusprechen. Vor dem Hintergrund von derartigen Ambivalenzen dürfte der Nutzen von (isoliert betrachteten) Personalschulungen begrenzt sein.

Grundsätzlich positiv stimmen die Evaluationsbefunde zur Spielersperre. In Einklang mit anderen Reviews (vgl. Gainsbury 2014; Kotter et al. 2018a; Ladouceur et al. 2017) attestiert die vorliegende Abhandlung dem Instrument der Selbstsperre positive Auswirkungen auf verschiedenen Ebenen. Ein großes Manko bisheriger Forschungsaktivitäten ist jedoch erneut das nahezu vollständige Fehlen von Kontrollgruppen; empirisch belastbare Aussagen zu den zugrundeliegenden Wirkmechanismen können zum jetzigen Zeitpunkt nicht getroffen werden. Ob die Selbstsperre an sich oder aber andere Faktoren (z. B. zusätzliche Inanspruchnahme formeller Hilfen, hohes Ausmaß an individueller Änderungsbereitschaft) für diese Effekte verantwortlich zu machen sind, lässt sich auf Basis der Datenlage infolgedessen nicht bestimmen. Darüber hinaus existierten bis Ende 2016 weder empirische Erkenntnisse zur Wirksamkeit vom Fremdsperren, die durch Dritte initiiert werden (vgl. für erste empirische Positivbelege mit Kotter et al. 2018b), noch zu validen Kriterien zum Vorgang der Entsperrung (vgl. ausführlich hierzu mit Hayer et al. 2018). Unabhängig davon umfasst eine sicherlich überwiegend konsensfähige Forderung die Etablierung eines zentralisierten, segmentübergreifenden Sperrsystems, das alle Spielformen mit mittlerem oder hohem Suchtpotential miteinschließt. Ein Hauptziel muss prinzipiell darin bestehen, die Wahrscheinlichkeit von Ausweichverhalten und Migrationsbewegungen zu anderen Glücksspielangeboten bestmöglich zu verhindern (vgl. Hayer et al. 2018). Insgesamt sollte auf diese, im Suchtbereich einmalige Möglichkeit einer individuellen Verfügbarkeitsbeschränkung somit auf keinen Fall verzichtet und die angesprochenen Optimierungspotentiale bei der Fortschreibung des Staatsvertrages beachtet werden.

Im Allgemeinen wird dem technischen Spielerschutz in der Fachliteratur eine hohe Bedeutung beigemessen. So lässt sich zwar in überzeugender Weise herleiten, dass Eingriffe in das Game Design eines Glücksspiels, wie etwa Begrenzungen der Ereignisfrequenz, Limitierungen von Einsatz-, Gewinn- und Verlustmöglichkeiten oder der Verzicht auf überzufällig häufig auftretende Fast-Gewinne (vgl. vornehmlich in Bezug auf das Automatenspiel Hayer 2010; Meyer et al. 2010; Meyer & Bachmann 2017; Schüll 2012), das jeweilige Suchtpotential verringern und infolgedessen ein effizientes Mittel der Suchtbekämpfung darstellen. Die empirischen Evaluationsbefunde können diese These jedoch nur in Ansätzen bestätigen. Ein Hauptproblem der bisherigen Arbeiten bezieht sich dabei auf die Qualität der Studiendesigns, die oftmals nur marginale Veränderungen einzelner Veranstaltungsmerkmale in den Fokus gerückt haben. Als bedingt effektiv hat sich bis zum jetzigen Zeitpunkt lediglich das Verbot von Geldscheinakzeptoren und die damit assoziierte Reduktion der Einsatzhöhe herausgestellt. Zukünftig sollte daher die Grundlagenforschung zum technischen Spielerschutz verstärkt werden. Ein möglicher Ansatzpunkt umfasst die Einrichtung eines „Glücksspiel-Labors“, das eine systematische Variation des Game Designs beim Automatenspiel unter kontrollierten Bedingungen erlauben würde (inkl. der Untersuchung der Auswirkungen auf das Spielverhalten bei verschiedenen Spielergruppen). Eine weitere Option bezieht sich auf die

Entwicklung eines Geldspielautomaten mit „Responsible Gambling-Elementen“ und seine modellhafte Erprobung im Echtbetrieb in ausgewählten Spielstätten (inkl. der Erforschung seiner Akzeptanz bei den Kund*innen).

Pre-Commitment-Systeme verkörpern eine besondere Form des technischen Spielerschutzes und basieren auf verbindlich vorgegebenen oder selbst gewählten Limitierungen der Spielzeit bzw. bestimmter finanzieller Parameter (d. h. Höchstgrenzen beim Einsatz-, Verlust- oder Gewinnvolumen). Auch wenn vereinzelt gewünschte Effekte auf der Verhaltensebene feststellbar sind, relativieren in der Gesamtbetrachtung aller Primärstudien insbesondere die kurzen Untersuchungszeiträume sowie die in der Regel geringen Inanspruchnahmeraten (bei Freiwilligkeit) den positiven Gesamteindruck. In Einklang mit dieser eher kritischen Sichtweise bilanzieren Ladouceur et al. (2012) im Zuge ihres Reviews, dass es für eine eindeutige Aussage zur Wirkung eines Pre-Commitment-Systems als zuverlässigem Präventionsinstrument noch verfrüht sei. Gleichwohl deutet sich ein Mehrwert für einen kleinen Teil der Nutzer*innen an, was hier unter dem Strich die Empfehlung ihres Einsatzes in der Praxis rechtfertigt. Da die Wirkung von Pre-Commitment-Systemen unmittelbar von ihrer konkreten Ausgestaltung abhängen dürfte (z. B. verpflichtende vs. freiwillige Grenzen, Höhe der Limits, Möglichkeiten ihrer individuellen Veränderung), sollten diese Details im Vorfeld der Implementierung unter Hinzuziehung fachlicher Expertisen bestimmt und anschließend begleitend evaluiert werden.

Schließlich sei für den Bereich der Verhältnisprävention der Vollständigkeit halber noch erwähnt, dass weder für Werberestriktionen noch für Rauchverbote empirische Wirksamkeitsnachweise vorliegen. Aus theoretischer Sicht sprechen verschiedene Gründe für den präventiven Nutzen dieser beiden Maßnahmen. Zum Beispiel zählen umfassende Werbe- bzw. Promotionsverbote für Tabakprodukte zu den elementaren Bausteinen einer erfolgreichen Gesundheitspolitik (Hanewinkel 2008). Für den Glücksspielbereich konnten Planzer et al. (2014) ermitteln, dass sich in Ländern mit einer weniger restriktiven Regulation der Werbung für Online-Glücksspiele eine höhere Rate problematischen Spielverhaltens zeigt. Darüber hinaus dürften massenmediale Vermarktungsstrategien gerade das Interesse junger Menschen für Glücksspiele wecken und die Konsumgewohnheiten nachhaltig beeinflussen (Clemens et al. 2017; Hayer 2012). In Hinblick auf Rauchverbote verweisen einige Veröffentlichungen zumindest auf kurzfristige Umsatzeinbußen im Anschluss an ihre Einführung (vgl. mit den Reviews von Kalke et al. 2012a; Williams et al. 2012). So werden Spieler*innen möglicherweise durch Rauchpausen und der damit verbundenen Auszeit in die Lage versetzt, das eigene Spielverhalten besser reflektieren bzw. die Gesamtspielzeit verringern zu können. Weitere Forschungsprojekte sollten sich diesen

Domänen auf jeden Fall annehmen. Dieselbe Forderung gilt im Übrigen aufgrund der quantitativ wie qualitativ sehr dünnen Befundlage grundsätzlich auch für die Responsible Gambling Tools von Online-Glücksspielanbietern. Erste Forschungsbemühungen diesbezüglich sind in Deutschland erkennbar (vgl. Kalke & Buth 2015 zur Evaluation der Internetsozialkonzepte ausgewählter Lotteriegesellschaften bzw. Buth & Kalke 2016 zur wissenschaftlichen Bewertung des Internetsozialkonzeptes einer Wohlfahrtslotterie) und zukünftig weiter voranzutreiben.

Als erste Maßnahme aus dem Spektrum der Verhaltensprävention stehen Aufklärungsansätze zur Diskussion. Insgesamt bleibt festzuhalten, dass vergleichsweise viele Primärstudien (34 von 115 bzw. 29,6%) diesem Bereich zuzuordnen sind. Diese Beobachtung fällt wegen der inhaltlichen Breite des Begriffs „Aufklärung" erwartungsgemäß aus. Deshalb bot sich eine weiterführende Differenzierung der Einzelmaßnahmen in die folgenden vier Unterkategorien an: öffentliche Kampagnen und Informationsmaterialien, Videos, Programme und Projekte für Erwachsene sowie Informationen an Spielgeräten. Bei diesen Unterkategorien dominieren Evaluationsbefunde zu Informationen an Spielgeräten mit 21 Treffern. Dieser relativ hohen Studienanzahl steht jedoch eine eher mäßige Evidenzlage gegenüber, die somit nur bedingt eine Ableitung von wissenschaftlich fundierten Handlungsempfehlungen zulässt. Auf jeden Fall sollte aber die Vermittlung von Präventionsbotschaften an Spielgeräten in dynamischer Weise (z. B. in Form von Pop-up-Fenstern), mit wechselnden Inhalten (z. B. zu Risiken rund um das Glücksspiel oder zu gängigen kognitiven Verzerrungen), an prominenter Stelle (z. B. in der Mitte der Bildschirme mit hinreichender Schriftgröße) und mit hohem Aufforderungscharakter für die Zielgruppe erfolgen. Gerade die statisch präsentierten Informationen an Geldspielautomaten über Piktogramme muten im digitalen Zeitalter anachronistisch an und überzeugen weder in Botschaft, Größe noch Aufmachung (vgl. Hayer & von Meduna 2014). Auch wenn sich die Erkenntnisse zu den anderen Unterkategorien als noch begrenzter darstellen, gehören vor allem massenmedial ausgerichtete Öffentlichkeitskampagnen im Sinne der Aufklärung bzw. Sensibilisierung einer möglichst breiten Masse an Personen zu einem umfassenden Gesundheitskonzept (vgl. Byrne et al. 2005 zu anschaulichen Umsetzungsvorschlägen mit Bezugnahme auf Jugendliche). Die passgenaue Zuschneidung der Inhalte sowie die modellhafte Etablierung von Informationseinrichtungen direkt in Spielstätten bilden in diesem Kontext weitere lohnenswerte Handlungsansätze. Ungeachtet dessen dürften isoliert geführte Aufklärungsmaßnahmen in der Regel keine substanziellen Verhaltensänderungen hervorrufen; hier ist vor allzu großem Optimismus zu warnen.

Schulbasierte Programme und Projekte erweisen sich als vergleichsweise gut erforscht. Dieser Umstand entspricht in der Gesamtschau der praktischen Bedeutsamkeit von Präventionsansätzen im Setting „Schule“, da diese Interventionsform sowohl national (vgl. Hayer 2017) als auch international (vgl. Keen et al. 2017; Kourgiantakis et al. 2016; Ladouceur et al. 2013; Oh et al. 2017) weit verbreitet ist. Trotz der Heterogenität der evaluierten Interventionen sowie der jeweiligen methodischen Vorgehensweisen können drei konkrete Schlussfolgerungen abgeleitet werden: (1) Es lassen sich bei den Schüler*innen Veränderungen auf der Einstellungs- und Wissensebene hervorrufen; (2) umfassendere Unterrichtsprogramme erweisen sich gegenüber kurzen bzw. punktuellen Präventionseinheiten als überlegen; (3) die Einbindung von Elementen, die der allgemeinen Förderung von Lebenskompetenzen dienen, erhöhen den Wirkungsgrad. Im Kern decken sich diese Aussagen mit dem elaborierten Kenntnisstand zur schulbasierten Prävention im stoffgebundenen Suchtbereich (vgl. Hayer 2012 für die Grundprämissen einer idealtypischen Suchtpräventionspraxis). Zudem bestätigte Bühler (2016) vor kurzem im Rahmen einer Metanalyse die grundsätzliche Wirksamkeit von suchtpräventiv ausgerichteten Lebenskompetenzprogrammen, die in deutscher Sprache zur Beeinflussung des Tabak- und Alkoholkonsums zum Einsatz kommen (insbesondere was die Verringerung des Risikos für einen frühzeitigen Konsum anbelangt). Insgesamt ist bei der Befundbewertung im Glücksspielbereich zu beachten, dass markante Verhaltensänderungen vor allem bei jüngeren Schüler*innen nicht zu erwarten sind, da der Anteil der riskant bzw. problematisch Spielenden gegen Null tendiert. Ungeachtet dessen mangelt es gerade bei diesem Themenfeld an randomisierten Kontrollgruppenstudien im Längsschnitt mit multiplen Messzeitpunkten. Hieran ändern auch weitere Evaluationsstudien aus Deutschland nichts, da sie die hier formulierten Einschlusskriterien nicht erfüllten (Hayer & Brosowski 2014 zum interaktiven Browsergame „Spielfieber“ sowie Kalke et al. 2012b bzw. Buth et al. 2013 zu einem Stationenparcours für die Sekundarstufe 1 bzw. Sekundarstufe 2).

Glücksspielbezogene Forschungen zum Nutzen des personalisierten Feedbacks sind noch vergleichsweise neu. Dabei fußt diese Präventionsidee, die ihre Wurzeln ursprünglich in der sozial-kognitiven Lerntheorie hat, auf den Prämissen des alt bewährten sozialen-Normen-Ansatzes: Auf der Grundlage der Beobachtung, dass der Suchtmittelkonsum der eigenen Peer-Gruppe oftmals überschätzt und dadurch der eigene Konsum in konträrer Weise relativiert wird, soll eine faktenbasierte Rückmeldung über das tatsächliche Ausmaß der Konsumaktivitäten erfolgen. Das übergeordnete Ziel besteht in der kritischen Reflexion der eigenen Konsummuster und dem Anstoßen möglicher Verhaltensänderungen. Während vor allem die empirischen Befunde zur Reduktion des (problematischen) Alkoholkonsums bei jungen Erwachsenen vielversprechend klingen, erweist sich die Kenntnislage im Glücksspielbereich momentan als lückenhaft (vgl. auch mit Marchica & Derevensky 2016 für eine fast deckungsgleiche Einschätzung). Über alle sieben Primärstudien hinweg fällt insbesondere die ausgeprägte Heterogenität der Inhalte der umgesetzten Maßnahmen auf, was die Gegenüberstellung und Einordnung der Befunde an dieser Stelle deutlich erschwert. Da diese Interventionsform im Allgemeinen aber mit geringen Kosten verbunden ist, gerade internetgestützt passgenau umzusetzen wäre und die Erfahrungen aus anderen Suchtfeldern generell positiv ausfallen, sollte eine Neufassung des Staatsvertrages die Chance ergreifen, Vorgaben zu verbindlichen Rückmeldungen des eigenen Spielverhaltens (inkl. der Werte einer geeigneten Referenzgruppe) aufzunehmen.

Abschließend sollen noch zwei Interventionen Erwähnung finden, die bislang in der Evaluationsforschung im Glücksspielbereich nur eine untergeordnete Rolle gespielt haben. Erstens handelt es sich hierbei um telefonische Informations- bzw. Beratungsangebote, die eine niedrigschwellige Ergänzung zu klassischen Ausstiegshilfen darstellen und sich (auch) an Personen mit Glücksspielproblemen bzw. an deren Angehörige richten. Zwar gelten sogenannte Glücksspiel-Hotlines inzwischen (auch) als eine etablierte und weltweit fast standardmäßig anzutreffende Form der indizierten Verhaltensprävention. Jedoch beschränken sich nahezu alle Begleitforschungen auf die Beschreibungen zentraler Charakteristika der Anrufenden und somit auf die Erstellung von Nutzerprofilen bzw. auf Aussagen zur Reichweite derartiger Hilfeangebote (vgl. Kalke et al. 2012a). Ergänzend sei darauf verwiesen, dass dieser Sachverhalt seit kurzer Zeit auch für Deutschland zutrifft (vgl. Hayer & Brosowski 2016 mit empirischen Daten zur Telefon-Hotline Glücksspielsucht NRW sowie Aster et al. 2018 mit deskriptiven Analysen zur Mainzer Hotline Verhaltenssucht). Die beiden hier inkludierten Evaluationsforschungen fallen nur bedingt positiv aus und lassen wissenschaftlich abgesicherte Aussagen zu den Effekten noch nicht zu. Dennoch ist diese Maßnahme – in Verbindung mit der augenscheinlich hohen Akzeptanz auf Seiten der Zielgruppe – als sinnvoll zu bezeichnen. Ohnehin dürfte der Rückgriff auf moderne Informations- und Kommunikationstechnologien für präventive Zwecke aufgrund ihrer Niedrigschwelligkeit in naher Zukunft weiter an Bedeutung gewinnen. Zweitens geht es um den Bereich „Erkennen von und Intervenieren bei Problemspieler*innen". Hier existiert ein solides Forschungsfundament mit Verhaltensindikatoren, die offline bzw. online in durchaus zuverlässiger und valider Weise auf eine glücksspielbedingte Fehlentwicklung verweisen (vgl. mit der Übersicht von Delfabbro et al. 2012). Selbst in Deutschland kann mittlerweile auf verschiedene, jedoch noch nicht hinreichend validierte Kriterienkataloge zur Früherkennung von Problemspieler*innen in Spielhallen zurückgegriffen werden (Hayer et al. 2014). Im Gegensatz dazu finden sich zu der Anwendung dieser Instrumente und möglichen präventiven Effekten in der Praxis kaum fundierte Evaluationsdaten. Offenbar scheitern Prozesse der Frühintervention schon auf der Ebene des Erkennens. Das bereits oben bei den Personalschulungen angesprochene Spannungsfeld zwischen Gewinnorientierung auf der einen Seite und effektivem Spielerschutz auf der anderen Seite dürfte auch hier eine wesentliche Rolle für das weitgehende Fehlen von Effektivitätsnachweisen spielen. Infolgedessen ist zukünftig verstärkt zu klären, unter welchen Rahmenbedingungen und mit welchen Methoden diese Form der Intervention optimiert werden kann.

4.3 Limitationen

Obwohl der vorliegende systematische Review einige Alleinstellungsmerkmale aufweist und vor allem für die evidenzgestützte Weiterentwicklung der Präventionspraxis herangezogen werden kann, ist er – wie jede andere wissenschaftliche Abhandlung auch – nicht ohne Limitationen ausgestattet. Zunächst sei explizit darauf hingewiesen, dass sich die Bewertung des Forschungsstandes immer auf einzelne Maßnahmen des Spieler- und Jugendschutzes bezieht. Welche suchtpräventiven Auswirkungen bestimmte übergeordnete Regulationsansätze (z. B. Prohibition einzelner Glücksspielformen, Schaffung monopolartiger Strukturen, eine kontrollierte Marktöffnung nach dem Lizenzverfahren) mit sich bringen, stand nicht im Fokus dieser Arbeit. Schlussfolgerungen über die im Sinne der Suchtprävention bestmögliche Regulierung des Glücksspielwesens können an dieser Stelle daher allenfalls indirekt erschlossen werden. Weiterhin soll in diesem Kontext ausdrücklich Erwähnung finden, dass eine isolierte und damit ein Stück weit künstliche Betrachtung singulärer Spieler- und Jugendschutzmaßnahmen zum einen potentielle Synergieeffekte von Maßnahmenbündeln ignoriert bzw. keine Aussagen über die Effekte der Gesamtheit aller tatsächlich im Felde umgesetzten Interventionen zulässt. Derartige anspruchsvolle Studien existieren international aber bislang auch nicht. Zum anderen beschränkt sich dieser Review auf Angaben zur Wirksamkeit, differenziertere Hinweise auf eine optimierte Ausgestaltung einzelner Maßnahmen bleiben somit empirischen Arbeiten überlassen, die sich tiefergehender mit dem jeweiligen Forschungsgegenstand auseinandersetzen (z. B. gegenwärtig zum Sperrsystem: Hayer et al. 2018). Daneben hängt die Güte der ermittelten Befunde unmittelbar von der Datenqualität der Primärstudien ab („Garbage in – Garbage out“-Effekt“). Eine Bestimmung der jeweiligen Evidenzgüte, wie hier geschehen, kann diesem Effekt zwar nur bedingt begegnen, macht den zugrundeliegenden Bewertungsprozess aber wenigstens deutlich transparenter. Schließlich bedeutet das Fehlen von einschlägiger Evidenz bzw. der Mangel an entsprechenden Evaluationsstudien nicht unbedingt, dass die im Fokus stehende Maßnahme ineffektiv ist. Die in Rede stehende Maßnahme könnte also durchaus positive Effekte auf den Jugend- und Spielerschutz haben und daher auch in der Praxis, ihre theoretische Fundierung vorausgesetzt, weiterhin Anwendung finden.

Daneben lassen sich Limitationen benennen, die in erster Linie der konkreten Methodik geschuldet sind. Eine generelle Herausforderung bestand unter anderem darin, die empirische Befundlage pro Interventionsart in sinnvoller Weise zusammenzufassen und zugleich über alle Interventionsarten hinweg ein möglichst standardisiertes Vorgehen zu gewährleisten. Aufgrund der ausgeprägten methodischen wie inhaltlichen Heterogenität der Originalarbeiten geht dieser Anspruch jedoch mit der Gefahr einer Übersimplifizierung einher. Weiterhin hängt die Aussagekraft eines systematischen Reviews immer unmittelbar von der Literaturauswahl bzw. der jeweiligen Suchstrategie ab. Um den Rechercheaufwand überschaubar zu halten, wurden unter anderem nur peer-reviewte Forschungen und damit Publikationen miteingebunden, die bereits einen externen Begutachtungsprozess durchlaufen hatten. Möglicherweise dürften durch die Exklusion der sogenannten grauen Literatur (z. B. Dissertationen, Forschungsberichte, Internetpublikationen im Allgemeinen) einige wertvolle Erkenntnisse verloren gegangen sein. Die generelle Breite der Suchtstrategie sowie eine ergänzende manuelle Kontrolle nach etwaigen Lücken mittels der Bibliographien anderer einschlägiger Überblicksarbeiten garantierten jedoch – innerhalb der hier gesetzten Einschlusskriterien – eine nahezu vollständige Identifikation der relevanten Fachliteratur. Während der Ausschluss älterer Quellen mit Publikationsdatum vor 2000 mit hoher Wahrscheinlichkeit keinen wesentlichen Einfluss auf die Ergebnisse ausgeübt hat, muss letztendlich offen bleiben, ob eine Berücksichtigung von Primärstudien, die weder in englischer noch in deutscher Sprache vorliegen, zu einem markanten Wissenszuwachs führen würde. Da über die Hälfte aller empirischen Befunde (und damit Stichproben) aus Nordamerika stammt (60 von 115 bzw. 52,2%), stellt sich indessen auf jeden Fall die prinzipielle Frage nach ihrer Übertragbarkeit in andere soziokulturelle Kontexte.

Unter technischen Gesichtspunkten lassen sich zudem zwei weitere Punkte benennen, die sich womöglich als anfällig für Verzerrungen erwiesen haben. So fand in der Regel nur eine Kodierung statistisch signifikanter Primärbefunde statt. Da in der Fachliteratur Studien mit signifikanten Ergebnissen bevorzugt zur Veröffentlichung angenommen werden (sog. Publikations-Bias; vgl. Petticrew & Roberts 2006), besteht im vorliegenden Fall die Gefahr einer quasi doppelt künstlich erhöhten „Falsch-positiven-Treffer-Rate". Darüber hinaus ließen sich den Primärstudien üblicherweise keine Angaben zu der Größe der statistischen Effekte entnehmen, um deren praktische Bedeutsamkeit zu untermauern. Da bei nicht-signifikanten Ergebnissen durchaus größere Effekte auftreten bzw. sich die Effekte bei signifikanten Ergebnissen umgekehrt auch als minimal erweisen können, ist die bloße Fokussierung auf statistische Signifikanzen als eine Art „pragmatische Annäherung" an den aktuellen Forschungsstand zu verstehen. Zur Begrenzung dieser Bias-Quellen wurden zudem folgende Gegenmaßnahmen ergriffen: (1) die Bestimmung des Evidenzgrades jeder Primärstudie in Anlehnung an die Taxonomie von Shekelle et al. (1999), (2) die unabhängige Kodierung aller Primärstudien durch zwei Forscher einschließlich der Klärung etwaiger Abweichungen im anschließenden Diskurs und (3) eine differenzierte Auflistung der einzelnen Limitationen in den Kodierungsblättern inklusive der Option einer Herabstufung der Qualität des Forschungsdesigns bei gravierenden methodischen Mängeln. Auch wenn bei diesem Entscheidungsprozess subjektive Einschätzungen nicht auszuschließen sind, stellt dieses Vorgehen im Ganzen einen tragfähigen Kompromiss zwischen einer standardisierten, intersubjektiv nachvollziehbaren Befundverdichtung auf der einen Seite und der Beibehaltung eines möglichst differenzierten Informationsgehalts auf der anderen Seite dar. Unabhängig von diesen Kritikpunkten liefert dieser systematische Review eine umfassende und beispiellose Datenbank von Evaluationsforschungen, die in Zukunft turnusmäßig ohne großen Mehraufwand aktualisiert werden könnte.

5. Handlungsempfehlungen für Politik und Praxis

Die abschließenden 16 Handlungsempfehlungen ergeben sich im Kern aus der systematischen Zusammenstellung der empirischen Befundlage für jede einzelne Spieler- bzw. Jugendschutzmaßnahme. Diese sollten bei einer Fortschreibung des Staatsvertrages auf jeden Fall berücksichtigt werden. Dabei ist zu beachten, dass ihre Ausformulierung nicht auf allen inkludierten Primärstudien pro Bereich basiert. Vielmehr wurde an dieser Stelle bewusst eine weiterführende Befundspezifizierung und -verdichtung unter Berücksichtigung der jeweils besten Interventionsbewertung angestrebt; d. h. hier finden vor allem die höherwertigen Originalstudien Berücksichtigung. Zudem flossen bei den folgenden Empfehlungen punktuell auch weiterführende Erkenntnisse aus dem Diskussionsteil mit ein. Nuancierte Unterschiede zu den im Ergebnisteil beschriebenen Bewertungen sind daher im Folgenden durchaus möglich. Insgesamt können die Aussagen die Einführung, Beibehaltung, Konkretisierung oder auch den Forschungsbedarf bei einzelnen Maßnahmen betreffen.

1. Eine der wichtigsten Empfehlungen betrifft die Einrichtung eines zentralisierten Sperrsystems als eine Erfolg versprechende Maßnahme der Schadensminimierung. Ein solches Sperrsystem sollte alle Spielformen mit mittlerem und hohem Suchtpotential umfassen.
2. Auch eine verpflichtende schulbasierte Glücksspielsuchtprävention ist im Staatsvertrag fest zu verankern. Das Mittel der Wahl stellen dabei umfassende interaktive Präventionsprogramme mit glücksspielspezifischen Inhalten und Elementen der Lebenskompetenzförderung dar.
3. Ebenso ist der Staatsvertrag um die Maßnahme des personalisierten Feedbacks zu ergänzen: So sollten alle Spielteilnehmer*innen in regelmäßigen Abständen eine Rückmeldung über ihre Spielaktivitäten erhalten.
4. Personalschulungen müssen einen obligatorischen Baustein von umfassenden Präventionskonzepten bilden. Welche Schulungskonzepte sich dabei als überlegen erweisen und wie die erworbenen Kompetenzen im Sinne der Frühintervention (nachhaltig) nutzbar zu machen sind, ist mit Hilfe weiterer Evaluationsstudien zu klären.
5. In diesem Zusammenhang wäre konzeptionell auch zu prüfen, wie die Umsetzung von Alterskontrollen und ihre Akzeptanz beim Verkaufspersonal langfristig verbessert werden können.

6. Darüber hinaus erweist sich die Umsetzung von spürbaren Verfügbarkeitsbegrenzungen und -einschränkungen bei Glücksspielen mit einem erhöhten Suchtpotential als zielführend. Wie diese in der Praxis genau auszugestalten sind, ist unter Beteiligung von Expert*innen zu diskutieren.
7. Ferner müssen Glücksspiele um Geld für Minderjährige weiterhin verboten sein. Mit einer konsistenten Altersgrenze von 18 Jahren lassen sich die im Sinne des Jugendschutzes gewünschten Wirkungen erreichen.
8. Auch wäre die Fortentwicklung von Pre-Commitment-Systemen unter präventiven Gesichtspunkten wünschenswert. Zum jetzigen Zeitpunkt sind als Minimalstandards verbindliche, im Vorfeld der Spielteilnahme festzulegende Begrenzungen der Maximalspielzeit, des Maximaleinsatzes und der Maximalverluste in einem wohldefinierten Zeitfenster zu empfehlen.
9. Öffentliche Kampagnen und Informationsmaterialien zählen ebenfalls zu den obligatorischen Bestandteilen eines umfassenden Präventionskonzeptes. Zukünftig wäre zu überlegen, spezifische, auf Hochrisikogruppen zugeschnittene Materialien zu entwickeln und ihre Akzeptanz in differenzierter Weise zu ermitteln.
10. Informationen an Spielgeräten bringen einen präventiven Nutzen mit sich. In erster Linie lassen sich hier dynamische Warnhinweise anführen, die an prominenter Stelle platziert und mit regelmäßig wechselnden Botschaften Themen wie „Glücksspiel-Risiken" oder „kognitive Verzerrungen" aufgreifen.
11. Die Telefonberatung sollte in Zukunft ebenfalls integraler Bestandteil eines breiten Präventionsansatzes sein.

Bei anderen Maßnahmen ist hingegen noch ein erheblicher Forschungs- und Entwicklungsbedarf zu konstatieren. Besondere Aufmerksamkeit wäre dabei folgenden Bereichen zu schenken.

12. Beim technischen Spielerschutz sollte die Grundlagenforschung über die suchtpräventiven Effekte einer Veränderung struktureller Veranstaltungsmerkmale (z. B. Verlangsamung der Spielgeschwindigkeit, Spielpausen, Verzicht auf Soundeffekte) forciert werden. In erster Linie bedarf es hier Studien, die die Auswirkungen von substanziellen Eingriffen sowohl im Längsschnitt als auch im Echtbetrieb überprüfen.
13. Responsible Gambling Tools (RGTs) beim Online-Glücksspiel sind weiterhin zu erproben und zu evaluieren. Es wäre dabei anzustreben, dass die RGTs als Minimalstandard Limitierungs- und Sperroptionen, Selbsttests sowie Verhaltenstipps beinhalten.

14. Ebenfalls sollten Aufklärungsprojekte für (glücksspielende) Erwachsene (z. B. Informationsstellen in Spielstätten) sowie auf Hochrisikogruppen zugeschnittene Materialien (z. B. Videos) modellhaft im Felde erprobt werden.
15. Prozesse der Früherkennung und Frühintervention gelten als wichtige Säule des Spielerschutzes. Allerdings mangelt es an Evidenz insbesondere zu effektiven Interventionsoptionen. Ein zukünftiges Ziel muss daher sein, wissenschaftlich validierte Screening-Instrumente (im Offline-Bereich) bzw. Früherkennungs-Algorithmen (im Online-Bereich) systematisch zu überprüfen, passgenaue Interventionen zu entwickeln und im Hinblick auf ihren Nutzen in der Praxis kontinuierlich zu bewerten.
16. Es ist davon auszugehen, dass sowohl von Werberestriktionen als auch von einem Rauchverbot – aufgrund von Erkenntnissen aus anderen Bereichen der internationalen Präventionsforschung – Positiveffekte im Sinne des Spieler- und Jugendschutzes zu erwarten sind. Die Durchführung entsprechender Begleitforschungen wäre daher wünschenswert.

Vor dem Hintergrund der aufgeworfenen Fragestellung und der Fokussierung auf Evaluationsstudien müssen diese Forderungen zwar zwangsläufig relativ oberflächlich und Ausdifferenzierungen bzw. Konkretisierungen weitgehend außen vor bleiben. Dennoch finden sich nicht nur wichtige Impulse für die Weiterentwicklung der gesetzlichen Rahmenbedingungen unter der handlungsleitenden Vorgabe, den mit Glücksspielen verbundenen Suchtgefahren möglichst effektiv entgegenzutreten. Gerade unter Hinzuziehung weiterer Evidenz liefert dieser systematische Review einen zentralen Beitrag zu der oftmals sehr kontrovers diskutierten Frage, welche Maßnahmen des Spieler- und Jugendschutzes als (besonders) Erfolg versprechend anzusehen sind.

Literatur

Die mit einem Symbol (*) versehenen Quellen repräsentieren die im Ergebnisteil zusammengefassten Primärstudien. Die hier angegebenen Abkürzungen (z. B. PC4) beziehen sich auf die Bezeichung der Kodierungsblätter der einzelnen Studien im umfassenderen Forschungsbericht (s. dort Anlage 3).

Ariyabuddhiphongs V. (2013). Problem gambling prevention: Before, during, and after measures. International Journal of Mental Health & Addiction 11: 568–582.

Aster R., Quack A., Wejbera M., Beutel M.E. (2018, in Druck). Telefonische Beratung für Glücksspielsüchtige – der heiße Draht ins Hilfesystem? Akzeptanz und Nutzung der Mainzer Hotline Glücksspielsucht. Gesundheitswesen.

*Auer, M.M., Griffiths M.D. (2013). Voluntary limit setting and player choice in most intensive online gamblers: An empirical study of gambling behavior. Journal of Gambling Studies 29: 647–660. (PC4)

*Auer, M.M., Griffiths, M.D. (2015a). The use of personalized behavioral feedback for online gamblers: An empirical study. Frontiers in Psychology 6: 1406. (PF5)

*Auer M.M., Griffiths M.D. (2015b). Testing normative and self-appraisal feedback in an online slot-machine pop-up in a real-world setting. Frontiers in Psychology 6: 339. (A31)

*Auer, M.M., Griffiths, M.D. (2016). Personalized behavioral feedback for online gamblers: A real world empirical study. Frontiers in Psychology 7: 1875. (PF6)

*Auer, M.M., Malischnig D., Griffiths M. (2014). Is "pop-up" messaging in online slot machine gambling effective as a responsible gambling strategy? Journal of Gambling Issues: 29. (A30)

Bastiani L., Fea M., Potente R., Luppi C., Lucchini F., Molinaro, S. (2015). National helpline for problem gambling: A profile of its users' characteristics. Journal of Addiction: 659731.

Benhsain K., Taillefer A., Ladouceur R. (2004). Awareness of independence of events and erroneous perceptions while gambling. Addictive Behaviors 29: 399–404.

*Blaszczynski A., Cowley E., Anthony C., Hinsley K. (2016). Breaks in play: Do they achieve intended aims? Journal of Gambling Studies 32: 789–800. (TS7)

*Blaszczynski A., Gainsbury S., Karlov L. (2014). Blue Gum gaming machine: An evaluation of responsible gambling features. Journal of Gambling Studies 30: 697–712. (TS14)

Blaszczynski A., Parke A., Harris A., Parke J., Rigbye J. (2014). Facilitating player control in gambling. Journal of Gambling Business and Economics 8(3): 36–51.

*Blaszczynski A., Sharpe L., Walker M., Shannon K., Coughlan M-J. (2005). Structural characteristics of electronic gaming machines and satisfaction of play among recreational and problem gamblers. International Gambling Studies 5: 187–198. (TS12)

Bondolfi G., Jermann F., Ferrero F., Zullino D., Osiek C.H. (2008). Prevalence of pathological gambling in Switzerland after the opening of casinos and the introduction of new preventive legislation. Acta Psychiatrica Scandinavica 117: 236–239.

*Boutin C., Tremblay N., Ladouceur R. (2009). Impact of visiting an onsite casino information centre on perceptions about randomness and gambling behaviours. Journal of Gambling Studies 25: 317–330. (A12) (A13)

*Brevers D., Noel X., Clark L., Zyuzin J., Park J.J., Bechara A. (2016). The impact of precommitment on risk-taking while gambling: A preliminary study. Journal of Behavioral Addictions 5: 51–58. (PC8)

*Broda A., LaPlante D.A., Nelson S.E., LaBrie R.A., Bosworth L.B., Shaffer H.J. (2008). Virtual harm reduction efforts for internet gambling: Effects of deposit limits on actual internet sports gambling behavior. Harm Reduction Journal 5: 27. (PC1)

*Broussard J., Wulfert E. (2015). Can an accelerated gambling simulation reduce persistence on a gambling task? International Journal of Mental Health and Addiction (efirst, final gedruckt in 2017, 15: 143–153). (A26)

*Bu E.T.H., Skutle A. (2013). After the ban of slot machines in Norway: A new group of treatment-seeking pathological gamblers? Journal of Gambling Studies 29: 37–50. (V4)

Bühler A. (2016). Meta-Analyse zur Wirksamkeit deutscher suchtpräventiver Lebenskompetenzprogramme. Kindheit und Entwicklung 25: 175–188.

Bundeszentrale für gesundheitliche Aufklärung (BZgA) (2016). Glücksspielverhalten und Glücksspielsucht in Deutschland: Ergebnisse des Surveys 2015 und Trends. Köln: BZgA.

Buth S., Kalke J. (2012). Effekte von universellen und selektiven Präventionsmaßnahmen im Glücksspielbereich: Eine internationale Literaturübersicht. Prävention und Gesundheitsförderung 7: 142–147.

Buth S., Kalke J. (2016). Lotterie-Sparen: Ergebnisse der Evaluation eines Internetsozialkonzeptes. Zeitschrift für Wett- und Glücksspielrecht 11(5): 322–327.

Buth S., Kalke J., Hiller P. (2013). Evaluation einer Maßnahme der Glücksspielsucht-Prävention für das schulische Setting. Buth S., Kalke J., Reimer J. (Hrsg). Glücksspielsuchtforschung in Deutschland: Wissenschaftliche Erkenntnisse für Prävention, Hilfe, Politik. Freiburg: Lambertus, 87–100.

Byrne A.M., Dickson L., Derevensky J.L., Gupta R., Lussier, I. (2005). The application of youth substance use media campaigns to problem gambling: A critical evaluation. Journal of Health Communication 10: 681–700.

Calderwood K.A., Wellington W.J. (2015). Using roadside billboard posters to increase admission rates to problem gambling services: Reflections on failure. Health Promotion Practice 16: 510–522.

*Canale N., Vieno A., Griffiths M.D., Marino C., Chieco F., Disperati F., Andriolo S., Santinello M. (2016). The efficacy of a web-based gambling intervention program for high school students: A preliminary randomized study. Computers in Human Behavior 55: 946–954. (Sch15)

Carr R.D., Buchkoski J.E., Kofoed L., Morgan T.J. (1996). "Video Lottery" and treatment for pathological gambling: A natural experiment in South Dakota. South Dakota Journal of Medicine 49(1): 30–32.

*Celio M.A., Lisman S.A. (2014). Examining the efficacy of a personalized normative feedback intervention to reduce college student gambling. Journal of American College Health 62: 154–164. (PF1)

*Chóliz M. (2010). Experimental analysis of the game in pathological gamblers: Effect of the immediacy of the reward in slot machines. Journal of Gambling Studies 26: 249–256. (TS2)

Clemens F., Hanewinkel R.,Morgenstern M. (2017). Exposure to gambling advertisements and gambling behavior in young people. Journal of Gambling Studies 33: 1–13.

*Cloutier M., Ladouceur R., Sévigny S. (2006). Responsible gambling tools: Pop-up messages and pauses on video lottery terminals. The Journal of Psychology 140: 434–438. (A17)

Corporate Research Associates (2006). Video lottery program changes impact analysis. Corporate Research Associates, Halifax (Canada).

Côté D., Caron A., Aubert J., Desrochers V., Ladouceur, R. (2003). Near wins prolong gambling on a video lottery terminal. Journal of Gambling Studies 19: 433–438.

*Cunningham J.A., Hodgins D.C., Toneatto T., Murphy M. (2012). A randomized controlled trial of a personalized feedback intervention for problem gamblers. PLoS ONE 7(2): e31586. (PF2)

Dadaczynski K., Paulus P. (2018). Verhaltens- und Verhältnisprävention. Kohlmann C.-W., Salewski C., Wirtz M.A. (Hrsg.). Psychologie in der Gesundheitsförderung. Bern: Hogrefe, 257–268.

*Delfabbro P. (2008). Evaluating the effectiveness of a limited reduction in electronic gaming machine availability on perceived gambling behaviour and objective expenditure. International Gambling Studies 8: 151–165. (V1)

*Delfabbro P., Borgas M., King D. (2012). Venue staff knowledge of their patrons' gambling and problem gambling. Journal of Gambling Studies 28: 155–169. (EI2)

*Delfabbro P., Falzon K., Ingram T. (2005). The effects of parameter variations in electronic gambling simulations: Results of a laboratory-based pilot investigation. Gambling Research 17(1): 7–25. (TS10)

Delfabbro P., King D.L., Griffiths M. (2012). Behavioural profiling of problem gamblers: A summary and review. International Gambling Studies 12: 349–366.

Dickson-Gillespie L., Rugle L., Rosenthal R., Fong, T. (2008). Preventing the incidence and harm of gambling problems. Journal of Primary Prevention 29: 37–55.

*Doiron J.P., Nicki R.M. (2007). Prevention of pathological gambling: A randomized controlled trial cognitive behaviour therapy 36: 74–84. (A11)

*Donati M.A., Primi C., Chiesi F. (2014). Prevention of problematic gambling behavior among adolescents: Testing the efficacy of an integrative intervention. Journal of Gambling Studies 30: 803–818. (Sch11)

Drawson A.S., Tanner J., Mushquash C.J., Mushquash A.R., Mazmanian D. (2017). The use of protective behavioural strategies in gambling: A systematic review. International Journal of Mental Health & Addiction 15: 1302–1319.

*Dufour J., Ladouceur R., Giroux I. (2010). Training program on responsible gambling among video lottery employees. International Gambling Studies 10: 61–80. (P3)

Edgerton J.D., Biegun J, Roberts L.W. (2016). Player behavioral tracking and personalized feedback in online gambling: Implications for prevention and treatment of problem gambling. Journal of Addiction & Prevention 4(2): 8.

Erickson D.J., Smolenski D.J., Toomey T.L., Carlin, B.P., Wagenaar, A.C. (2013). Do alcohol compliance checks decrease underage sales at neighboring establishments. Journal of Studies on Alcohol and Drugs 74: 852–858.

*Ferland F., Ladouceur R., Giroux I., Savard C., Ruel S., Leclerc M.-F., Guimond F. (2013). Evaluation of the quality of services provided by a gambling helpline: An empirical study. Journal of Gambling Issues: 28. (T2)

*Ferland F., Ladouceur R., Vitaro F. (2002). Prevention of problem gambling: Modifying misconceptions and increasing knowledge. Journal of Gambling Studies 18: 19–29. (Sch1)

*Floyd K., Whelan J.P., Meyers A.W. (2006). Use of warning messages to modify gambling beliefs and behavior in a laboratory investigation. Psychology of Addictive Behaviors 20: 69–74. (A18)

*Forsström D., Hesser H., Carlbring P. (2016). Usage of a responsible gambling tool: A descriptive analysis and latent class analysis of user behavior. Journal of Gambling Studies 32: 889–904. (RGT2)

Gainsbury S.M. (2014). Review of self-exclusion from gambling venues as an intervention for problem gambling. Journal of Gambling Studies 30: 229–251.

*Gainsbury S.M., Aro D., Ball D., Tobar C., Russell A. (2015a). Optimal content for warning messages to enhance consumer decision making and reduce problem gambling. Journal of Business Research 68: 2093–2101. (A32)

*Gainsbury S., Aro D., Ball D., Tobar C., Russell A. (2015b). Determining optimal placement for pop-up messages: Evaluation of a live trial of dynamic warning messages for electronic gaming machines. International Gambling Studies 15: 141–158. (A33)

*Gallagher T., Nicki R., Otteson A., Elliott H. (2011). Effects of a video lottery terminal (VLT) banner on gambling: A field study. International Journal of Mental Health & Addiction 9: 126–133. (A29)

Gartlehner G., Wild C., Mad P. (2008). Systematische Übersichtsarbeiten und Meta-Analysen. Wiener Medizinische Wochenzeitschrift 158: 127–133.

*Ginley M.K., Whelan J.P., Keating H.A., Meyers A.W. (2016). Gambling warning messages: The impact of winning and losing on message reception across a gambling session. Psychology of Addictive Behaviors 30: 931–938. (A27)

Ginley M.K., Whelan J.P., Pfund R.A., Peter S.C., Meyers A.W. (2017). Warning messages for electronic gambling machines: Evidence for regulatory policies. Addiction Research & Theory 25: 495–504.

*Giroux I., Boutin C., Ladouceur R., Lachance S., Dufour M. (2008). Awareness training program on responsible gambling for casino employees. International Journal of Mental Health and Addiction 6: 594–601. (P2)

Goh E.C.L., Ng V., Yeoh B.S.A. (2016). The family exclusion order as a harm-minimisation measure for casino gambling: The case of Singapore. International Gambling Studies 16: 373–390.

Gordon R.S. (1983). An operational classification of disease prevention. Public Health Report 98(2): 107–109.

*Gosselt J.F., Neefs A.K., van Hoof J.J., Wagteveld K. (2013). Young poker faces – Compliance with the legal age limit on multiple gambling products in the Netherlands. Journal of Gambling Studies 29: 675–687. (AK2)

Gray K.L., Oakley Browne M.A., Radha Prabhu V. (2007). Systematic review and meta-analysis of studies on early intervention and prevention for problem gambling. Department of Rural and Indigenous Health: Monash University.

*Griffiths M.D., Wood R.T.A., Parke J. (2009). Social responsibility tools in online gambling: A survey of attitudes and behavior among internet gamblers. CyberPsychology & Behavior 12: 413–421. (RGT1)

*Häfeli J., Lischer S. (2010). Die Früherkennung von Problemspielern in Schweizer Kasinos: Eine repräsentative, quantitative Datenanalyse der ReGaTo-Daten 2006. Prävention und Gesundheitsförderung 5: 145–150. (EI1)

Hanewinkel R. (2008). Tabakpolitik. Suchttherapie 9: 93–102.

*Hansen M., Rossow I. (2010). Limited cash flow on slot machines: Effects of prohibition of note acceptors on adolescent gambling behavior. International Journal of Mental Health & Addiction 8: 70–81. (TS3)

*Hansen M.B., Rossow I.M. (2012). Does a reduction in the overall amount of gambling imply a reduction at all levels of gambling? Addiction Research and Theory 20: 145–152. (TS4)

*Harrigan K.A., Dixon M. (2010). Government sanctioned "tight" and "loose" slot machines: How having multiple versions of the same slot machine game may impact problem gambling. Journal of Gambling Studies 26: 159–174. (TS6)

Harris A., Griffiths M.D. (2016). A critical review of the harm-minimisation tools available for electronic gambling. Journal of Gambling Studies 33: 187–221.

Harris A., Parke A. (2016). The interaction of gambling outcome and gambling harm-minimisation strategies for electronic gambling: The efficacy of computer generated self-appraisal messaging. International Journal of Mental Health & Addiction 14: 597–617.

Haucap J., Nolte M., Stöver H. (Hrsg.) (2017). Faktenbasierte Evaluierung des Glücksspielstaatsvertrags. Kölner Studien zum Sportrecht (Band 8), Köln: Eigenverlag.

Hayer, T. (2010). Geldspielautomaten und Suchtgefahren – Wissenschaftliche Erkenntnisse und suchtpolitischer Handlungsbedarf. Sucht Aktuell 17(1): 47–52.

Hayer T. (2012). Jugendliche und glücksspielbezogene Probleme: Risikobedingungen, Entwicklungsmodelle und Implikationen für präventive Handlungsstrategien. Frankfurt/M.: Peter Lang.

Hayer T. (2016). Die Regulierung des gewerblichen Automatenspiels – Anmerkungen aus suchtwissenschaftlicher Sicht. Zeitschrift für Wett- und Glücksspielrecht 11: 173–174.

Hayer T. (2017). Prävention glücksspielbezogener Probleme im Jugendalter: Maßnahmen und Erfahrungen aus Deutschland. Prävention und Gesundheitsförderung 12: 145–153.

Hayer T., Brosowski T. (2014). Evaluation des Browsergames „Spielfieber“: Akzeptanz, Effekte und Potential. München: Aktion Jugendschutz Landesarbeitsstelle Bayern.

Hayer T., Brosowski T. (2016). Evaluation der Telefon-Hotline NRW für Glücksspielsüchtige und Angehörige: Differenzierte Analysen zum Anruferprofil. Bielefeld: Landeskoordinierungsstelle Glücksspielsucht NRW.

Hayer T., Kalke J., Buth S., Meyer G. (2014). Die Früherkennung von Problemspielern: Entwicklung eines Screening-Instrumentes. Sucht 60: 323–330.

Hayer T., Meyer G. (2004). Die Prävention problematischen Spielverhaltens – Eine multidimensionale Herausforderung. Journal of Public Health/ Zeitschrift für Gesundheitswissenschaften 12: 293–303.

*Hayer T., Meyer G. (2011a). Self-exclusion as a harm minimization strategy: Evidence for the casino sector from selected European countries. Journal of Gambling Studies 27: 685–700. (S7)

*Hayer T., Meyer G. (2011b). Internet self-exclusion: Characteristics of self-excluded gamblers and preliminary evidence for its effectiveness. International Journal of Mental Health and Addiction 9: 296–307. (S8)

Hayer T., Turowski T., von Meduna M., Brosowski T., Meyer G. (2018, in Druck). Studie zur Wirkung und Optimierung von Spielersperren und Sozialkonzepten in Spielhallen in Hessen. Wiesbaden: Hessisches Ministerium für Soziales und Integration.

Hayer, T., von Meduna, M. (2014). Was macht Geldspielautomaten gefährlich? Eine kritische suchtpsychologische Bestandsaufnahme. Becker T. (Hrsg.). Der neue Glücksspielstaatsvertrag: Beiträge zum Symposium 2012 der Forschungsstelle Glücksspiel. Frankfurt/M.: Peter Lang, 133–157.

Hing N., Mattinson A. (2005). Evaluation of the NSW ClubSafe responsible gambling program: Opportunities and challenges for New Zealand Clubs. International Journal of Mental Health & Addiction 3: 49–57.

*Hing N., Nuske E. (2012). The self-exclusion experience for problem gamblers in South Australia. Australian Social Work 65: 457–473. (S3)

*Hing N., Russell A., Tolchard B., Nuske E. (2015). Are there distinctive outcomes from self-exclusion? An exploratory study comparing gamblers who have self-excluded, received counselling, or both. International Journal of Mental Health and Addiction 13: 481–496. (S9)

Jackson A.C., Christensen D.R., Francis K.L., Dowling N.A. (2016). Consumer perspectives on gambling harm minimisation measures in an Australian jurisdiction. Journal of Gambling Studies 32: 801–822.

*Jardin B., Wulfert E. (2009). The use of messages in altering risky gambling behavior in college students: An experimental analogue study. The American Journal on Addictions 18: 243–247. (A21)

*Jardin B., Wulfert E. (2012). The use of messages in altering risky gambling behavior in experienced gamblers. Psychology of Addictive Behaviors 26: 166–170. (A23)

*Jonas B., Tossmann P., Leuschner F., Pauly A., Bender-Roth H., Brand T., Lang P. (2012). Check dein Spiel: Internetbasierte Prävention von problematischem Glücksspiel. Sucht 58: 63–68. (RGT3)

Kalke J., Buth S. (2015). Internetsozialkonzepte der Lotteriegesellschaften: Ergebnisse erster Evaluationen. Zeitschrift für Wett- und Glücksspielrecht 10(3/4): 202–206.

Kalke J., Buth S. (2018). Spieler- und Jugendschutz in Deutschland – Wissenschaftlicher Kenntnisstand. Gebhardt I., Korte S. (Hrsg.). Glücksspiel: Ökonomie, Recht, Sucht. Berlin: De Gruyter, 919–931.

Kalke J., Buth S., Hiller P. (2012b). Glücksspielsucht-Prävention an Schulen: Entwicklung und Evaluation eines Stationenparcours. Abhängigkeiten: Forschung und Praxis der Prävention und Behandlung 18(3): 27–44.

Kalke J., Buth S., Hayer T. (2012a). Indizierte Prävention im Glücksspielbereich: Wissenschaftlicher Kenntnisstand und zukünftige Herausforderungen. Sucht 58: 359–368.

*Kalke J., Verthein U., Buth S., Hiller P. (2011). Glücksspielsucht-Prävention bei den staatlichen Lotterien: Evaluation der Schulungen des Annahmestellenpersonals. Suchttherapie 12: 178–185. (P5)

Keen B., Blaszczynski A., Anjoul F. (2017). Systematic review of empirically evaluated school-based gambling education programs. Journal of Gambling Studies 33: 301–325.

Khazaal Y., Chatton A., Bouvard A., Khiari H., Achab S., Zullino D. (2013). Internet poker websites and pathological gambling prevention policy. Journal of Gambling Studies 29: 51–59.

*Kim H.S., Wohl M.J.A., Stewart M.J., Sztainert T., Gainsbury S.M. (2014). Limit your time, gamble responsibly: Setting a time limit (via pop-up message) on an electronic gaming machine reduces time on device. International Gambling Studies 14: 266–278. (PC6)

Korn D., Murray M., Morrison M., Reynolds J., Skinner H.A. (2006). Engaging youth about gambling using the internet: The YouthBet.net website. Canadian Journal of Public Health, 97, 448–453

Kotter R., Kräplin A., Bühringer G. (2018b). Casino self- and forced excluders' gambling behavior before and after exclusion. Journal of Gambling Studies 34: 597–615.

Kotter R., Kräplin A., Pittig A., Bühringer G. (2018a). A systematic review of land-based self-exclusion programs: Demographics, gambling behavior, gambling problems, mental symptoms, and mental health. Journal of Gambling Studies (efirst).

Kourgiantakis T., Stark S., Lobo D.S.S., Tepperman L. (2016). Parent problem gambling: A systematic review of prevention programs for children. Journal of Gambling Issues: 33.

Kraus L., Müller, S., Pabst A. (2008). Alkoholpolitik. Suchttherapie 9: 103–110.

Ladouceur R., Blaszczynski A., Lalande D.R. (2012). Pre-commitment in gambling: A review of the empirical evidence. International Gambling Studies 12: 215–230.

*Ladouceur R., Boutin C., Doucet C., Dumont M., Provencher M., Giroux I., Boucher C. (2004). Awareness promotion about excessive gambling among video lottery retailers. Journal of Gambling Studies 20: 181–185. (P1)

*Ladouceur R., Ferland F., Fournier P.-M. (2003). Correction of erroneous perceptions among primary school students regarding the notions of chance and randomness in gambling. American Journal of Health Education 34: 272–277. (Sch5)

*Ladouceur R., Ferland F., Vitaro F. (2004). Prevention of problem gambling: Modifying misconceptions and increasing knowledge among Canadian youths. The Journal of Primary Prevention 25: 329–335. (Sch3)

*Ladouceur R., Ferland F., Vitaro F., Pelletier O. (2005). Modifying youths' perception toward pathological gamblers. Addictive Behaviors 30: 351–354. (Sch4)

Ladouceur R., Goulet A., Vitaro F. (2013). Prevention programmes for youth gambling: A review of the empirical evidence. International Gambling Studies 13: 141–159.

*Ladouceur R., Jacques C., Giroux I., Ferland F., Leblond J. (2000). Analysis of a casino's self-exclusion program. Journal of Gambling Studies 16: 453–460. (S1)

*Ladouceur R., Jacques C., Sévigny S., Cantinotti M. (2005). Impact of the format, arrangement and availability of electronic gaming machines outside casinos on gambling. International Gambling Studies 5: 139–154. (TS8)

*Ladouceur R., Sévigny S. (2003). Interactive messages on video lottery terminals and persistence in gambling. Gambling Research 15(1): 44–49. (A14)

Ladouceur R., Sévigny S. (2005). Structural characteristics of video lotteries: Effects of a stopping device on illusion of control and gambling persistence. Journal of Gambling Studies 21: 117–131.

*Ladouceur R., Sévigny S. (2006). The impact of video lottery game speed on gamblers. Journal of Gambling Issues: 17. (TS1)

*Ladouceur R., Sévigny S. (2009). Electronic gambling machines: Influence of a clock, a cash display, and a precommitment on gambling time. Journal of Gambling Issues: 23. (TS13) (PC3)

Ladouceur R., Shaffer P., Blaszczynski A., Shaffer H.J. (2017). Responsible gambling: A synthesis of the empirical evidence. Addiction Research & Theory 25: 225–235.

*Ladouceur R., Silvain C., Gosselin P. (2007). Analysis of a casino's self-exclusion program. Journal of Gambling Studies 23: 85–94. (S5)

*Ladouceur R., Vézina L., Jacques C., Ferland F. (2000). Does a brochure about gambling provide new information? Journal of Gambling Studies 16: 103–107. (A5)

*LaPlante D.A., Gray H.M., LaBrie R.A., Kleschinsky J.H., Shaffer H.J. (2012). Gaming industry employees' responses to responsible gambling training: A public health imperative. Journal of Gambling Studies 28: 171–191. (P6)

*Lavoie M.-P., Ladouceur R. (2004). Prevention of gambling among youth: Increasing knowledge and modifying attitudes toward gambling. Journal of Gambling Issues: 10. (Sch2)

*Lemarié L., Chebat J-C. (2015). Temptation and prevention provided by the gambling industry: Main and interactive effects on gamblers. Recherche et Applications en Marketing 30(4): 51–63. (A3)

Lhommeau N., Alexandre J.M., Mete D., Fatseas M., Auriacombe M. (2015). Characteristics of gamblers choosing self-exclusion from casinos: A prospective study in a French overseas territory. Drug and Alcohol Dependence 156: e127.

Liberati A., Altman D.G., Tetzlaff J., Mulrow C., Gøtzsche P.C., Ioannidis J.P.A., Clarke M., Devereaux P.J., Kleijnen J., Moher D. (2009). The PRISMA statement for reporting systematic reviews and meta-analyses of studies that evaluate health care interventions: Explanation and elaboration. PLoS MEDICINE 6(7): e1000100.

Livingstone C., Rintoul A., Francis L. (2014). What is the evidence for harm minimisation measures in gambling venues? Evidence Base 2: 1–24.

*Loba P., Stewart S.H., Klein R.M., Blackburn J.R. (2001). Manipulations of the features of standard video lottery terminal (VLT) games: Effects in pathological and non-pathological gamblers. Journal of Gambling Studies 17: 297–320. (TS9)

Ludwig M., Kraus L., Müller S., Braun B., Bühringer G. (2012). Has gambling changed after major amendments of gambling regulations in Germany? A propensity score analysis. Journal of Behavioral Addictions 1: 151–161.

*Luk A.L., Au A.M.L., Leong K.M., Zhu M.M.X., Lau G.B., Wong T.C.P., Lei N.W.I. (2011). Effectiveness of a positive youth development program for secondary 1 students in Macau: A pilot study. The Scientific World Journal 11: 1089–1100. (Sch12)

*Lund I. (2009). Gambling behaviour and the prevalence of gambling problems in adult EGM gamblers when EGMs are banned: A natural experiment. Journal of Gambling Studies 25: 215–225. (V2)

*Lupu I.R., Lupu V. (2013). Gambling prevention program for teenagers. Journal of Cognitive and Behavioral Psychotherapies 13: 575–584. (Sch13)

Marchica L., Derevensky J.L. (2016). Examining personalized feedback interventions for gambling disorders: A systematic review. Journal of Behavioral Addictions 5: 1–10.

*Martens M.P., Arterberry B.J., Takamatsu S.K., Masters J., Dude K. (2015). The efficacy of a personalized feedback-only intervention for at-risk college gamblers. Journal of Consulting and Clinical Psychology 83: 494–499. (PF3)

*May R.K., Whelan J.P., Meyers A.W., Steenbergh T.A. (2005). Gambling-related irrational beliefs in the maintenance and modification of gambling behaviour. International Gambling Studies 5: 155–167. (A16)

McMillen J., Doran B. (2006). Problem gambling and gaming machine density: Socio-spatial analysis of three Victorian localities. International Gambling Studies 6: 5–29.

Mentzoni R.A., Laberg J.C., Brunborg G.S., Molde H., Pallesen S. (2012). Tempo in electronic gaming machines affects behavior among at-risk gamblers. Journal of Behavioral Addictions 1: 135–139.

Meyer G. (2018). Glücksspiel – Zahlen und Fakten. Deutsche Hauptstelle für Suchtfragen (Hrsg.). Jahrbuch Sucht 2018. Lengerich: Pabst, 113–133.

Meyer G., Bachmann M. (2017). Spielsucht: Ursachen, Therapie und Prävention von glücksspielbezogenem Suchtverhalten (4. Aufl.). Berlin: Springer.

Meyer G., Häfeli J., Mörsen C., Fiebig M. (2010). Die Einschätzung des Gefährdungspotentials von Glücksspielen: Ergebnisse einer Delphi-Studie und empirischen Validierung der Beurteilungsmerkmale. Sucht 56: 405–414.

*Meyer G., von Meduna M., Brosowski T. (2015a). Spieler- und Jugendschutz in Spielhallen: Ein Praxistest- Sucht 61: 9–18. (AK3) (EI3)

Meyer G., von Meduna M., Brosowski T., Hayer, T. (2015b). Compliance check of gambler and youth protection in German amusement arcades: A pilot study. International Gambling Studies 15: 343–360.

Moher D., Liberati A., Tetzlaff J., Altman D.G. (2011). Bevorzugte Report Items für systematische Übersichten und Meta-Analysen: Das PRISMA-Statement. Deutsche Medizinische Wochenzeitschrift 136(8): e9–e15.

Monaghan S. (2008). Review of pop-up messages on electronic gaming machines as a proposed responsible gambling strategy. International Journal of Mental Health & Addiction 6: 214–222.

*Monaghan S., Blaszczynski A. (2007). Recall of electronic gaming machine signs: A static versus a dynamic mode of presentation. Journal of Gambling Issues: 20. (A19)

*Monaghan S., Blaszczynski A. (2010). Impact of mode of display and message content of responsible gambling signs for electronic gaming machines on regular gamblers. Journal of Gambling Studies 26: 67–88. (A22a) (A28b)

*Monaghan S., Blaszczynski A., Nower L. (2009). Do warning signs on electronic gaming machines influence irrational cognitions? Psychological Reports 105: 173–187. (A20)

Moodie C., Reith G. (2009). Responsible gambling signage on electronic gaming machines, before and after the implementation of the United Kingdom Gambling Act: An observational study. International Gambling Studies 9: 5–17.

Mulrow C.D. (1994). Systematic reviews: Rationale for systematic reviews. British Medical Journal 309: 597–599.

Munoz Y., Chebat J.-C., Borges, A. (2013). Graphic gambling warnings: How they affect emotions, cognitive responses and attitude change. Journal of Gambling Studies 29: 507–524.

Munoz Y., Chebat J.-C., Suissa A. (2010). Using fear appeals in warning labels to promote responsible gambling among VLT players: The key role of depth of information processing. Journal of Gambling Studies 26: 593–609.

*Najavits L.M., Grymala L.D., George B. (2003). Can advertising increase awareness of problem gambling? A statewide survey of impact. Psychology of Addictive Behaviors 17: 324–327. (A1)

Nehlin C., Nyberg F., Jess K. (2016). Brief intervention within primary care for at-risk gambling: A pilot study. Journal of Gambling Studies 32: 1327–1335.

*Neighbors C., Rodriguez L.M., Rinker D.V., Gonzales R.G., Agana M., Tackett J.L., Foster D.W. (2015). Efficacy of personalized normative feedback as a brief intervention for college student gambling: A randomized controlled trial. Journal of Consulting and Clinical Psychology 83: 500–511. (PF4)

*Nelson S.E., Kleschinsky J.H., LaBrie R.A., Kaplan S., Shaffer H.J. (2010). One decade of self exclusion: Missouri casino self-excluders four to ten years after enrollment. Journal of Gambling Studies 26: 129–144. (S2)

*Nelson S.E., LaPlante D.A., Peller A.J., Schumann A., LaBrie R.A., Shaffer H.J. (2008). Real limits in the virtual world: Self-limiting behavior of internet gamblers. Journal of Gambling Studies 24: 463–477. (PC2)

Nisbet S. (2005). Responsible gambling features of card-based technologies. International Journal of Mental Health & Addiction 3(2): 54–63.

Nisbet S., Jackson A., Christensen D.R. (2016). The influence of pre-commitment and associated player-card technologies on decision making: Design, research and implementation issues. International Journal of Mental Health & Addiction 14: 228–240.

*Nixon G., Leigh G., Nowatzki N. (2006). Impacting attitudes towards gambling: A prison gambling awareness and prevention program. Journal of Gambling Issues: 17. (A10)

*Nordmyr J., Österman K. (2016). Raising the legal gambling age in Finland: Problem gambling prevalence rates in different age groups among past-year gamblers pre- and post-implementation. International Gambling Studies 16: 347–356. (V6)

Nower L., Blaszczynski A. (2010). Gambling motivations, money-limiting strategies, and precommitment preferences of problem versus non-problem gamblers. Journal of Gambling Studies 26: 361–372.

Oh B.C., Ong Y.J., Loo J.M.Y. (2017). A review of education-based gambling prevention programs for adolescents. Asian Journal of Gambling Issues and Public Health 7(1): 4.

*Orazi D.C., Lei J., Bove L.L. (2015). The nature and framing of gambling consequences in advertising. Journal of Business Research 68: 2049–2056. (A4)

*Palmer du Preez K., Landon J., Bellringer M., Garrett N., Abbott M. (2016). The effects of pop-up harm minimisation messages on electronic gaming machine gambling behaviour in New Zealand. Journal of Gambling Studies 32: 1115–1126. (A34)

Palmer-Bacon J., Miles-McLean H., Welsh C., Rugle L., Medoff D., Potts W., Himelhoch S. (2016). Impact of a casino opening on gambling behaviors of people engaged in methadone maintenance. Journal of Gambling Studies (efirst, final gedruckt in 2017, 33: 461–472).

Peren F.W. (2017). Zu Fakten gibt es keine Alternative: Eine faktische Auseinandersetzung zur Aussage, dass 60 bis 70 Prozent des Umsatzes an

Geldspielgeräten des gewerblichen Geldspiels durch Spielsüchtige generiert werden. Zeitschrift für Wett- und Glücksspielrecht 12 (Sonderbeilage 4): 1–16.

Petticrew M., Roberts, H. (2006). Systematic reviews in the social sciences: A practical guide. Malden: Blackwell.

Planzer S., Gray H.M., Shaffer H.J. (2014). Associations between national gambling policies and disordered gambling prevalence rates within Europe. International Journal of Law and Psychiatry 37: 217–229.

*Quilty L.C., Robinson J., Blaszczynski A. (2015). Responsible gambling training in Ontario casinos: Employee attitudes and experience. International Gambling Studies 15: 361–376. (P7)

*Raisamo S., Warpenius K., Rimpelä A. (2015). Changes in minors' gambling on slot machines in Finland after the raising of the minimum legal gambling age from 15 to 18 years: A repeated cross-sectional study. Nordic Studies on Alcohol & Drugs 3: 579–590. (V5)

Ressing M., Blettner M., Klug S.J. (2009). Systematische Übersichtsarbeiten und Metaanalysen. Deutsches Ärzteblatt 106: 456–463.

Robson E., Edwards J., Smith G., Colman I. (2002). Gambling Decisions: An early intervention program for problem gamblers. Journal of Gambling Studies 18: 235–255.

*Rockloff M.J., Donaldson P., Browne M. (2015). Jackpot expiry: An experimental investigation of a new EGM player-protection feature. Journal of Gambling Studies 31: 1505–1514. (TS5)

*Rossow I., Hansen M.B., Storvoll E.E. (2013). Changes in youth gambling after the removal of slot machines in Norway. Nordic Studies on Alcohol & Drugs 30: 317–330. (V3)

Scheuber N., Stucki S., Lang D., Guzman D., Ayer M., Rihs-Middel, M. (2008). Übersicht zu Alkoholtestkäufen in der Schweiz 2000–2007: Abschlussbericht. Bern: Bundesamt für Gesundheit (BAG).

Schüll N.D. (2012). Addiction by design: Machine gambling in Las Vegas. New Jersey: Princeton.

Shaffer H.J., Donato A.N., LaBrie R.A., Kidman R.C., LaPlante D.A. (2005). The epidemiology of college alcohol and gambling policies Harm Reduction Journal 2: 1.

Shaffer H.J., Stanton M.V., Nelson S.E. (2006). Trends in gambling research: Quantifying, categorizing, and describing citations. Journal of Gambling Studies 22: 427–442.

*Shandley K., Moore S. (2008). Evaluation of gambler's helpline: A consumer perspective. International Gambling Studies 8: 315–330. (T1)

*Sharpe L., Walker M., Coughlan M.-J., Enersen K., Blaszczynski A. (2005). Structural changes to electronic gaming machines as effective harm minimization strategies for non-problem and problem gamblers. Journal of Gambling Studies 21: 503–520. (TS11)

Shekelle P.G., Woolf S.H., Eccles M., Grimshaw, J. (1999). Developing guidelines. British Medical Journal 318: 593–596.

Smith G. (2013). The nature and scope of gambling in Canada. Addiction 109: 706–710.

*St-Pierre R.A., Derevensky J.L., Gupta R., Martin I. (2011). Preventing lottery ticket sales to minors: Factors influencing retailers' compliance behavior. International Gambling Studies 11: 173–191. (AK1)

St-Pierre R.A., Derevensky J.L., Temcheff C.E., Gupta R., Martin-Story A. (2017). Evaluation of a school-based gambling prevention program for adolescents: Efficacy of using the theory of planned behavior. Journal of Gambling Issues (efirst, final gedruckt in 2017, 36).

*Steenbergh T.A., Whelan J.P., Meyers A.W., May R.K., Floyd K. (2004). Impact of warning and brief intervention messages on knowledge of gambling risk, irrational beliefs and behavior. International Gambling Studies 4: 3–16. (A6_A15)

*Stewart M.J., Wohl M.J.A. (2013). Pop-up messages, dissociation, and craving: How monetary limit reminders facilitate adherence in a session of slot machine gambling Psychology of Addictive Behaviors 27: 268–273. (A24)

Takushi R.Y., Neighbors C., Larimer M.E., Lostutter T.W., Cronce J.M., Marlatt G.A. (2004). Indicated prevention of problem gambling among college students. Journal of Gambling Studies 20: 83–93.

Tanner J., Drawson A.S., Mushquash C.J., Mushquash A.R., Mazmanian D. (2017). Harm reduction in gambling: A systematic review of industry strategies. Addiction Research & Theory 25: 485–494.

Taylor L.F., Macaskill A.C., Hunt M.J. (2016). Realistic free-spins features increase preference for slot machines. Journal of Gambling Studies (efirst, final gedruckt in 2017, 33: 555–577).

*Taylor L.M., Hillyard P. (2009). Gambling awareness for youth: An analysis of the "Don't gamble away our future™" program. International Journal of Mental Health and Addiction 7: 250–261. (Sch7)

*Todirita I.R., Lupu V. (2013). Gambling prevention program among children. Journal of Gambling Studies 29: 161–169. (Sch14)

*Tomei A., Zumwald C. (2016). Is fear to intervene with problem gamblers related to interveners' gender and status? A study with VLT operators. Journal of Gambling Studies (efirst, final gedruckt in 2017, 33: 37–45). (EI4)

*Townshend P. (2007). Self-exclusion in a public health environment: An effective treatment option in New Zealand. International Journal of Mental Health and Addiction 5: 390–395. (S4)

*Tremblay N., Boutin C., Ladouceur R. (2008). Improved self-exclusion program: Preliminary results. Journal of Gambling Studies 24: 505–518. (S6)

*Tse S., Wong J., Lim G., Zhang W. (2014). "Gamblefree Day," a community project to minimise harm caused by gambling disorder in New Zealand Chinese and Korean Communities: Formative evaluation and lessons learnt. Journal of Psychosocial Rehabilitation and Mental Health 1(2): 77–84. (A2)

*Turner N., Macdonald J., Bartoshuk M., Zangeneh M. (2008a). The evaluation of a 1-h prevention program for problem gambling. International Journal of Mental Health and Addiction 6: 238–243. (Sch6)

*Turner N., Macdonald J., Somerset M. (2008b). Life skills, mathematical reasoning and critical thinking: A curriculum for the prevention of problem gambling. Journal of Gambling Studies 24: 367–380. (Sch9)

Vasiliadis S.D., Jackson A.C. Christensen D., Francis K. (2013). Physical accessibility of gaming opportunity and its relationship to gaming involvement and problem gambling: A systematic review. Journal of Gambling Issues: 28.

*Walker D.M., Litvin S.W., Sobel R.S., St-Pierre R.A. (2015). Setting win limits: An alternative approach to "responsible gambling"? Journal of Gambling Studies 31: 965–986. (PC7)

Walter K. (2018). Glücksspielregulierung verlangt nach evidenzbasierter Diskussion. Beiträge zum Glücksspielwesen Heft 1: 14–17.

*Walther B.W., Hanewinkel R., Morgenstern M. (2013). Short-term effects of a school-based program on gambling prevention in adolescents. Journal of Adolescent Health 52: 599–605. (Sch8)

*Warpenius K., Holmila M., Raitasalo K. (2016). Compliance with the legal age limits for alcohol, tobacco and gambling – A comparative study on test purchasing in retail outlets. Drugs: Education, Prevention and Policy 23: 435–441. (AK4)

*Welte J.W., Tidwell M.-C.O., Barnes G.M., Hoffman J.H., Wieczorek W.F. (2016). The relationship between the number of types of legal gambling and the rates of gambling behaviors and problems across U.S. States. Journal of Gambling Studies 32: 379–390. (V7)

Welte J.W., Wieczorek W.F., Barnes G., Tidwell M.-C., Hoffman J.H. (2004). The relationship of ecological and geographic factors to gambling behavior and pathology. Journal of Gambling Studies 20: 405–423.

*Williams R.J., Connolly D. (2006). Does learning about the mathematics of gambling change gambling behavior? Psychology of Addictive Behaviors 20: 62–68. (Sch16)

Williams R.J., Connolly D., Wood R., Currie S., Davis, R.M. (2004). Program findings that inform curriculum development for the prevention of problem gambling. Gambling Research 16(1): 47–69.

Williams R.J., West B.L., Simpson R.I. (2012). Prevention of problem gambling: A comprehensive review of the evidence and identified best practices. Report prepared for the Ontario Problem Gambling Research Centre and the Ontario Ministry of Health and Long Term Care.

*Williams R.J., Wood R.T., Currie S.R. (2010). Stacked Deck: An effective, school-based program for the prevention of problem gambling. Journal of Primary Prevention 31: 109–125. (Sch10)

*Wohl M.J.A., Christie K.-L., Matheson K., Anisman H. (2010). Animation-based education as a gambling prevention tool: Correcting erroneous cognitions and reducing the frequency of exceeding limits among slots players. Journal of Gambling Studies 26: 469–486. (A7)

*Wohl M.J.A., Gainsbury S., Stewart M.J., Sztainert T. (2013b). Facilitating responsible gambling: The relative effectiveness of education-based animation and monetary limit setting pop-up messages among electronic gaming machine players. Journal of Gambling Studies 29: 703–717. (A8_A25)

*Wohl M.J.A., Parush A., Kim H.S., Warren K. (2014). Building it better: Applying human-computer interaction and persuasive system design principles to a monetary limit tool improves responsible gambling. Computers in Human Behavior 37: 124–132. (PC5)

*Wohl M.J.A., Santesso D.L., Harrigan K. (2013a). Reducing erroneous cognition and the frequency of exceeding limits among slots players: A short (3-minute) educational animation facilitates responsible gambling international. Journal of Mental Health & Addiction 11: 409–423. (A9)

*Wong I.L.K., Poon M. (2011). Awareness promotion about problem gambling for casino employees: An Asian experience. Asian Journal of Gambling Issues and Public Health 2: 61–67. (P4)

*Wood R.T.A., Wohl M.J.A. (2015). Assessing the effectiveness of a responsible gambling behavioural feedback tool for reducing the gambling expenditure of at-risk players. International Gambling Studies 15: 324–339. (PF7)

Zhang M.W.B., Yi Y., Cheok C.C.S. (2016). Internet based personalized feedback interventions for gamblers in Singapore: First results. Technology and Health Care 34: 177–183.

Anlage 1: Ausschlusskriterien im Überblick

Ausschlusskriterien bzw. exkludierte Themenbereiche	**Beispielstudien**
Beurteilung von Jugend- und Spielerschutzmaßnahmen im Rahmen von Bevölkerungsstudien	BZgA (2016) für Deutschland; Jackson et al. (2016) für Australien (Subsample – Automatenspieler*innen)
Evaluation bezieht sich pauschal auf unterschiedliche Maßnahmen des Spieler- und Jugendschutzes; Effekte können einzelnen Interventions-/Regulationsmaßnahmen nicht zugeordnet werden	Bondolfi et al. (2008): neue Gesetzgebung bzw. Marktumstrukturierung in der Schweiz; Hing & Mattinson (2005): NSW ClubSafe Responsible Program in Australien; Ludwig et al. (2012): Evaluation Staatsvertrag/Spielverordnung in Deutschland
Evaluierte Interventionen sind nicht realisierbar bzw. nicht in der Praxis umsetzbar	Benhsain et al. (2004): lautes Vorlesen einer Präventionsbotschaft
Intervention ist unzureichend dargestellt	Nisbet (2005): Responsible Gambling-Bestandteile einer (freiwilligen) Spielerkarte wie „Player Activity Statement" und „Card Balance" werden nicht beschrieben; Shaffer et al. (2005) zu den Effekten von Glücksspiel-Policies an Colleges in den USA (fehlende Darstellung ihrer Inhalte)
Intervention „Verfügbarkeitsreduktion" ist nicht klar beschrieben, nicht eindeutig bzw. hier nicht übertragbar	Welte et al. (2004) und ihre Operationalisierung von der Permissivität von Glücksspiel-Gesetzen
Genuin qualitative Ausrichtung der Studie (mit keinen oder nur marginalen quantitativen Anteilen)	Goh et al. (2016) zur Fremdsperre durch Familienangehörige unter Einbindung eines quantitativen Items (sog. FEO Effectiveness Scale); Korn et al. (2006) zu internetbasierter Glücksspielsuchtprävention für Jugendliche; Nisbet et al. (2016) zu Pre-Commitment-Systemen; Takushi et al. (2004) zu einem indizierten Präventionsprogramm für Studierende
Artikel aus nicht peer-reviewten Zeitschriften bzw. Abstract-/Tagungsbänden	Kalke & Buth (2015) bzw. Buth & Kalke (2016) zur Evaluation von Internetsozialkonzepten der Lotteriegesellschaften bzw. beim Lotteriesparen; Lhommeau et al. (2015) zur Selbstsperre

Ausschlusskriterien bzw. exkludierte Themenbereiche	**Beispielstudien**
Auswirkungen von neuen Glücksspielangeboten bzw. Marktexpansionen	Palmer-Bacon et al. (2016)
Studien zu technischen Maßnahmen bei Glücksspielen, bei denen die Ausgangsannahme formuliert wird, dass damit das Spielverhalten oder kognitive Verzerrungen gefördert werden	Côté et al. (2003) zu Fast-Gewinnen; Ladouceur & Sévigny (2005) zur Stopptaste an Geldspielautomaten; Taylor et al. (2016) zu Freispielen
Studien, die in erster Linie der Grundlagenforschung zuzuordnen sind (d. h. ohne Evaluationsbefunde im engeren Sinne bzw. ohne Bezug zum Spielerschutz)	Mentzoni et al. (2012) zur Spielgeschwindigkeit
Beratung oder Behandlung (Stichprobe besteht z. B. nur aus pathologischen Spieler*innen, Intervention richtet sich vor allem an eine hilfebedürftige Zielgruppe)	Calderwood & Wellington (2015) zu Werbeplakaten für ein Beratungs- und Behandlungsangebot; Robson et al. (2002) zum Frühinterventionsprogramm „Gambling Decisions"; Zhang et al. (2016) zu personalisiertem Feedback
Keine direkte Interventionsstudie	Munoz et al. (2010, 2013) zu abschreckenden Warnhinweisen (die Interventionen bzw. entsprechenden Stimuli wurden lediglich im Rahmen einer Befragung eingebunden)
Mehrfache Publikation derselben oder sich stark ähnelnder Befunde aus einer Studie	Meyer et al. (2015b) mit enger Anlehnung an Meyer et al. (2015a); Williams et al. (2004) mit identischen Befunden wie bei Williams & Connolly (2006) (Teilstudie 1: Studenten-Sample) bzw. mit Befunden, die als Vorläufer von Williams et al. (2010) anzusehen sind (Teilstudie 2: Schüler-Sample)
Pilot- oder Machbarkeitsstudie ohne Effektnachweise	Nehlin et al. (2016) zu Kurzinterventionen bei riskantem Glücksspielverhalten in allgemeinärztlichen Settings
Beschreibende Überprüfung der Umsetzung von Spielerschutzmaßnahmen (Ausnahme: aktive Überprüfung durch Testspieler*innen/Testkäufe)	Khazaal et al. (2013) zum Spielerschutz beim Online-Glücksspiel; Moodie & Reith (2009) zum terrestrischen Automatenspiel in Schottland

Ausschlusskriterien bzw. exkludierte Themenbereiche	**Beispielstudien**
Die im Fokus stehende Glücksspielform ist nicht Bestandteil des Glücksspieländerungsstaatsvertrages bzw. in der Praxis in dieser Form nicht vorzufinden	Harris & Parke (2016): computerbasierte Glücksspiel-Simulation in Form eines Münzwurfs
Ausschließliche Darstellung von Nutzerprofilen/-daten (d. h. Fehlen von Effektivitätsnachweisen)	Bastiani et al. (2015): Analyse der Daten einer nationalen Hotline für Problemspieler*innen und Angehörige; LaBrie et al. (2007): Nutzerprofile von selbstgesperrten Kasinospieler*innen aus Missouri
Es finden sich nur Angaben zur Reichweite oder nur Angaben zur Akzeptanz	Nower & Blaszczynski (2010) zum Pre-Commitment (Smart Cards)
Darstellung von aggregierten Daten zu Umsätzen/Ausgaben	McMillen & Doran (2006) zur Begrenzung des Automatenspiels in ausgewählten Bezirken Victorias (Australien)
Publikationen vor 2000 oder nach 2016	Carr et al. (1996) zur Verfügbarkeitsreduktion (VLTs) in South Dakota; St-Pierre et al. (2017) zur Glücksspielsuchtprävention im Schulkontext

Anlage 2: Kurz-Manual Kodierungsschema

Rubrik plus laufende Nummer	
Titel	Titel der Primärstudie
Autoren	Autorenangaben (alle Autor*innen plus Vornamenkürzel)
Zeitschrift	Zeitschriftentitel (plus Jahrgang und Seitenzahl)
Jahr	Erscheinungsjahr
Staat(en)	Wo wurde die Studie durchgeführt?
GS-Art(en)/-stätte	Benennung der fokussierten Glücksspielform und/oder der Glücksspielstätte
Intervention	Konkretisierung der Interventionsart, Ziel der Intervention
Präventionsart	universell und/oder selektiv und/oder indiziert und/oder Beratung?
Präventionsebene	Verhaltens- und/oder Verhältnisprävention?
Zielgruppe	Betroffene und/oder Multiplikator*innen inkl. Präzisierung (z. B. Allgemeinbevölkerung, Verkaufspersonal)?
Forschungsdesign	Konkretisierung des Forschungsdesigns (randomisiert etc.); Prä = Messung vor oder zu Beginn der Intervention, Post = Messung unmittelbar nach der Intervention; Follow-up = Messung zeitverzögert nach der Intervention (≥ 1 Monat); bei Messungen mit unterschiedlichen Samples werden die Begriffe Prä und Post (unabhängig vom Erhebungszeitpunkt) beibehalten; es handelt sich dann immer um Querschnittserhebungen
Quer-/ Längsschnitt	Quer- oder Längsschnitt? (Längsschnitt liegt immer bei mindestens einer Follow-up-Messung vor [s. o.], kann in Abhängigkeit des Forschungsdesigns aber variieren)
Setting	Experiment/Labor, reale Glücksspielumgebung etc.
Art der Daten	Selbstbericht, Beobachtung, Verhaltensdaten etc.; präzisieren ob schriftlich, mündlich oder online erhoben (z. B. „schriftliche Befragung [Selbstbericht])“
Skalen/ Instrumente	Angabe der verwendeten Messinstrumente; es werden nur diejenigen Messinstrumente angegeben, die eine Relevanz für das Untersuchungsdesign haben (z. B. im Zuge der Randomisierung) oder bei der Darstellung der Ergebnisse von Bedeutung sind
Laufzeit Studie	Untersuchungszeitraum

Rubrik plus laufende Nummer	
Stichprobe	Größe und Zusammensetzung (Kernmerkmale: Geschlecht, Alter, Migrationshintergrund), hier auch mögliche Einschluss- und Ausschlusskriterien
Response Rate	Rücklaufquote, immer Angaben im Text übernehmen
Zentrale Effekte	Bereiche: Reichweite/Bekanntheit (i. d. R. deskriptiv), Akzeptanz (i. d. R. deskriptiv), Wissen (nur signifikante Effekte), Einstellung (nur signifikante Effekte), Verhalten (nur signifikante Effekte), Sonstiges; * $p \leq 0{,}05$, ** $p \leq 0{,}01$, *** $p \leq 0{,}001$; Prozentangaben immer auf ganze Zahlen ab- oder aufrunden (Ausnahmen ggf. im unteren Bereich wenn relevant)
Evidenzgrad	Taxonomie in Anlehnung an Shekelle et al. (1999) von Evidenzgrad I bis III; Rückstufung bei methodologischen Mängeln möglich
Förderer	Auftraggeber; Kodierung nur von Fördermitteln, die in direktem Zusammenhang mit der Publikation stehen
Anmerkungen	Freifeld für Studienbesonderheiten, Kommentare, Limitationen
Abstract	Kopie des Abstracts

Grundsätzlich: --- = keine Angabe in der Primärquelle oder irrelevant

www.ingramcontent.com/pod-product-compliance
Ingram Content Group UK Ltd.
Pitfield, Milton Keynes, MK11 3LW, UK
UKHW021853290926
8980IPUK00005B/818

9 783631 797822